JN269908

トニー・ブザン &
クリス・グリフィス [著]
近田美季子 [訳]

ザ・マインドマップ®
[ビジネス編]

Mind Maps for Business
Revolutionise your business thinking and practice

仕事のスキルと成果が上がる
実践的活用法

ダイヤモンド社

MIND MAPS FOR BUSINESS
by
Tony Buzan with Chris Griffiths

Copyright © Tony Buzan 2010
All rights reserved.

This translation of MIND MAPS FOR BUSINESS:
Revolutionise Your Business Thinking and Practice, 01 Edition
is published by arrangement with Pearson Education Limited
through Tuttle-Mori Agency, Inc., Tokyo

「マインドマップを広める」という夢の実現を大きく後押ししてくれた
オッペンハイマー家のニッキー、ストリーリ、ジョナサンに
本書を捧げる

トニー・ブザン

● ザ・マインドマップ［ビジネス編］　目次

序文　ニッキー・オッペンハイマー　デビアス会長　9
まえがき　トニー・ブザン　クリス・グリフィス　10
イントロダクション　本書の使い方　14
事例コラム　ライト・セレクション LLC グループ　17

第1部 ……23
マインドマップ：
究極のビジネス「ソフトウェア」

1章　マインドマップとは何か？── 24
「脳の時代」のビジネス　25
マインドマップとは何か？　26
マインドマップはどんなときに役立つか？　28
マインドマップを仕事に使う方法　30
事例コラム　LGT アカデミー　31
全脳（ホールブレイン）思考　34
脳を自由にする　37

2章　マインドマップの作り方── 40
マインドマップをかく準備　41
マインドマップをかく手順　44
「1つのブランチには1つのキーワード」は、重要な原則　49
会議を計画する──マインドマップ作成の手順　52
マインドマップをかいてみよう　59

3章　パソコンでかくマインドマップ —— 60

　パソコンか、手がきか　61
　デジタルのマインドマップは何をもたらすか？　62
　パソコンでかくマインドマップの活用法 —— いつ使うか？　63
　「本物」のマインドマップ作成ソフトの長所　65
　本物のマインドマップ作成ソフトの主な特徴　66
　マインドマップをコンピュータ・プログラムにエクスポートする　73
　マインドマップをチームで作る　74
　「本物ではない」デジタル・マインドマップ　75
　素晴らしいツールになるか否かは使い方しだい　76
　手がきのマインドマップが有利なとき　76
　マインドマップの将来　77
　マインドマップを仕事に生かす　79

第2部　……81
ビジネス・スキル向上のためのマインドマップ

4章　マインドマップ計画術 —— 82

　その日の仕事をマインドマップに　83
　仕事を分担する　88
　月間計画と年間計画のマインドマップ　89
　電話メモをマインドマップで　91
　マインドマップでノートを取る　92
　マインドマップで議事録を取るときのチェックリスト　95
　事例コラム　マインドマップ導入による時間節減と透明性の向上　96
　電子メールの扱い方　98

5章 マインドマップ交渉術──101

- 交渉──マインドマップの併合　102
- 理想的な解決策を探るためのマインドマップ　103
- 交渉の事前準備にマインドマップを使う　103
- 交渉中にマインドマップを使う　111
- 交渉中に生じた問題を解決する　115

事例コラム 家業継承の際の交渉──「祇園ない藤」内藤誠治のエピソード　119

6章 マインドマップ・プレゼン術──124

- 「ホールブレイン（全脳）」のプレゼンテーション　125
- プレゼンテーションの準備　126

事例コラム ニュージーランド軍部隊への指令　132

- プレゼンテーション・スキル向上にマインドマップが役立つ　136
- プレゼンテーションの不安を解消する　137
- プレゼンテーションをマインドマップで記録する
  ──聴き手のための活用法　140

事例コラム セミナーの内容をマインドマップで記録する　141

7章 マインドマップでプロジェクト管理──143

- 並行作業のマルチ・タスク・ツール　144
- マインドマップを使ってプロジェクト管理を最適化する　145

事例コラム 長さ7.62メートルのマインドマップ　145
事例コラム ブザン・アジアのプロジェクトをマインドマップにかく　146

- 脳の「スケッチ板」　149
- プロジェクトをマインドマップにかく方法　149

事例コラム 防疫史プロジェクトの概要　152

- iMindMapによるプロジェクト管理　154

事例コラム 最も困難なプロジェクト　158

第3部　ビジネス思考力を高めるためのマインドマップ ……… 165

8章　リーダーのためのマインドマップ活用法 ── 166

事例コラム 組織の再編と方向転換にマインドマップを活用したデビアス　167
MINDMAPS──リーダーシップの8つの秘訣　169
優れたリーダーに共通する資質　171
事例コラム エレクトロニック・データ・システムズ　173
マインドマップを使ったパフォーマンス・コーチング　176
チームワークを刺激するマインドマップ　181
事例コラム 組織改編にマインドマップを活用──「発想する組織」を創るには？　181

9章　斬新なアイディアを生み出すためのマインドマップ ── 186

事例コラム キャッツ──ネコに学ぶイノベーションの9つの教え　189
創造的思考の仕組みとしてのマインドマップ　192
ビジネス・ブレインストーミング　194
グループ・マインドマップ　197
ブレインストーミング以外のグループ・マインドマップ活用法　198
事例コラム 創造性と想像力を高めるためにマインドマップを作成した宮城県登米市役所──「マニュアル通り」から「自律・行動型人材」へ　199
事例コラム マインドマップで創造性を飛躍的に高める　202

10章　戦略思考のための活用法 ── 205

シナリオ・プランニング　207
PEST（マクロ経済分析）　210
ポーターのファイブ・フォース（業界分析）　213
SWOT分析　216

バランススコアカード　218
BCG 成長シェア・マトリクス（ポートフォリオ分析）　221
ポーターのバリューチェーン（競争優位の源泉を明らかにする）　224
マッキンゼーの7つのS　227
4つのP（マーケティング・ミックス）　230
プロダクト・ライフサイクル　234

事例コラム　マインドマップで戦略を構築──シェイク・ハマドの事例　237

第4部　業績向上のためのマインドマップ　243

11章　マインドマップで売上を伸ばす──244
マインドマップ営業術　245

12章　目標設定と変化への対応──260
仕事について考えるためのマインドマップ　262
ワークライフバランスのマインドマップ──目標設定　263

事例コラム　マインドマップでグローバル金融危機を乗り切る──C.C.サムの体験談　267
事例コラム　目標を定期的に見直して微調整──財団法人日本サッカー協会スポーツマネジャーズカレッジ（SMC）におけるマインドマップ導入の成果　271
事例コラム　ワークライフバランス　276

終わりに　278
謝辞　281
訳者あとがき　285

序文

　トニーとは長年の知り合いで、妻は早いうちからマインドマップをかいていたのだが、私は最近まで使わなかった。美しくかけないので一度諦めたからだ。線が滑らかで絵がわかりやすいトニーや妻のマインドマップと比べると、私が試しにかいたマインドマップの見栄えは悪く、落胆してかくのをやめてしまった。しかし、最近はソフトウェアを使えば、線や絵をかわりにかいてくれる。マインドマップのよさがわかった今は、すぐに諦めずにもっと早くから仕事に生かせばよかったとつくづく思う。
　私にとって、マインドマップは必要不可欠なビジネス・ツールになった。この本、そして著者の提案をすべてのビジネスパーソンに薦める。

　　　　　　　　　　　　　　　ニッキー・オッペンハイマー　デビアス会長

まえがき

　今、ほとんどの人が「情報民主主義」の中で生きている。
……ただ、情報の利用法を最適化するという点では大きく進歩したものの、
知識の利用についてはまだこれからだ。
……アイディアやデータを結びつけてまとめ上げるには、
「マインドマップ」作成ソフトもデジタル版の「白紙」として使える。
そして最終的には新しい知識を生み出し
……そのすべての情報の価値を掘り出して評価するための
メンタル・モデルを作り出す。
　　ビル・ゲイツ　'The Road Ahead : How "intelligent agents" and Mind Mappers are taking
our information democracy to the next srage',
(Newsweek, 25 January 2006)

　世界で最も有名な起業家で、世界最大の慈善基金団体の設立者でもあり、PC革命の基礎を築いたマイクロソフトの共同創業者、ビル・ゲイツ会長がマインドマップと知識革命について語り始めたら、姿勢を正して耳を傾けざるを得ない。

　優れた頭脳を持つビル・ゲイツは、世界最大のコンピュータソフト・メーカーのマイクロソフトを共同設立し、会長兼チーフ・ソフトウェア・アーキテクトを務めてきた。彼の明快なメッセージは将来を予知している。

　2003年、メキシコのビセンテ・フォックス大統領（当時）は「技術革新と品質」をテーマに開催された政府改革に関する第5回国連グローバル・フォーラムで、21世紀は「イノベーションと知的資本開発の世紀」になり、「脳

の世紀」と呼ばれることになるだろうと宣言した。彼の予感は的中し、展望通りになっている。

知的資本の増大

　グローバル経済の低迷が続く中、社員の思考力、記憶力、そして創造力を高めることが企業にとって急務になりつつある。政治資本、金融資本、株式と株主資本、石油資本、不動産資本はいずれも減少傾向にある。一方、世界のビジネス誌やマスコミには全くといっていいほど取り上げられていないが、この危険な下落基調の中で一貫して、加速度的に増えている資本形態がある。それは知的資本だ。そして、知的資本の通貨は「知」である。

　評論家たちは商取引と資本移転だけを見て、経済危機は西から東にシフトすると予測したが、実際には世界的な規模に拡大している。この危機によって浮き彫りになったのは、必然的な時代の変遷、つまり「工業の時代」とそれに続く「情報の時代」から「知性の時代」への移行が始まったことである。

「知性の時代」の幕開け

　文明の黎明期から現在に至るまで、「知の革命」が幾度となく起きて、それを機に時代が変わった。その変遷のペースは徐々に速まり、新時代を迎える度に働き方、商慣習、考え方、生活が飛躍的に変化した。

　農業革命によって始まった「農業の時代」が長く続いた後、急激な産業革命が「工業の時代」の幕開けを告げた。この時代はわずか200年で終焉したが、機械化が進んでビジネスの世界は変貌した。電話、印刷機、ラジオ、フィルム、テレビ、コンピュータなど、思考を再現できる機械が誕生した結果、突如として世界はデータにあふれ、産業革命から生まれた情報革命によって「情報の時代」がスタートした。

　この時代を人間の進化の最終段階と考えている人も少なくないが、実はそうではない。「情報の鉱脈」が露出したことによって「情報過多」という恐ろしい現実に直面し、単なる膨大なデータ以上の何かが必要であるという認識が高まったからだ。その結果、100年未満と短命に終わった「情報の時代」から、「知性の時代」という新しい概念が生まれた。

農業 10,000 (年)
工業 200
情報 50
知識 17
知性

1750　1950　1990　2000

時代の変遷

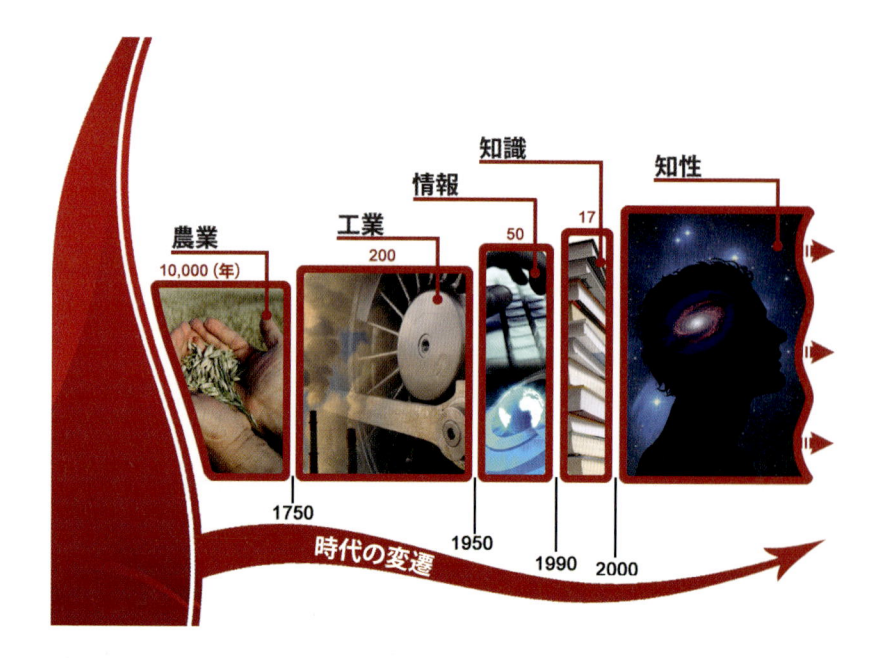

　2006年から2009年にかけて、筆者は世界各地で開催するマインドマップ・セミナー中に調査を行った。「今は何の時代だと思うか」という問いに、聴衆はほぼ例外なく「情報の時代」か「テクノロジーの時代」、あるいはその両方と答えた。しかし、この答えは間違っている。今は情報の時代だと思い込んだまま現代を生きることは、陸に上がった魚が、まだ海の中にいると思い込んでいるようなものだ。

　ビル・ゲイツなど先見の明がある少数の思考家は「情報の時代」が終わったことを認識している。情報自体は「万能薬」や解決策ではなく、混乱とストレスを招く情報の津波を引き起こしたことを知っているからだ。今、私たちが生きているのは「情報の時代」から生まれた「知性の時代」である。

　この時代に、仕事のやり方と経営手法を改善して成果を上げるには、莫大な量の情報を意味あるものに変える、つまり知性を働かせて情報を処理する必要がある。そのためには、脳をうまく使う方法（記憶法や創造的に考える方法）を身につけておくことが大切だ。そして、マインドマップはそのためのツールになる。

マインドマップで創造性を発揮

　業種を問わず、仕事で創造性を発揮することは重要だ。想像と連想が働くほど、たくさんのアイディアが生まれるので、それを後から十分に評価・分析して最も優れたものを選び、それに手を加えて新たな戦略や新しい製品・サービスに仕上げることができる。マインドマップはこの創造的なプロセスを最大限に生かすために欠かせない斬新な手法である。視覚的なグラフィックが想像と連想を刺激し、それによって創造力と記憶力が大きく向上するので、かき手はそれまで考えてもみなかったアイディアや問題解決策を探るきっかけを得る。

　仕事上の問題解決、新しい働き方やマーケティング手法の考案、販路の開拓、事業再編など、差し迫った課題が何であれ、それをマインドマップにかくことによって今欲しい答えの多くを得ることができるはずだ。ビジネスの可能性を最大限に生かすための手法としてマインドマップは文句なしに優れている。知的資本とマインドマップに投資する価値は十分にあると筆者は確信している。投資の成果として公私共に無数の機会が開かれ、成功につながるだろう。

トニー・ブザン
クリス・グリフィス

イントロダクション
本書の使い方

トニー・ブザンには、素晴らしい使命がある。
私たちの脳の力を解放し、創造的な才能を存分に発揮する方法を
人類に示すことが彼のミッションだ。
30年以上にわたり、トニー・ブザンは休むことなく、この強力なツールを
世界中に伝えることに取り組んでいる。最新の推計によると、
マインドマップの利用者は世界全体で約2億人に上るという。
マインドマップが普遍的に使われるテクニックになるのは
時間の問題といえるだろう。

アブドゥル・フセイン・ミルザ博士（バーレーン石油ガス大臣）

　脳はコンピュータとは違い、直線的、あるいは逐次的には考えない。脳は多面的に考えて「放射状」に思考を広げる。マインドマップは脳と全く同じように、中心に描いた絵から外側に向かって枝状の線を広げ、枝の先からさらに次の階層へと分岐させていく。こうすることで、かき加えたアイディアから更なるアイディアが生まれやすくなる。また、すべてのアイディアが相互に関連付けられているので、脳は連想を働かせて理解を深め、想像を飛躍させることができる。
　マインドマップは知力を解き放つための究極の思考ツールで、頭の中の「思考地図」をかき出したものだ。会社全体の目標を見失ったり、自分の仕事の

全体像が見えにくくなったりしたときにマインドマップをかくと、状況がはっきりして可能性が見えてくる。

マインドマップをビジネスに使う効果

　マインドマップを使うと日々の仕事のやり方が大きく変わり、その時々の状況についてあらゆる角度から簡潔に、そして貴重な時間を無駄にせずに考えることができる。

　マインドマップは、職場で普通のノートが使われているあらゆる状況で誰もが使える。例えば午前中に、1日、1週間、またはその月の計画をマインドマップにかく。日中は、電話のメモ、会議、ブレインストーミング・セッション、チームの計画立案、プレゼンテーション、インタビューなどに活用できる（具体的な利用法については各章で詳述する）。

　マインドマップは、取捨選択、自他のアイディアの整理、個人やグループの創造性の発揮、分析、問題の定義と解決、時間と量の目標設定などの主なビジネス・スキルに役立ち、記憶とコミュニケーションに特に有効だ。このいずれもが、仕事で成功するために欠かせない能力である。

　ボーイング、ブリティッシュ・ペトロリアム、デジタル・イクイップメント、EDSなどの企業は、研修コースでマインドマップを使うことによって多額のコスト削減を達成し、経費の80%を引き下げた例もある。これは、マインドマップを使うと学習の速度と効率が上がることに加え、「学んだことの詳細の80%を24時間以内に忘れる」という通常の忘却曲線を克服することが可能だからだ。また、定期的な間隔をおいてマインドマップを見直すことにより、学んだことが脳に定着し、その知識を活用できる。

　マインドマップはお金もかからない。紙とペンさえあれば、ビジネス思考力を高めるための最初のステップを踏み出せる。

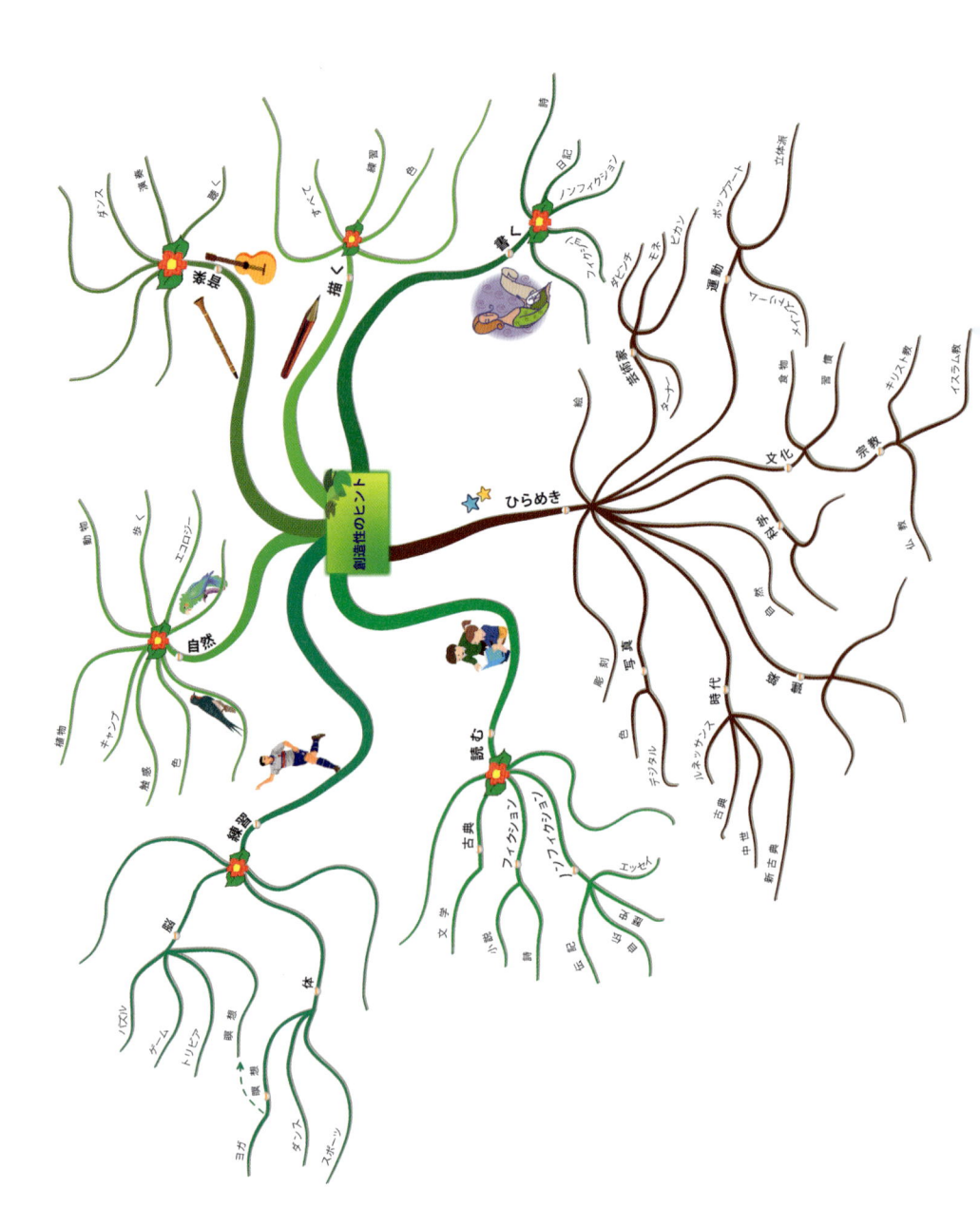

ブザン公認ソフトウェアのiMindMapで作成した「創造性の活用法と開発方法」についてのマインドマップ。創造的な企業は成長する。創造性は新しい切り口を見出すために不可欠だ。

ライト・セレクションLLC グループ

　ライト・セレクションLLCグループ（アラブ首長国連邦ドバイ首長国）は、組織内で学びの文化を広めるというミッションを掲げて1993年に設立された。創業以来、湾岸地域の企業に研修と人材開発の新しい取り組みを紹介している。

　次ページのマインドマップは、ライト・セレクションLLCグループの活動の全体像を表したもので、同グループ会長のラム・ガングラーニと、マネジング・ディレクターのゴータム・ガングラーニが本書に寄稿してくれた。

＊　　　　　＊　　　　　＊

　弊社は、マインドマップを使うことによって、経営幹部1人につき週4〜5時間という、どのような企業にとっても大きな時間を削減した。マインドマップは時間通りにプロジェクトを完了するのに役立ち、期限直前のストレスも回避できる。マインドマップを使うと、資源の特定、権限委譲、作業の管理と優先順位の決定が楽になり、より良い選択をして現実的な期限を設定できるからだ。

　また、プレゼンテーションで要点を捉え、メッセージの流れを分類・整理するのに役立つ。何日もかかっていたプレゼンテーションの準備が数時間、あるいは数分で完了するようになった。さらに、すべてが1枚の紙に収まるので参照しやすく、メッセージが明確で力強いものになる。

　弊社は、主として目標の明確化、知識管理、顧客サービスへの取り組み、販売・マーケティング戦略にマインドマップを使っている。

　マインドマップはシンプルなテクニックで、実践するほどに広範囲に及ぶメリットが得られる。

ラム・ガングラーニ、ライト・セレクションＬＬＣグループ会長
ゴータム・ガングラーニ、ライト・セレクションＬＬＣグループ マネジング・ディレクター

18　イントロダクション

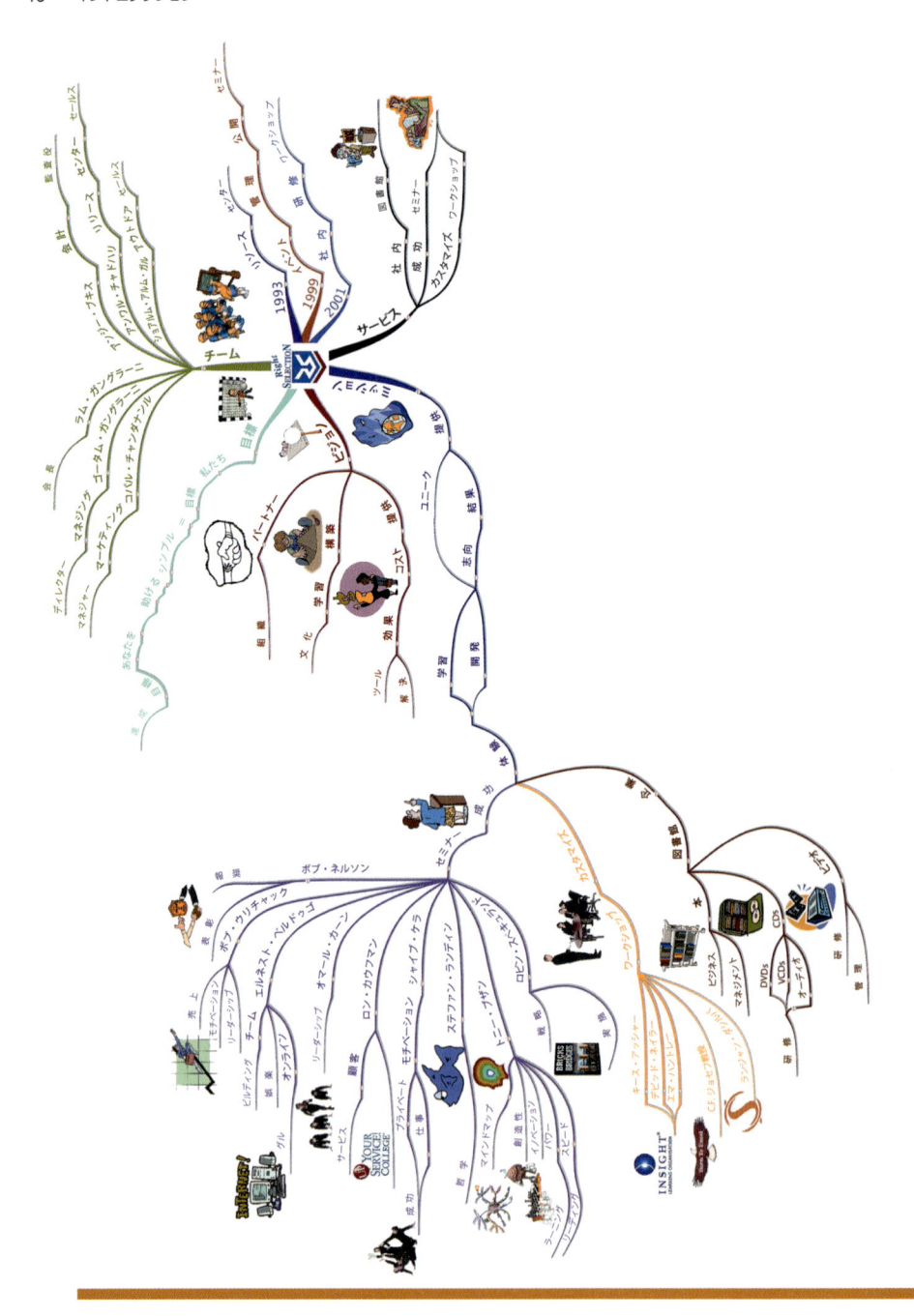

本書の使い方をマインドマップで概観しよう

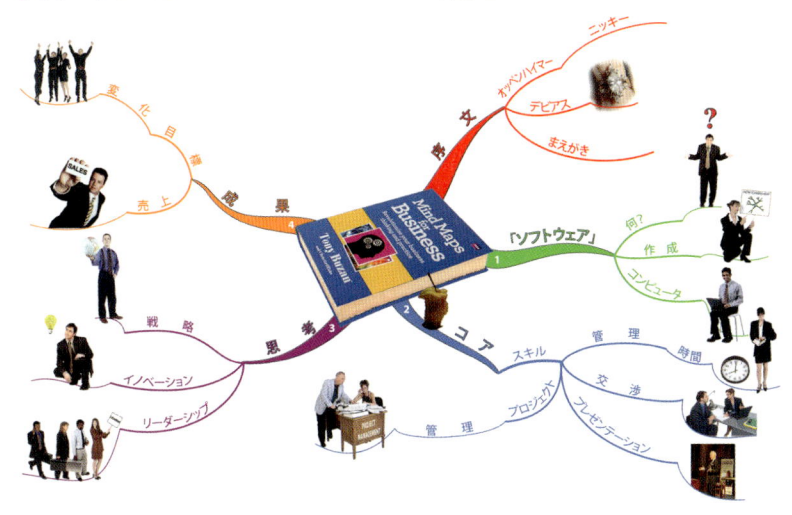

本書のマインドマップ・サマリー

第1部：1章〜3章

　本書の1章から3章ではマインドマップの概念を紹介し、この強力で解放的なツールの背景にある考え方を説明する。また、手順を踏んでマインドマップの作成法を詳しく、実例を交えながら示す。手がきでもパソコンでも作成できるように、公認ソフトウェアのiMindMapの使い方も説明し、同僚や顧客との共有など、さまざまなビジネス・シーンで活用するためのヒントを盛り込んだ。

第2部：4章〜7章

　第2部ではマインドマップを主なビジネス・スキルに役立てて、経営と事業戦略の効率を高める方法を探る。具体的には、4章で、計画的に取り組んで仕事の能率を上げるためのスキルについて、大規模な情報管理から日常のノートの取り方、計画立案、スケジュールの管理まで幅広く取り上げる。5章では、誤解の回避や論争の解決のために、マインドマップを使って社員間、取締役間、さらには全社的なコミュニケーションを円滑にする方法を紹介す

る。6章から7章では、プレゼンテーションにマインドマップをうまく取り入れ、最新のコンピュータ・プログラムを使ってマインドマップを一般的なプレゼンテーション・ソフトやプロジェクト管理ソフトと統合する方法について説明する。

第3部：8章〜10章

　個人使用から一歩進み、第3部では同僚や部下もマインドマップを使うように促して、組織で活用する方法を紹介する。チーム・メンバーを共通のビジョンで結びたい、あるいは社員を動機付けたいときにも、単に効率よく作業を委任したいときにも、マインドマップは有効だ。8章から10章では、ビジネス思考力を高めるためのツールとして、発想、ブレインストーミング、創造的問題解決にマインドマップを使う方法を取り上げる。こうしたスキルは知的資本が何より重要な「知性の時代」に不可欠である。

第4部：11章〜12章

　最後の2章では、売上を伸ばし、収益性を高めることによって業績を改善するためにマインドマップを使う方法を示す。また、ストレスを抱え込まないように、仕事と私生活の目標のバランスを取り、変化に対応するためのマインドマップ活用法を紹介する。

　全体を通じてビジネス向けのマインドマップ・テンプレートを数多く掲載しているが、本書は単なるハウツー本ではない。バーレーンから「ブログ圏」、市民団体のリーダーから企業の最高経営責任者（例えば、アル・ゴア米元副大統領は、環境保護、持続可能な投資などの事業活動をコーディネートするために、マインドマップを使っている）まで、世界中から集めた豊富な事例を使って、マインドマップの活用法を実例で示すことを目的に構成した。

　具体的な事例は、日本サッカー協会の戦略構築から、アメリカ同時多発テロ後のマンハッタン南端部復興の統括、ニュージーランド国防軍が短時間で行う防疫に関する説明まで幅広い。

また、マインドマップは最近では戦略的思考にも使われるようになっている。マインドマップは標準的なビジネス・プロセスより追跡がしやすいので、シナリオ・プランニングやSWOTなどのさまざまなビジネス・モデルに応用できる。

　本書では具体的な事例を挙げて、世界のビジネス・プロフェッショナルとリーダーが、マインドマップを作って会社や組織の生産性と業績を向上させた方法を説明する。ぜひ本書を読み進め、今日のビジネスにおける最強のツールの一つとして、マインドマップを自分なりに使う方法を見つけ出してほしい。

　マインドマップを使って仕事のやり方とビジネス思考を一新しよう！

第1部

マインドマップ：究極のビジネス「ソフトウェア」

マインドマップとは何か？ 1

脳は人体の血液循環システムや神経システム、あるいは木の枝や葉脈など、
あらゆる自然の形態と同じように有機的に機能する。
ツールバーやメニューリストを介在させずに、
脳は自然に有機的に考える。
思考力を高めるには、この仕組みを反映するツールが必要だ。
マインドマップがそのツールである。

トニー・ブザン

1章のマインドマップ・サマリー

知識の管理は事業の成功を左右する重要な要素である。知識管理の効果的な方法は、脳とその思考プロセスを使いこなせるようになると自然に身につく。マインドマップは、発想力や創造性を生かし、アイディアを一つの絵として表して視覚的に思考するための包括的なツールになり、創造力が発揮されることによってビジネス手法の多様化、問題解決、販売戦略の見直し、チームづくり、日々の経営効率の改善に結びつく。

マインドマップは思考プロセス全般に使えるが、記憶と創造、そして学習に特に適している。脳の「スイス・アーミーナイフ」（万能ナイフ）にもたとえられるマインドマップは驚くほど多機能で、手がきやパソコンで作成して日常業務から問題解決まで幅広く対応できるように工夫されている。

「脳の時代」のビジネス

脳は多重知性を働かせて機能する。多重知性には、言語的知性、数的知性、空間的知性だけでなく、身体運動感覚知性、対人的知性、社会的知性、感覚的知性、そして精神・倫理的知性が含まれる。この概念を最初に提唱したのは米国の著名な心理学者、ハワード・ガードナー教授（ハーバード大学）である。私たちは今「知性の時代」を生きている。多重知性が支配するこの時代に充実した仕事をして豊かな人生を送るには、このことを念頭に置いて「知的」な戦略を立てる必要がある。

「知性の時代」の幕開けと共に脳に関する研究が躍進し、脳とその驚くべき機能への関心が一段と高まっている。実は1990年代に入るまで、脳の特集記事が一般雑誌の表紙を飾ることは一度もなかった。もちろんビジネス誌にも取り上げられなかったが、1991年に状況が一変した。「脳の力：知的資本がアメリカの最も価値ある資本になる日」と題した特集が『フォーチュン』の表紙を飾ったからだ。米国の有力ビジネス誌が「財を成したければ自分の脳に投資せよ」と提唱したのはこれが最初である。

それ以降、特に2009年にかけての10年間には、脳をテーマに数限りない特集記事が組まれた。香港のビジネス誌、『ファーイースタン・エコノミック・レビュー』は、「求む！頭脳：アジア・ブームを脅かす労働力不足」と

訴え、英国の科学雑誌、『ニューサイエンティスト』は、平均的な人間の脳が考えつくことの数は既知の宇宙に存在する原子の数に等しいことを明らかにした。

　世界で最も重要な「富の源泉」として「知性」を巧く扱う必要性は、ハーバード・ビジネス・スクールが刊行する経営誌、『ハーバード・ビジネス・レビュー』も認めるところとなり、21世紀の初めに「迫りくる創造性の危機」と題した特集記事が組まれた。この記事によれば、創造性の危機は貿易戦争やあらゆるテロ行為の脅威より大きいという。この危機は特定の資源の不足によるものではない。太陽エネルギーと同様、資源はいくらでもあるが、その管理と運用ができていないことが原因で生じている。つまり、知識の活用法、記憶、抽出、創造の方法、問題解決法、知的思考法にまつわる危機なのだ。そして、マインドマップはこの危機を脱するためのツールになる。

マインドマップとは何か？

　マインドマップのかき方と活用法を詳しく説明する前に、以下でその基本原則を紹介する。

　中心に絵があり、その絵から枝が生えるように放射状に線が伸びて枝状の階層構造になっていることが、マインドマップの大きな特徴だ。

1　マインドマップは中心の絵（セントラル・イメージ）が起点になる。セントラル・イメージには、そのマインドマップのテーマやトピックを絵で表す。アイディア、コンセプト、見解、気づき、題材、話題、仕事上の関心事などを大まかに表してもいいし、詳しく描いてもいい。

2 そのセントラル・イメージから直接枝が生えるようにして、第1階層のブランチ（メイン・ブランチ）を伸ばす。直線ではなく有機的な曲線を描き、セントラル・イメージと接する部分を最も太くして枝先に向けて徐々に細くする。メイン・ブランチ上には、本の章見出しに相当するような重要な概念を、キーワードかキーイメージで記入する。第1階層のキーワード（あるいはキーイメージ）はBOI（Basic Ordering Ideasの略、基本アイディア）と呼ばれる。

3 基本アイディア（BOI）を記入したそれぞれのメイン・ブランチの先から、第2階層のサブ・ブランチを広げる。メイン・ブランチと同様に自然な曲線で描くが、下位階層（つまり外側）になるほどブランチが細くなるように調整する。

4　第2階層のサブ・ブランチの先から第3階層のサブ・ブランチを広げ、アイディアの赴くままに展開する（ブランチ間にすき間ができないように、しっかりとつなげる）。

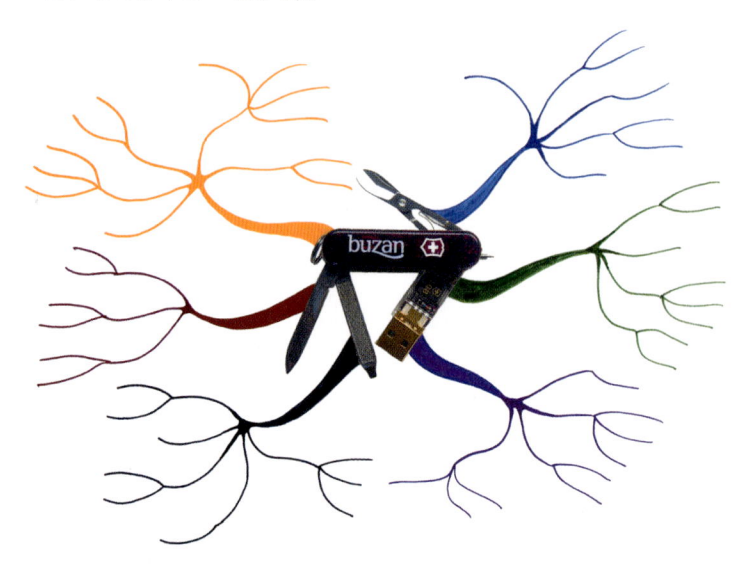

これ以外の大切なルールについては2章で詳しく説明する。

マインドマップはどんなときに役立つか？

　マインドマップは、それを使うことによって学習効率が高まり、思考が明確になり、結果的に実績が上がるすべての状況で役に立つ。例えば、ブレインストーミング・セッションやプレゼンテーションに箇条書きを使っているなら、それをカラフルで記憶しやすく、わかりやすい図表に変換できる。マインドマップには話し手と聴き手の脳、そして自然な思考法が反映されるので、思考のシナジー（相乗効果）が生まれやすくなる。

　情報や知識の管理に普通のノートを主に使い、狙いとは逆の結果がもたらされている状況で、マインドマップは有利である。従来のノートやリストは1つの考えを他から切り離すための鉄格子の中に脳を閉じ込め、創造性や思考の働きを邪魔するからだ。また、前の行から続けようとする癖がつくと視

野が狭まり、水平思考や創造的思考、そして放射思考® が働かなくなる。これに対し、マインドマップを使うと自由に思考を広げ、階層構造のブランチを使ってアイディアを連結していくことができる。

直線的なノート	マインドマップ
選別的	生成的
最も優れたアイディアを書くように強いるので創造性が働かない	自由に思考し、新しいアイディアを次々に連想しやすい
限定的なリスト	無限の可能性

　マインドマップの有効性のカギは、その生き生きした形にある。それ自体が自然の生物のような有機的な構造で、新芽が伸びるように外側に向けて、曲線（ブランチ）、記号、言葉、イメージが広がっていく。この放射状の形状は脳細胞によく似ているし、葉脈、木の枝、血液の循環システムなど、自然の中にもこれに似た形がたくさん見つかる。

Source：ADAM HART-Davis / Science Photo Library

マインドマップを仕事に使う方法

　仕事で使う具体的な方法を考える時、マインドマップを単なる視覚的備忘録、あるいは構造化した落書き程度のものと見くびらないほうがいい。マインドマップは情報の記録と整理、記憶と想起、優先順位の決定などに役立つ有機的でダイナミックなビジネス・ツールだからだ。さらに時間管理、発想、戦略思考、プロジェクト・マネジメント、パフォーマンス・コーチング、交渉、リスク管理など、重要なビジネス・プロセスに活用することができる（2章以降を参照）。

　マインドマップを使うと、一人一人の驚異的な知力が解放されるだけでなく、組織の知力も刺激されるので、ビジネスに大きな影響を与える早道になる。

知力を引き上げるマインドマップ

　私たちは、体には気を配るが、脳についてはどうだろう。例えば、なぜ考えるのか、思考の仕組みはどうなっているかなど、全くと言っていいほど気にとめないかもしれない。しかし、脳は私たちが鍛えることのできる最も重要なものであり、人生に最大のインパクトを与える。だからこそ、誰の脳にも存在する無限の資源を、刺激を与えて開発する必要がある。創造的な思考の構成要素である記憶力と学習力を鍛えることが大切なのだ。

　脳は「問題解決のための器官」と評されることが多いが、実際には「解決策を見出す器官（ソリューション・ファインダー）」であり、優れた知力を総動員して課題に取り組む。そのための単純明快な方法を示すのがマインドマップの利点である。

　脳を取り出して見ることができたら、1個の物体ではなく左半球と右半球で構成される姿を目にするはずだ。この2つの半球は「考える帽子」と呼ばれ、脳の80%を占める大脳皮質の中にあり、そこで認知能力を使って高度な思考が行われる。また、左右対称の作りになっているが、それぞれの機能は若干異なり、左半球は主に言葉、数、分析、リスト、言語、ロジックを、右半球はリズム、色、形、地図、想像、空想を扱うと言われている。

　ただし、このように脳の機能をはっきり分類することには問題がある。左

半球と右半球が別々に機能するわけではなく、驚異的な超伝導体として働く脳梁によって連結されているからだ。脳梁は2億5000万以上の神経線維の束で、2つの半球の間で情報をやりとりする経路として機能する。つまり、情報は左半球と右半球両方の認知能力によって処理される。

大脳皮質を構成する左半球と右半球の主な機能

LGTアカデミー

　LGTアカデミーはLGTグループの会長兼CEOであるリヒテンシュタイン公国のフィリップ王子がトニー・ブザンと共に設立した研修機関である。このアカデミーでは、「オープン・マインド研修」にマインドマップを取り入れた。その方法と成果についてフィリップ王子は次のように述べている。

＊　　　　　　　＊　　　　　　　＊

　1990年代に入り、私はLGTアカデミー会長兼CEOとして「オープン・マインド」を実現しやすい環境を作るという課題に取り組んでいました。政治的な考えや対立をできる限りなくし、組織階層にとらわれすぎない行動がとれるようにして、心を開き、門戸を開放して新たな発見を楽しめるようにしたかったのです。

　私たちは経営幹部向けのプログラムから着手しました。ただ、通常の幹部研修とは一見して非常に異なる内容です。一般的なエクゼクティブ研修は週末の3〜4日間ですが、それでは不十分で、研修を終えるとすぐに見聞きしたことの80％以上を忘れてしまいます。

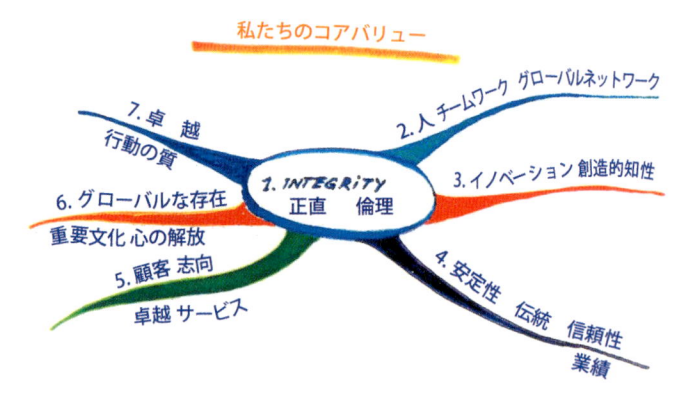

LGTアカデミーのコアバリューのマインドマップ

　そこで、私たちはしっかりしたカリキュラムを組んで、マインドマップの作成法、哲学、芸術、スポーツ（チェスなどの頭脳のスポーツも含む）、社会科学と自然科学の研修を計画し、非常に著名で優秀な教授やコーチを招いて実施しました。

　外部の人には、金融サービスを提供する企業が銀行業務、財務管理、資産運用などの"ハードスキル"を習得するためのコースを二の次にしていることが不思議に思えるかもしれません。ただ、研修の目的が"ソフトスキル"に変わったので、これは当然のことといえます。実務家の中には、「LGTアカデミーの運営によって達成する長期的な成果を測定できるか？　贅沢にすぎず、効率化とコスト削減を理由に遅かれ早かれ廃止されるのではないか？」と考える人もいるはずです。

　しかし、このプログラムを通じて自分自身についての理解が深まると顧客をより深

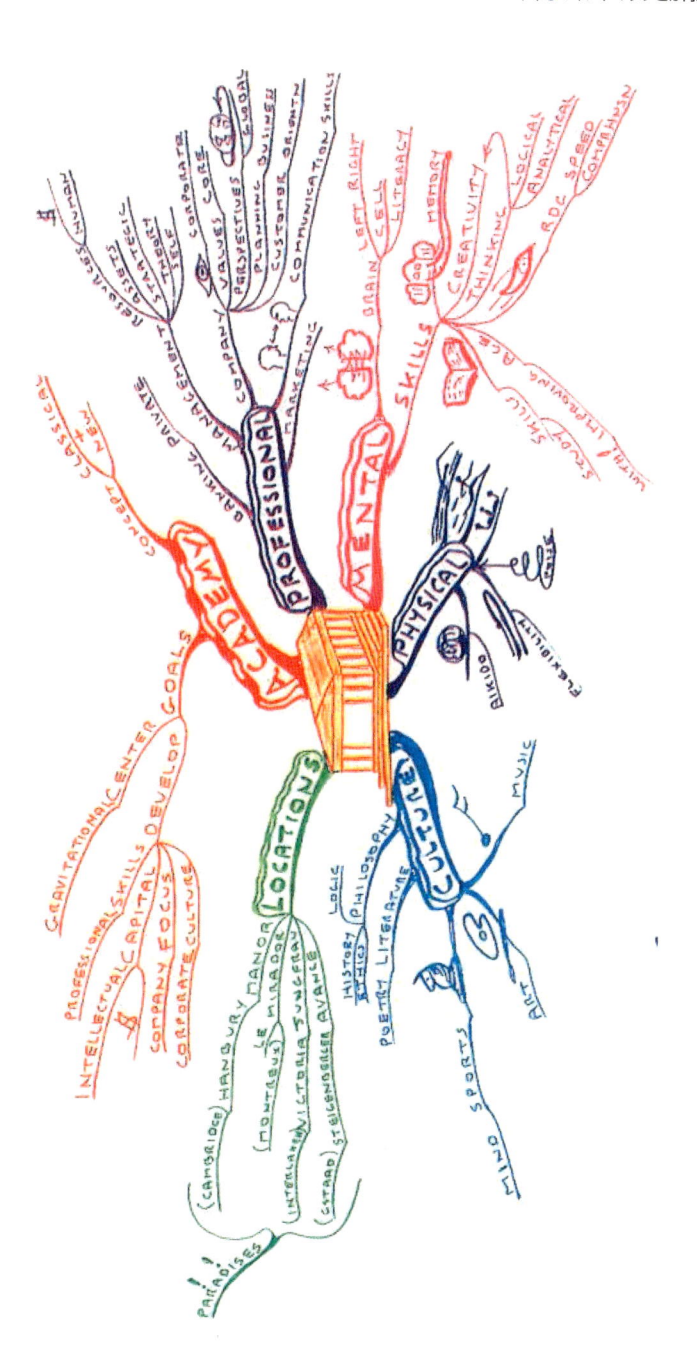

1章●マインドマップとは何か？　33

く理解し、もっと顧客の役に立てるようになります。同様に、リーダーシップを求める前に、自分自身をリードし、律することを学ぶことも大切で、成果は表れています。

　年月を重ねるにつれ、このプログラムが魅力の一つになり、優れた人材やチームを採用しやすくなりました。また、担当部署に配属された後のグループ全体の情報ネットワークを構築するのも簡単になります。このネットワークは組織の階層や、地理的環境、あるいは職能とは無関係なので、開放的な組織づくりに役立っています。このありさまを、マインドマップにかいています（前ページを参照）。今では私たちの多くが、想定外のことや計画していなかったことに遭遇したときにも否定的にならず、前向きに受けとめるようになりました。

全脳（ホールブレイン）思考

　セミナーで「創造性は脳のどこに存在するか」と尋ねると、例外なく「右脳」という答えが返ってくる。同様に、ビジネス思考は「左脳」、芸術と音楽は「右脳」と答え、私たちは毎回、「外れ」、「間違い」、「不正解」と言い続けることになる。しかも、単なる不正解ではなく、危険なほど間違っている。2つの半球の機能分化を信じていると、自分自身と仕事仲間の知力を損ねることになるからだ。

　その理由を簡単に理解するために、マラソンを走っているところを想像してほしい。普通は両手両足を使って走る。

　次に、左手首を左足首に結びつけた状態で走っているところを思い浮かべてみよう。こうすることによって腕と手の効率的な動きが損なわれる割合は

50%には止まらない。大幅に機能が低下し、99%以上もの力が失われる。

　また、この方法で走ると転倒してケガをする可能性もあるので、100%超の力が失われるかもしれない。このたとえは、そのままビジネスにも当てはまる。個人や組織が脳の片側だけを使って知識を管理すると、資源と効率の99%が無駄になる。そうなると、単に不具合が生じるだけでなく、取り返しのつかないことになりかねない。脳が基本的な認知能力を十分に発揮できない状態で仕事をすれば、組織の頭脳集団はスキルと思考ツールの半分しか使わずにやりとりすることになるからだ。結果的に、この偏りが原因で組織のバランスが崩れ、いずれは倒壊して機能が停止するかもしれない。

マインドマップは「全脳」思考のツール

　脳の2つの半球を共に働かせるとお互いが同時に強化され、連想力が高まり、底知れぬ創造力を発揮しやすくなる。その結果、知力が増す。
　マインドマップを作成する過程では、認知能力のすべてが使われる。このため、マインドマップはいわゆる「全脳」思考ツールの一種と位置づけられるのだが、実はマインドマップこそ唯一の「全脳をまるごと使う思考ツール」であり、脳の2つの半球の認知能力をうまく引き出してすべてが同時に使われる。それによって多数のシナプスの結合が作られて、創造力、思考力、記憶力が活発に働く。

マインドマップは脳の創造的プロセスに連動する

　創造性の原動力は、イマジネーション（想像力）である。仕事で創造力を発揮するには、同僚と共に全く初めての、それまで足を踏み入れていない領

域に向けて想像の旅に出る必要がある。こうして新しい関連性を見出して連想が広がると、「創造的なブレークスルー」が起きて新たな認識が生まれる。このような脳の創造的プロセスに連動することによって、マインドマップはアイディアの創造を一気に促進する。

　脳はコンピュータのように直線的、あるいは逐次的には考えず、多面的に「放射」思考する。そのプロセスと連動するように、マインドマップをかく時には外向きにブランチを伸ばしてアイディアを記入し、その先から次のアイディアが生まれるように次の階層のサブ・ブランチを伸ばす。

　マインドマップにかかれたアイディアはすべてお互いに結びついているので連想が働きやすく、理解力と想像力が飛躍的に向上する。創造性は、想像と連想を働かせて独創的なアイディア、新しいつながり、独自概念、そして革新的な解決策を生み出す力である——これが、マインドマップの基盤になっている。

知的なインプットとアウトプット

　マインドマップはノートの達人（ガリレオ・ガリレイ、リチャード・ファインマン、マリア・モンテッソーリなど）がかき残したもの、記憶、創造性、学習についての新理論、記憶法の研究、脳細胞について神経生理学的な最新の発見を参考にして開発され、進化を続けている。つまり、封筒の裏にさっとかくメモからフルカラーの芸術的な作品に至るまで、マインドマップには豊かな歴史と科学的研究の成果が結集されているのだ。

　前述の偉大な思考家たちの時代には、この技法はなかっただろうが、今日のビジネス・ユーザーはマインドマップを利用できる。ペンと紙でかく最もシンプルな方法はもちろん、パソコン上で作成することも可能だ。マインドマップは文字通り、脳が受けた刺激のすべてを「地図」にするので、脳に情報を出入力するための最も簡単な方法といえる。

使いこなすためのトレーニング

　仕事のできる人は事業の拡大や収益性の向上に役立つツールや機器に投資し、投資収益を高めるために努力する。しかし、脳に投資する起業家や企業

はどの程度存在するだろうか？

　ハードウェアを購入するとき、演算、多国語での通信、交渉、何千もの人への対処と動機づけをする機器、あるいはエネルギーを自給自足し、社内の他の機器すべての操作ができる機械であれば、いくら支払うだろうか？　おそらく、最速のスーパーコンピュータ（3億〜4億ドル）を超えるだろう。ただ、それを購入できたとしても、操作マニュアルがなければ使えないし、機械をプログラミングしてハードウェアとソフトウェアを操作するために使い方を学ばなければならない。

　マインドマップも同様で、26〜28ページの万能ナイフのたとえと同じように、1枚の刃だけではなくすべての使い方を知る必要がある。マインドマップをビジネス・ツールとして幅広く活用できるように、次章以降で効果的に使うための知識と作成法を詳しく説明する。

脳を自由にする

　企業とその経営者が競争優位を構築・維持したければ、無限の資源である社員一人一人の脳を開発する必要がある。マインドマップの「かき方」に進む前に、この点について考えてみよう。

　脳は多感覚のイメージとそのイメージからのつながりや広がりを使って思考するように作られている。そして、一つ一つのイメージ、概念、またはキーワードからの連鎖や広がりは理屈の上では無限である。つまり、脳はイメージ、概念、言葉のそれぞれをエネルギーの最小単位にして、それぞれが限りない力を発揮し得るエネルギー装置と見ることができる。

　こうした情報や知識管理の最小単位をフレーズや文章に閉じ込めると、そのエネルギーが大幅に弱まり、完全に輝きを失ってしまうことも少なくない。マインドマップを使えばそれぞれのアイディアからアイディアが次々に生まれ、自由に思考が広がっていく。

　各キーワードに込められた概念は星にたとえられ、自由になることが許されれば、宇宙全体を照らす超新星のようなアイディアを放射することができる。こうした星がフレーズや文章に捉えられると、決して光を放てない。

Source：POD／Photodisc. Stock Trek

◎──論理を明確にし感情を豊かにする

　感情はビジネス、思考、そしてマインドマップにも影響を与える。
　私たちの行動のあらゆる側面や人格の強弱と同様に、感情は手にたとえられる。手は善か悪かといえば、それは使い方による。コンピュータも、ウェブもしかり、そして感情も同様である。
　仕事上で問題になるのは、感情が武器や制圧的な戦術として使われることが非常に多いからだ。何かをしてはいけない理由として用いられるので、パニック、強い不安、怒り、臆病さなどの負の感情が、上司やリーダーにはっきりものを言うのを恐れる一般社員の間で蔓延する。
　例えば、ブレインストーミング・セッションで、最も権威のある人が思考の連想パターンをリードする。すると、思考はその背後にある感情に威圧される。また、上司が何か言うと、それが優先順位のリストの一番上に行く傾向がある。
　一方、マインドマップを使うと発案者の権威とは関係なく、アイディアの構造の中でその情報が属するべきところに記入される。つまり、マインドマップは感情とは無関係で、異なる要素の間の適切な相互関係を

読みとって連想の論理を純粋に表現する。肯定的な感情も否定的な感情も関与せず、すべてはどこに情報があてはまるかという純粋な客観性で判断される。

　他方で、マインドマップは感情を昂揚させることもある。マインドマップをかいていると、思考パターンが進路を照らし、物事が明確になって突然の気づきを得る瞬間があるからだ。
　アイディアを後押しする良い感情は前向きに捉えていい。つまり、構造を客観的に見ると同時に、その背景にある感情に乗るためのツールを使うことが大切だ。そうすれば、チームプレーヤー、社員、そして仲間がそのビジョンを後押ししてくれる。それは、優れた会社や政府、そして偉大なリーダーが辿ってきた道筋である。マインドマップを使うとその状況が生まれやすい。

次の章では…

2章以降では、マインドマップをビジネス・ツールとして使うための方法とその効果を具体的に説明する。次章では、放射状に思考を広げて、創造性豊かなアイディアをすべて紙の上にかき出す方法を紹介する。マインドマップはとてもシンプルなテクニックで、一度身に付けると手放せないツールになるだろう。

2 マインドマップの作り方

マインドマップには伝染力がある。
マインドマップをかけば、誰でも混乱した頭が整理され、
真実と雑音とを区別できるようになる。
すぐに効果を感じるから、その劇的な変化をまわりと共有したくなる。

神田昌典（コンサルタント、株式会社ALMACREATIONS代表取締役社長）

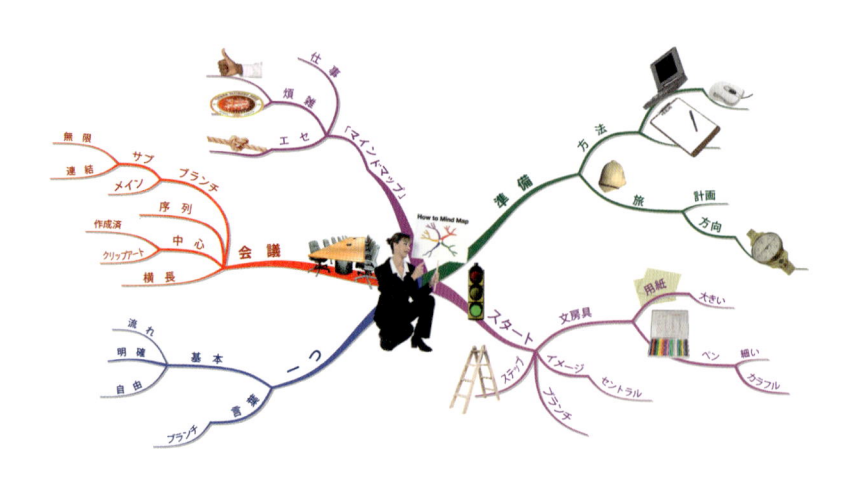

2章のマインドマップ・サマリー

本章ではマインドマップのかき方の基本を説明する。手でかくときにも、パソコン上で作成するときにも、まずテーマやトピックを決め、目標や解決したい課題を明確にして掘り下げていく。以下で紹介する基本的なかき方を参考に、講義録の作成、スピーチや発表の準備、社内パーティの企画など、さまざまな用途にマインドマップを使ってみよう。

マインドマップをかく準備

　旅に出るときにまず行き先を決めるように、マインドマップで「思考の旅」に出るときにも、最初に「目的地」を決める。行き先が決まったら計画を立てて準備し、いい旅ができるようにしよう。

　マインドマップをかく目的はさまざまで、目標やビジョンの設定、それを達成するためのサブ・ゴールや領域の検討、具体的な事業計画の立案、新しい戦略の構築や製品開発のためのブレインストーミング、セミナーの講義録の作成、日々の仕事の段取りなど多岐にわたる。マインドマップをかき始める前に、目的を明確にしておこう。

道具を揃える

　目的が決まったら、マインドマップをかくための道具を用意する。

文房具

　マインドマップを手でかくときには、以下の文房具を用意する。

◎用紙：紙は大判のものを使うと窮屈にならず、考えを掘り下げるための十分なスペースを確保できる。罫線があるとそれが気になって、脳が自由に思考を広げにくくなるので、無地の紙を使う（罫線は直線的な思考を促し、創造性の妨げになる）。マインドマップに慣れるまでは、綴じたノートよりリング・バインダーにファイルできるルーズリーフのノートや用紙のほうが使いやすいだろう。差し替えられるので、一度で上手にかこうとこだわらなくてもいいし、初めてかくマインドマップを最初のページにして日誌のようにファイルすれば計画やニーズの変化を確認できるからだ。

◎**筆記用具**：色の種類が豊富で書きやすいペンを選ぶ。ペンの滑りが良いと、急いでかいても読みやすく、後から見返すのにも楽だ。色は脳を刺激し、創造力や記憶を活発にするので、たくさんの色（3色以上）を揃えよう。また、色を使って強調したり構造化したり、相対的な重要度を示したりするには、蛍光ペンもあると便利だ。

セントラル・イメージを描く

　言葉よりイメージの方が記憶に残りやすいので、マインドマップはテーマやトピックをセントラル・イメージで表す。また、ブランチを使って展開するアイディアにも、イメージを多用する。

　絵に苦手意識があると、ここでくじけそうになるかもしれないが、心配は無用だ。上手い絵を描く必要はなく、記号や図形を使ってもいい。要は、何を表現したものかが自分でわかればいいのだ。また、パソコン上で描けばクリップアートや素材集に入っているたくさんのイラストや写真などをコピー＆ペースト（またはカット＆ペースト）して手軽に利用できるし、手がきでも、素材を印刷して切り貼りする手はある。

ブランチを伸ばす

　セントラル・イメージを中心にして放射状に思考を広げ、ブランチ上に記入していく。ブランチは中心に近いほど太く、外側に行くほど細く描いて相対的な重要度を表し、色を使ってカテゴリー別に分類整理するとわかりやすい。また、ブランチとその上に記入するキーワードやキーイメージの長さを合わせることもポイントだ。ブランチが短すぎるとキーワードが収まらないし、長すぎると間延びして、キーワード同士の結びつきが弱まってしまう。

　カラーペンを使って、それぞれのキーワード（「フック」になる言葉）をブランチ上にはっきりした書体で記入する。活字体や楷書のほうが、脳がその言葉を「写真に撮る」ようにして記憶し、後から思い出しやすい。

　メイン・ブランチに記入するキーワード（基本アイディア：BOI）は、その言葉を引き金にして脳が勝手に連想を広げ、できるだけ多くのアイディアを思いつくような情報カテゴリーを選ぶといい。

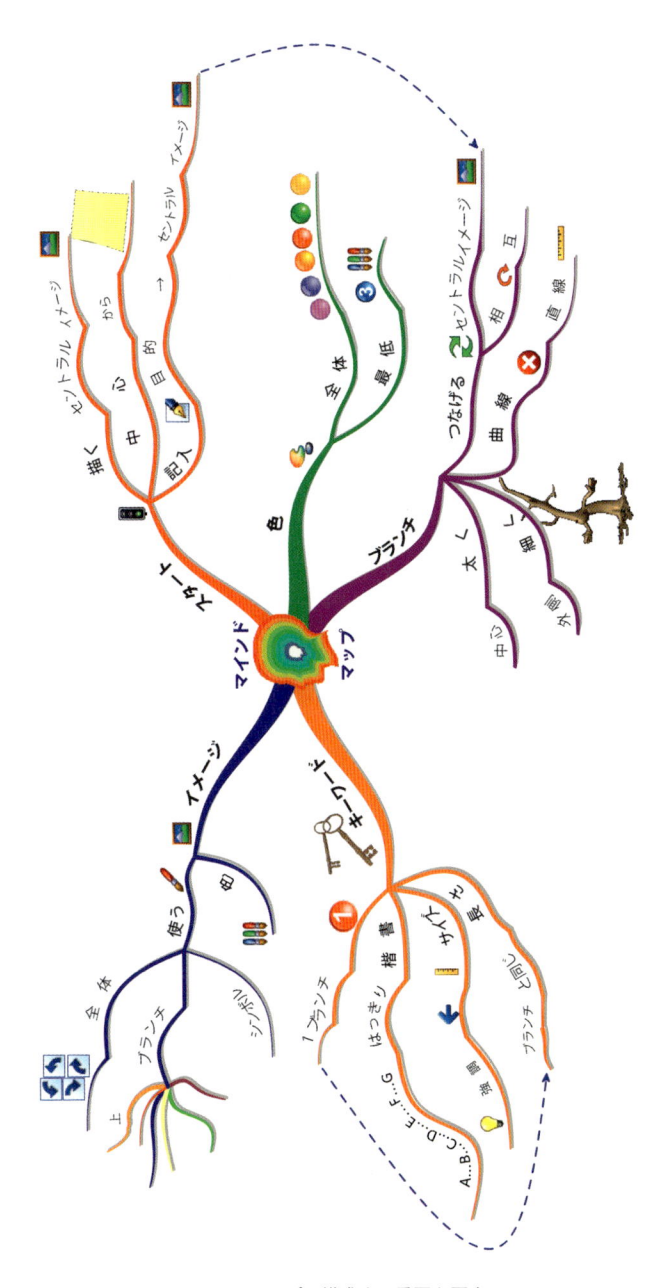

2章●マインドマップの作り方　43

マインドマップを構成する重要な要素

基本アイディア（BOI）を目立たせたり、序列や関連性を明確に示したりするために、矢印、記号、蛍光ペンなどの視覚的な補助を積極的に使って色鮮やかにかくと効果的だ。絵を描くのが重荷であれば、クリップアートなど、イラストやグラフィック素材を印刷するかコピーして使おう。

マインドマップをかく手順

以下は、「新しい文房具の開発」をテーマにしたマインドマップの作成例である。徐々にアイディアを広げ、創造性を働かせて工夫を凝らし、イメージを加えていく様子を段階別に示した。

STEP 1

マインドマップのテーマや目標（以下では、「新しい文房具の開発」）を表す絵（セントラル・イメージ）を横長に置いた紙の中心に描く。絵の上手下手は関係ないので、気にせずに描こう。絵を描くことによって想像が刺激され、思考に弾みがつくので、セントラル・イメージから描き始めるのが基本だ。

STEP 2

セントラル・イメージから直接メイン・ブランチを伸ばす。ブランチは直線ではなく、自然な曲線にするのがポイントだ。木の枝のような有機的な曲線にすると、目に楽しく、記憶に残りやすい。太く自然な曲線は、細い線で輪郭をとってから塗りつぶすと簡単に描ける。

STEP 3

メイン・ブランチを塗りつぶす。

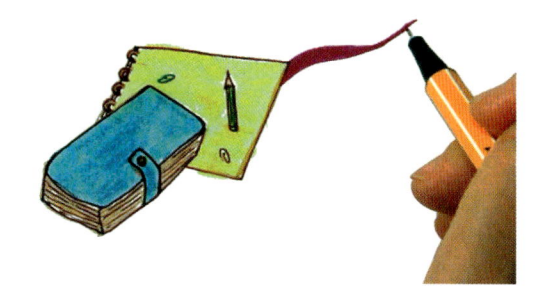

STEP 4～STEP 7

　メイン・ブランチのすぐ上に、マインドマップのテーマから連想するキーワードを1つかく。これが、1つ目の基本アイディア（BOI）になる。複数の単語やフレーズをかきたくなるかもしれないが、キーワードは1つに絞ろう。そうすることによって、掘り下げている課題の核心を浮かび上がらせることができるし、その連想を記憶に深く刻む効果もある。

　メイン・ブランチにBOIを記入したら、第2階層のブランチ（サブ・ブランチ）を伸ばしてBOIから連想したキーワードを記入し、そのキーワードからの連想を次の階層のサブ・ブランチにかき入れる。

計画

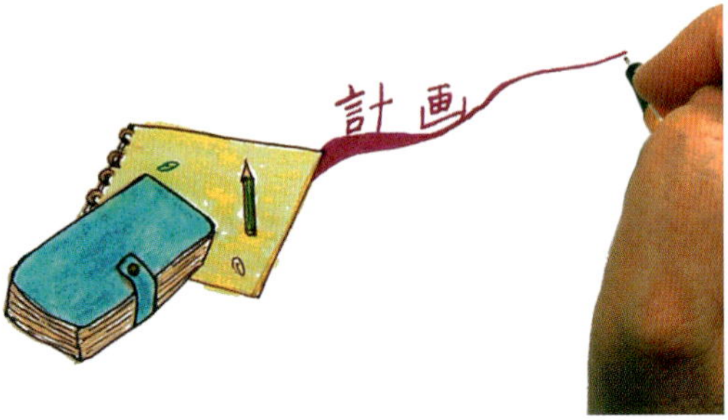
計画

計画
サウンディング
ニーズ
把握
分析
STABILO

計画
サウンディング
ニーズ
把握
分析
顧客既存
調査市場
競合
類似品
素材
価格

STEP 8

　この例では、マインドマップを時計回りにかいて基本アイディア（BOI）を1つずつ扱っている。「計画」のブランチをかき終えた後、新しいメイン・ブランチを伸ばして、その上に「費用」と記入し、サブ・ブランチを展開する（メイン・ブランチとBOIをいくつか先にかいて大枠を作ってから詳細を記入してもいい）。

STEP 9

　第2階層以下のブランチを展開してアイディアをかき加えていく。ブランチを伸ばす（あるいは枝分かれさせる）時は、前のブランチとの間にすき間ができないようにしっかりとつなげ、アイディア同士を結びつける。連想と関連付けに集中してサブ・ブランチを広げよう。そのテーマや状況についての「誰が」、「何を」、「どこで」、「なぜ」、「いつ」、「どのように」をキーワードにして掘り下げるのも一案だ。

STEP 10

記憶を高める効果を生かすために、セントラル・イメージだけでなく、随所にできる限りイメージを使う。

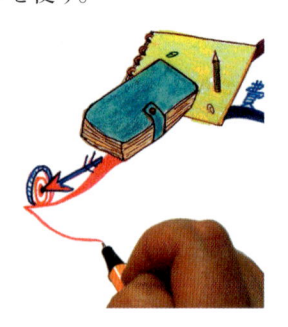

STEP 11 〜 STEP 13

マインドマップが完成するまでこのプロセスを続ける。アイディアをさらに出したいときには、ブランチだけ伸ばしておいてもいい。脳がブランチ上の空白を埋めたくなってアイディアを思いつくかもしれない。マインドマップがほぼ完成したら俯瞰し、ブランチにまたがる関係性を矢印で示したり、強調したい部分を絵や印、蛍光ペンなどで目立たせる。

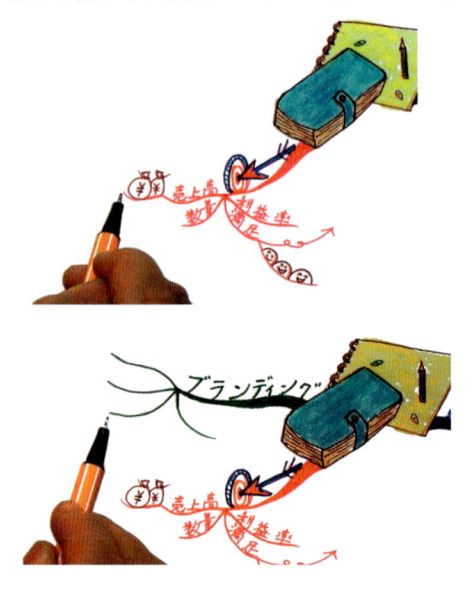

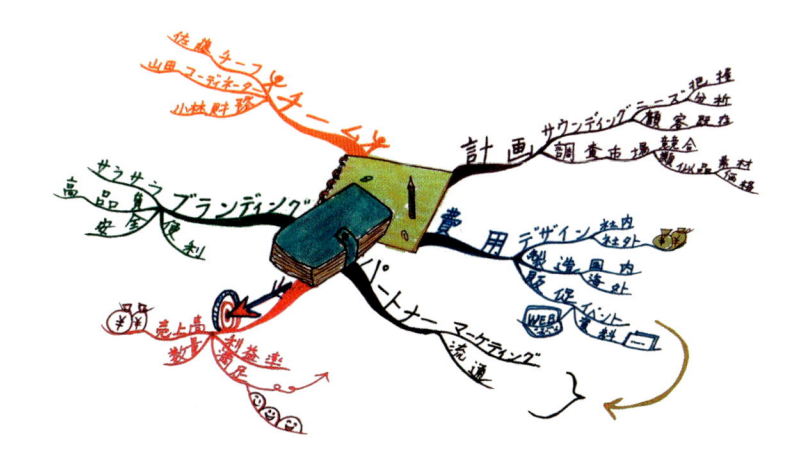

「1つのブランチには1つのキーワード」は、重要な原則

　前述のように、「1つのブランチにはキーワードを1つだけ、はっきりした字体で記入すること」は、マインドマップの重要なガイドラインの1つだ。

　キーワードを1つに限定すると、想像力に溢れた連想を制限しそうに思えるかもしれないが、実際にはその逆で、認知能力と知性が解放される。文章やフレーズで考えることから徐々に離れて1つのキーワードで考えるようになると、より強力なマインドマップになる。

　以下で、この基本ルールを守ることの意味を、具体例を使って説明する。慣れるまでは、アイディアや見解を1語で要約してブランチの見出しにするのは難しいと感じるかもしれないが、この原則は本当に重要だ。キーワードを1つに絞ることによってアイディアが広がり、思考が明快になることを、「プロジェクトの期限に遅れた」という言い回しを単語に分けることで例証してみよう。このフレーズは一見して否定的な表現だが、キーワードを1つにすることによってそれが変化する。

複数の言葉が1つのブランチ上に記入されている。

複数の言葉をブランチ上に記入すると、それが必然的に結びついて思考の方向性が制限される。また、複数のアイディアを融合することによって明確さが失われる。

1つのブランチに1つのキーワードを記入してあるが、否定的な表現のままで広がりは見られない。

脳が「1語」と認識し、それに焦点を絞れば、その言葉を中心にしてあらゆる可能性を自由に探ることができる。しかし、1つのブランチに複数の言葉が記入されていると、脳は同時進行で複数の考えに集中しなければならないし、アイディア間で利益相反が生じることもある。そうなると、マインドマップの特質である有機的な思考プロセスが正常に働かなくなる。

この例で最も重要な要素は「プロジェクト」である。「期限」は別の論点として個別に扱うと、より幅広い視点で検討できる。例えば、その期日の妥

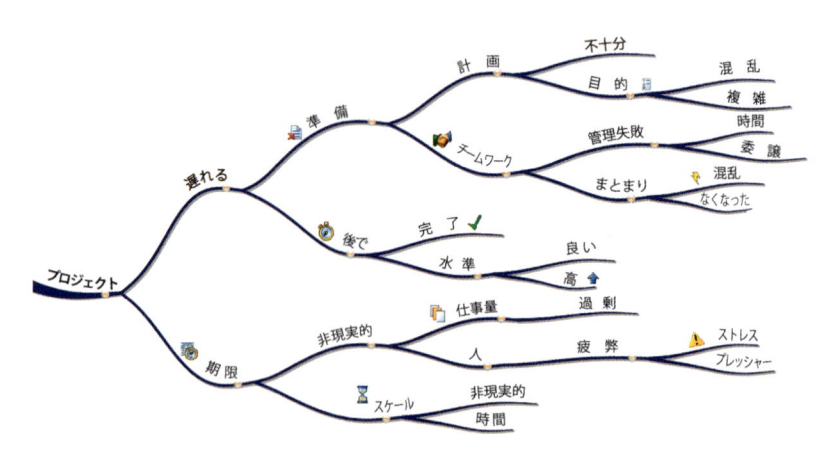

1つのブランチ上にはキーワードを1つだけ記入すると、その言葉を中心にして放射状にアイディアを広げることができる。

当性、時間スケール、リソース配分などを、「期限」に焦点を合わせ、ビジネス、チーム、プロジェクトなどと関連づけて精査することが可能になる。同様に、「遅れた」を別のブランチに記入すれば、さらに掘り下げて、そのプロジェクトは期限には間に合わなかったが「後で」、「完了」（チェックマークを併記）したことを示せる。

　1つのアイディアから連想する言葉は1つとは限らない。それは別のブランチに記入し、そこから細部に渡る連想を次々に広げて全体像を分析する。詳細な項目についても入念に分析できるので、マインドマップを使うとそのトピックについて全体を俯瞰しつつ、微細な点も見ることが可能だ。

　このように、ブランチに記入するキーワードを1つに絞るかどうかで、思考の広がりや明瞭さに大きな差が生じ、思考プロセスも変わる。また、1つのブランチに記入するキーワードを1つにすると記憶が混乱する心配もなく、思考の一連の流れを簡単に思い出せる。

　前述のように、キーワードの代わりにキーイメージを使ってもいい。可能な限りイメージを使うことも、マインドマップの重要なルールの一つだ。「1つの絵は1000の言葉に値する」といわれるが、イメージは想起するための強力な手掛かりになる。

真実を知れば人生が変わる

　「1つのブランチには1つのキーワード」の原則を忠実に守ると、真実が見えてくる。例えば、交渉中にこのルールに沿ってマインドマップをかくと、自分が置かれた立場をありのまま、より明確に見ることができると同時に、交渉相手の立場もわかる（5章参照）。

　また、真実を知って人生が変わることもある。例えば、「プロジェクトの期限に遅れた」という完全に否定的な表現が記憶の中で繰り返されると、それが徐々にその人の仕事ぶりについての「誤った事実」になりかねない。「期限に遅れた」などの言い回しは職場でよく耳にするが、これは不明確、かつ不正確な情報だ。しかし、繰り返しそう考えていると、それが真実になる。

「プロジェクトの期限に遅れた」背景には、その事実以外の全体像がある。いいことも、発見もあったはずだ。また、「私の最初のビジネス・ベンチャーは大失敗だった」などと言う人がいるが、これが真実ではないことは明らかで、その事業には肯定的な面も多かったに違いない。さもなければ、起業しようと思わなかっただろうし、会社として存在しなかっただろう。

　「真実」という極めて重要な側面に加え、「1つのブランチには1つのキーワード」のルールを守った「本物」のマインドマップは、脳に「自由」を与える。これは、最も大切な点といえるだろう。脳が自由に表現し、物事を明らかにし、大局を見て、無限の創造性を発揮し、思い通りに記憶し、限りない思考をめぐらせる自由。このいずれも、仕事で成功を収めるために欠くことのできない大切な要因である。

　さらに、「本物」のマインドマップには「ストレスの軽減」という、もう1つの素晴らしい副産物がある。仕事のストレスを抱える人は多いが、「1つのブランチには1つのキーワード」にすることによってそれが軽減される。物事を客観的に捉えて分析することができるからだ。この原則は「健康維持」に役立つといえそうだ。

会議を計画する——マインドマップ作成の手順

　ビジネスでマインドマップを使う身近な例として、以下で会議を計画するときの手順を説明する。マインドマップをかくときにメイン・ブランチ上に記入する基本アイディア（BOI）の選択に迷ったら、最大の目標やビジョンについて次のような質問を自分自身に投げかけてみよう。

- 目標を達成するには、どのような知識が必要か？
- これが本だとすれば、各章にはどのような見出しをつけるだろうか？
- 具体的な目的は何か？
- このテーマやトピックで、最も重要な7つのカテゴリーは何か？
- 「なぜ、何が、どこで、誰が、どのように、どれを、いつ」という7つの基本的な質問に答えられるだろうか？

- すべてが集約できる、もっと広い範囲を網羅したカテゴリーはないか？

STEP 1

　紙を横長に置いて、紙の中心からマインドマップをかき始める。横幅が広いほうが自由に表現を広げやすい。セントラル・イメージは自分で描くのが基本だが、クリップアートなどの出来合いのイメージを使ってもいい。

　次にメイン・ブランチに記入する基本アイディア（BOI）を決める。この例では会議の計画がテーマなので、どこで開催し、何が目的で、誰が出席するかなどを自問するとBOIを選ぶヒントになる。この例では、「場所」、「議題」、「目的」などが、第1階層のブランチの「見出し」として適切だろう。

STEP 2

　マインドマップは階層構造になっており、最も重要な要素はセントラル・イメージの近くに置かれる。
　セントラル・イメージから直接伸びるメイン・ブランチのそれぞれに、マインドマップのテーマ（この例では会議の計画）から連想するキーワード（BOI: 基本アイディア）を1つずつ記入する。カラーペンを使って太字で、読みやすくかき入れよう。

STEP 3

　基本アイディア（BOI）からの連想をサブ・ブランチに記入してマインドマップを広げる。それぞれのメイン・ブランチの先からサブ・ブランチを伸ばし、思いついたアイディアをかき入れる。例えば、「議題」のメイン・ブランチからサブ・ブランチを広げ、「前回」、「議事録」、「アクション」、「AOB（その他案件）」などと記入する。この場合も、1つのブランチにはキーワードを1つだけ書くことがポイントだ。また、キーワードを記入せずに、ブランチだけ伸ばしておいて、脳がその空白を埋めたくなるように促す手もある。アイディアをさらに出したいときには、下の例のようにキーワードを記入していないブランチに番号をふっておくと効果的だ。

STEP 4

　サブ・ブランチの数に制限はなく、思いつくアイディアの数によって決まる。「配る物」のメイン・ブランチから「食べ物」、「飲み物」、「資料」、「ペン」のサブ・ブランチを展開するなど、次々に連想を広げよう。

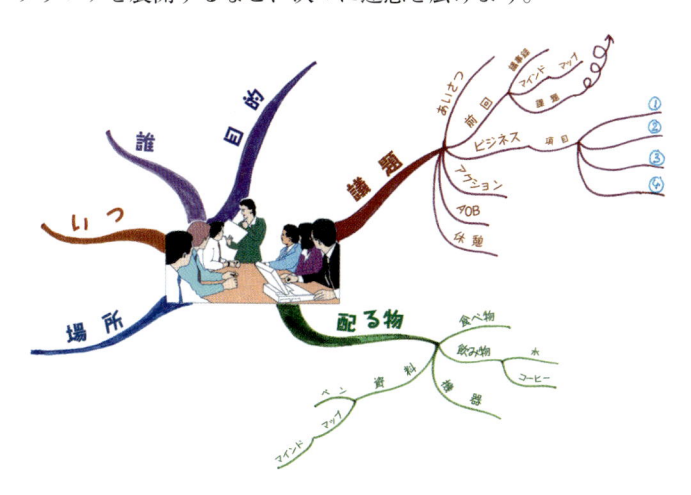

STEP 5

　サブ・ブランチに記入したキーワードをきっかけにアイディアが浮かんだら、次の階層のサブ・ブランチを伸ばして記入する。この例では、時計回りにメイン・ブランチを取り上げて、サブ・ブランチを展開していく。次は「場所」のメイン・ブランチから連想し、「予約」、「部屋」などとかき入れる。

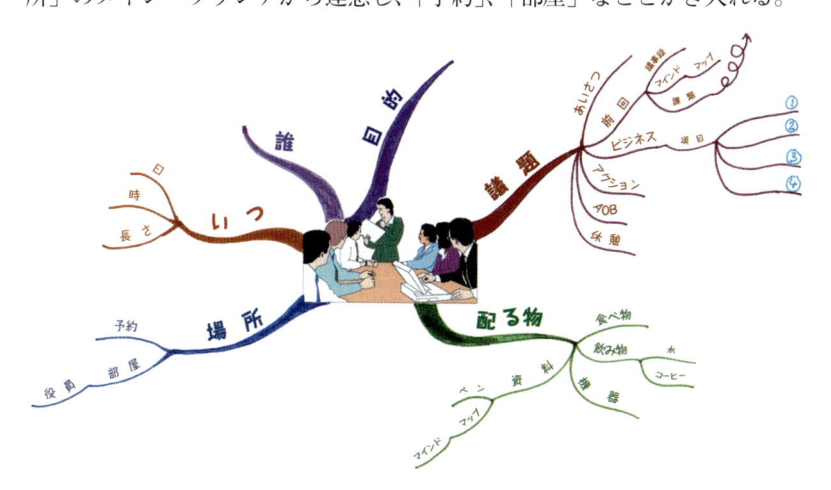

STEP 6

思いつくことをすべてかき出すまで、サブ・ブランチを加えるプロセスを続ける。

◎──「本物ではない（エセ）マインドマップ」の例

「本物」のマインドマップとそうでないものを区別することは重要だ。以下は、基本をあまり理解していない人が作成した「本物ではないマインドマップ」の例である。

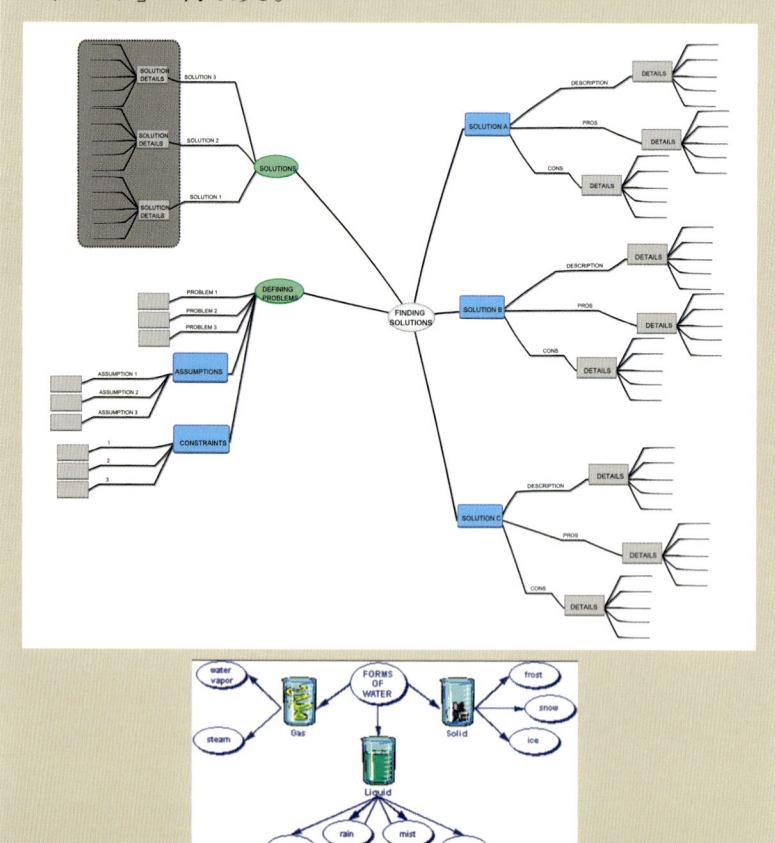

コンセプトマップ

「本物ではないマインドマップ」の例

　一見して問題ないように見えるかもしれないが、重要な原則が無視されている。それぞれの考えが独立し、他から切り離されているし、複数のブランチにまたがる結びつきもない。思考を「分断」するような設計になっているので、脳に新たな閃きを促すものもない。また、キーワードではなくフレーズを使うことも連想と想像を妨げる。これを、すべての重要な原則に厳密に従った50ページのマインドマップと比較してみよう。

コンセプトマップとマインドマップの比較

コンセプトマップ	マインドマップ
多数のテーマがある。	テーマは1つに絞る。
1つのボックス内にたくさんの単語が書かれている。	1つのブランチ（以下、「線」）には、キーワードを1つだけ記入する。
線が階層化されていないので、構造化の度合いがマインドマップより低い。	線が階層化されている。
線がつながっていないところがある。	すべての線をしっかりつなげる。
線はどれも同じで差別化されていない。	線は中心に近いほど太く、外側にいくほど細く描く。
色は任意で使う。	色はとても重要である。
イメージは任意で使う。	イメージはとても重要である。

マインドマップが一見「ごちゃごちゃ」でも有効なとき

　時と場合によっては「本物のマインドマップ」のかき方を厳密に守れない

こともあるだろう。例えば、ちょっとした打ち合わせや、突然アイディアが湧いたときなど、カラーペンやＡ４サイズの用紙が手元にないこともある。その場合は、封筒の裏、コースター、罫線のある紙の切れ端、手帳など、手元にある筆記用具を使ってマインドマップをかいても全く問題ない。こうしたメモから最も独創的なアイディアが生まれることもある。

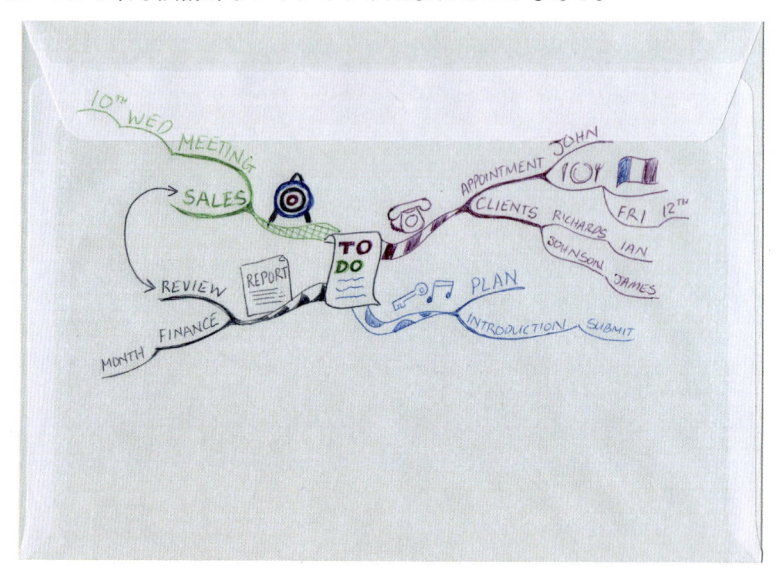

　例えば、コーヒーショップで「やること」をさっとかき出すときのマインドマップは、その時の環境と頭の中をそのまま反映し、煩雑なものになるかもしれない。そのマインドマップがどれほど「ごちゃごちゃ」したものになっても、そこに含まれている価値ある情報の量はリストに何もかもかき出すときより多いはずだ。

　外出時や会議中などに走りがきしたマインドマップは、席に戻ってからかき写したり、色を塗ったり、さらに広げたりするといい。できれば、少し時間をかけてメモ書きを完成度の高いマインドマップにかき直すのが理想的だ（パソコンに入力してもいい）。ただし、そうできないときにもマインドマップを使おう。メモ的なマインドマップであっても箇条書きやリストと比較にならないほど優れているからだ。

マインドマップをかいてみよう

　マインドマップのかき方の基本ルールを理解したら紙とペンを用意し、さっそく試してみよう（サンプルを真似てかくとコツをつかめるはずだ）。ある程度の試行錯誤を繰り返す心構えをしておこう。絵を描くことについては特に、最初からうまくいくとは限らないからだ。試しているうちに新鮮なひらめきを得れば、情報やアイディアを捉えて記録し、それを発信する方法が根本的に変わることに気づくはずだ。

次の章では…

次章では公認ソフトの iMindMap を使ってマインドマップを作成する方法を紹介する。仕事やコミュニケーションにテクノロジーが欠かせない時代に、マインドマップの全く新しい世界が開かれるだろう。

3 パソコンでかくマインドマップ

　私は、マインドマップを人生のあらゆる分野で使い、中でも仕事に多用しています。欧州で最も急成長を遂げている企業の設立に携わったときにもマインドマップを活用しました。その当時は手がきでしたが、紙の上にかくときの自由さをそのままにパソコン上でマインドマップを作成できる日を夢見ていました。その後、トニー・ブザンと仕事をする機会に恵まれ、人間の脳の「非線形の思考プロセス」を完全に再現する世界初のマインドマップ作成ソフトを誕生させるという夢が実現しました。

　　　　　　　　　　クリス・グリフィス

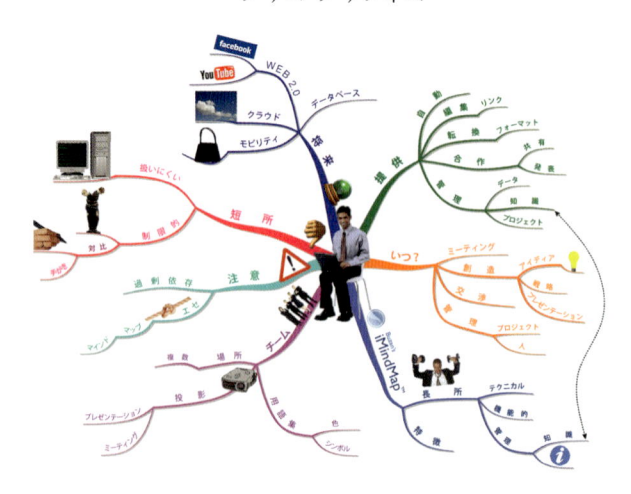

3章のマインドマップ・サマリー

コンピュータ主導の時代といわれる今、紙の上ではなく、スクリーン上でマインドマップを作成するためのソフトウェアが求められている。コンピュータで作業したい企業や個人にとって、カラフルな手がきのマインドマップの生き生きした創造性をソフトウェアを使って再現できるようになったことは朗報である。しかも、仕事で使いやすいように多様な機能が組み込まれており、ユーザーが仲間と共有したり、他の標準的なビジネスソフトウェアに統合することも可能だ。

パソコンか、手がきか

　iMindMapが誕生してからは特に、マインドマップ作成ソフトの性能が大きく向上し、仕事で簡単に使うための仕様と機能が充実した（64ページ参照）。とはいえ、直接手でかく感触や流れるような動きを楽しみ、総合的に記憶し、瞬時に創造性を発揮したいときには、紙とペンにまず手が伸びるだろう。また、パソコンが手元にないときや会議などでノート・パソコンを置くスペースがないとき、時間が限られていたり、構成や順序がすぐにはわからない状況でアイディアをとりあえずかき止めておきたいときには、封筒の裏などにさっとかくマインドマップが最も実利的な解決策になるはずだ。

　手がきのマインドマップが明らかに有利な点は他にもある。例えば、かき手の脳の「指紋」、あるいは言葉とイメージで表された精巧な脳波図のように手がきのマインドマップは一つ一つが異なるし、その「芸術家」のユニークなスタイルによって誰の作品かを識別できる。また、マインドマップは視覚、運動感覚、触覚、リズム感、色など、脳のさまざまな領域を活性化し、手でかいている最中は特に多感覚が使われる。それ自体が創造的プロセスに大きな刺激を与えるし、完全に自然で有機的なのでインターフェースやデジタル転送も必要ない。

　従って、手がきのマインドマップは創造性を発揮するためのきっかけとして今後も欠かせない存在であり、コミュニケーション、指導、問題解決、創作、記憶、客観的思考など、幅広い用途に使われるだろう。ただ、仕事に使うときには、パソコンで作成するマインドマップが有利で、その驚異的な柔軟性を生かして活用の幅を広げることができる。

個人事業からグローバル企業まで、仕事仲間や顧客などの利害関係者との情報共有はあらゆるビジネスに不可欠である。そして、情報共有は電子的に行われることが多く、電子メールに添付したりウェブ上で共有したりするためのメールソフトやウェブツール、プレゼンテーション用ソフト、レポートやメモ用のツールなどさまざまな標準ソフトが使われている。

　こうしたビジネス環境の中で、手がきのマインドマップは情報の発信と共有という点で不利になった。ただ、マインドマップ作成ソフトが出回ってからも、当初は使い勝手が悪く、フローチャートの幅を広げたような図と大差なく、目的にかなっていなかった。しかし、最新のソフトウェアには根本的な欠点を是正するための変更と修正が加えられており、幅広いビジネス・ニーズに対応できるようになりつつある。

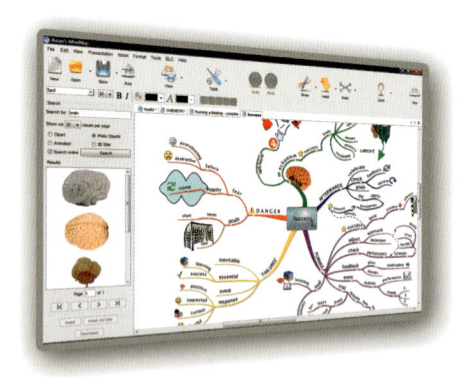

iMindMapで作成したマインドマップ

デジタルのマインドマップは何をもたらすか？

　コンピュータは人間の思考に特有の「有機的な相互連結」を再現するには至っていないが、マインドマップは手がきに近い感覚でかけるようになった。マインドマップ作成ソフトが進化し、紙とペンでかくときの多様なイメージ、流動性、そして携帯性を再現できるようになりつつある。

　一般に、最近のマインドマップ作成ソフトは思考プロセスと生産性を促進するための各種の拡張機能を提供している。専用ソフトも多く、ウェブベースのアプリケーションもあり、次の機能を備えたソフトも少なくない。

- カラフルで見栄えのいいマインドマップを自動的に、素早く簡単に作成できる。
- マインドマップを何度でも、気の済むまで編集・改良できる。
- 一連のツールを使って複雑なレベルでデータを分析・管理できる。
- マインドマップを各種のモードで共有・提示できる。
- マインドマップをさまざまな形式に転換できる（プレゼンテーション用ソフト、プロジェクト計画ツール、表計算ソフトなど）。
- 共同制作してグループでアイディアやコメントを活用できる。
- プロジェクトを終始一貫して計画、実施、追跡できる。
- 外部情報にリンクすることによってナレッジ・マネジメントを向上できる。

パソコンでかくマインドマップの活用法——いつ使うか？

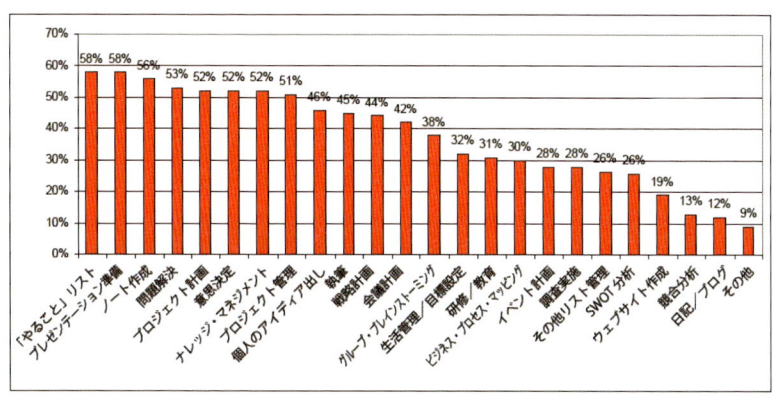

項目	割合
「やること」リスト	58%
プレゼンテーション準備	58%
ノート作成	56%
問題解決	53%
プロジェクト計画	52%
意思決定	52%
ナレッジ・マネジメント	52%
プロジェクト管理	51%
個人のアイディア出し	46%
執筆	45%
戦略計画	44%
会議計画	42%
グループ・ブレインストーミング	38%
生活管理／目標設定	32%
研修／教育	31%
ビジネス・プロセス・マッピング	30%
イベント計画	28%
調査実務	28%
その他リスト管理	26%
SWOT分析	26%
ウェブサイト作成	19%
競合分析	13%
日記／ブログ	12%
その他	9%

マインドマップ・ユーザーのチャック・フレイはマインドマップ作成ソフトがどの程度使われているかについてビジネス・ユーザーを対象にブログでアンケート調査を実施した。その結果が上のグラフである。
出所：チャック・フレイのブログ　www.mindmappingsoftwareblog.com

　マインドマップ作成ソフトは幅広い業務用アプリケーションに使えるユーティリティ・ツールで、会議、ブレインストーミング、交渉、戦略、開発、プロジェクト管理、プレゼンテーション、スピーチ、講義、業績評価の分野で特に有効である（4章以降を参照）。

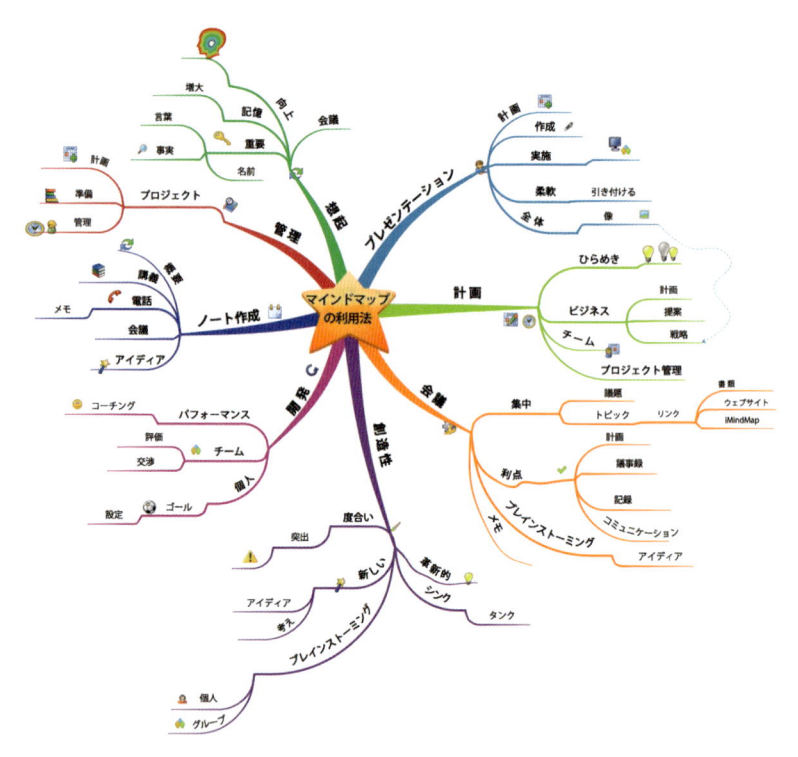

iMindMapを使って作成した「マインドマップのビジネス利用」についてのマインドマップ

◎──iMindMapの誕生

　トニー・ブザンはペンと紙を使ってマインドマップを考案したが、このテクニックをコンピュータでも使えるようにすることの大きな利点を何年も前から認識していた。「マインドマップを開発してからずっと、コンピュータの世界が人間の脳に追いつくことのできる日を夢見てきた。以前はパソコンでマインドマップを作成できなかったからだ。あまりにも制約が多く、柔軟性がなく、動作が遅すぎて……パソコンでかくのは基本的に無理だった。マインドマップ作成ソフトに必要なのは自由さ、多様性、視覚的な美しさ、人間の脳が実際に思考するときの有機的な特性だった。このニーズを満たすソフトウェアの開発を何回も試みて大失敗を重ねた。多くの人が試みたが、出来上がったのは本物のマイン

ドマップには程遠い粗悪なまがいものだった。まるでロボットのように直線的で、思考が分断され、脳が思考を広げることのできない作りになっていた」

そこで2005年に、iMindMapを開発するためにクリス・グリフィスとトニー・ブザンがチームを組んだ。ようやく、脳本来の有機的な特徴を反映し、思考が相互に作用して結びついていく様子が再現された。

iMindMapは発売以来順調に売上を伸ばし、バージョン・アップによって機能の充実が図られている。

この強力かつ柔軟なビジネス思考ツールには電子メールでの社内回覧、会議やブレインストーミング・セッション中の利用、プロジェクターによる投影、他の主要なオフィス・ソフトへの移行を可能にする特殊なソフトが組み込まれている。iMindMapはあなたが今考えていることを視覚化して直接コンピュータ・スクリーンに移転できる。なぜなら、思考するための環境が改善され、組織全体の「考える力」が高まるからだ。また、個人だけでなくチームや組織全体の活力が増す。

「本物」のマインドマップ作成ソフトの長所

パソコンでマインドマップを作成すると技術面の利点があるが、それ以外の長所もある。iMindMapを使って製品自体の特性と情報技術を生かせば、アイディアや情報を同僚や顧客と非常に効率よくやりとりできる。

技術面の利点

パソコンでマインドマップを作成する技術面の利点は編集可能性につきる。色の変更、縮小、ブランチの長さの調整に加え、グラフィック、映像、オーディオをインポートして効果を高めたり、スプレッドシート、ドキュメント、メディア、ウェブサイトなどのハイパーリンクを設定したり、リンクを使ってマルチレベルのマインドマップを作成したりできる。また、iMindMapにはブレインストーミング、プレゼンテーション、プロジェクトの計画、各

種調査を支援する各種のコラボレーション・モードが搭載されているので、作成後に他のフォーマットと互換性を持たせたり、変換して出力したりすることが可能だ。

機能面の利点

デジタル・マインドマップは手がきよりも柔軟性が高い。例えばiMindMapの「スピード・マインド・マッピング」を使って、素早くアイディアを捉えることができる。また、アイディアのフィルター・ツール、マインドマップに含まれる情報を基にしたレポート作成ツール、マイクロソフト・パワーポイントやウェブサイトなどさまざまな形式へのエクスポート機能を備えている。

知識と情報の管理

驚異的な最新技術と情報ハイウェイを使って、iMindMapは情報と人を直接、確実に結び付ける。データやアイディアを電子メール、企業内コンピュータ・システム、ウェブサイトを利用して共有すれば、情報管理を強化して重複を避けることができるし、他のデータとの同期や合成も簡単になる。

本物のマインドマップ作成ソフトの主な特徴

iMindMapには手がきにはない長所があるので、特別な拡張機能を使わなくてもこれまで以上のことができる。

iMindMapは2章で概説した「本物」のマインドマップのルールと概念を忠実に守った上で、コンピュータ技術を使うことによって加わるメリットを提供する。例えば、浮かんだアイディアを瞬時に読みやすく表示し、それを素早く簡単にコピーしてチームや部署内で共有できることは、手がきにはない長所である。

自動的にマインドマップを作成できる

iMindMapは使い方が簡単でマインドマップを直感的に作成できる。画面をスクロールすればいくらでもワークスペースを広げられるので、スペー

スの制限が全くない。

デジタル・リンク

マインドマップを自動的に作成するには、デジタル・リンクも面白い選択肢の一つで、「手でかきたいがパソコンで作成する長所も捨て難い」ときの妥協案になる。タブレットPCの画面、あるいはインタラクティブホワイトボード（対話型電子白板）にデジタルペンを使って、普通のペンと紙を使う感覚で直接マインドマップを手がき入力できるからだ。

構成の変更と編集が何度でもできる

マインドマップの作成後の構成の変更や編集が楽なこともパソコンを使う利点である。内容をさらに充実させる、新しい洞察やアイディアを組み入れるスペースを作る、状況や優先順位の変化を反映する、あるいは必要な情報に目が行くように工夫するなどの操作が簡単だ。例えば、必要に応じてブランチの追加、キーワードを記入済みのブランチの削除と移動がマウスをクリックするだけで瞬時に行えるので、打ち消し線やバツ印などで紙面を見づらくすることなく考えやアイディアをわかりやすく整理し直せる。

このため、専門的な体裁にしたいときには、iMindMapの鮮明で読みやすい特徴が強みになる。また、ブランチやキーワードにノート、ドキュメント、リンクを簡単に添付したり、ブランチを移動したり、形状、長さ、曲がり具合、方向を変更するなど自由自在だ。マインドマップをかきながら、思考の展開に合わせてブランチの色や記入するキーワードとキーイメージを即座に変えられるので、気の済むまで何度でも手を加えて頭の中の考えを完全に反映させることができる。これは、手がきでは不可能で、何度かかき直す必要が生じる。

インポートと編集

誰でも美しいマインドマップをかけることもパソコンでかく利点の一つだ。絵が得意でなくても、多くのイメージ・ライブラリーから取り込んでマインドマップに簡単に挿入できる。また、他のアプリケーションで作成した

マインドマップを取り込んで編集・保存できるソフトも多いので、複製する時間の節約になるし、好みのソフトウェア・プログラムにカスタマイズすることが可能だ。

情報の分析と管理を強化

デジタル・マインドマップには手がきで無理なく管理できる量をはるかに上回る大量の情報を盛り込めるので、情報過多に対処し、重要な詳細部分を切りだして入念に分析するのに最適な本格的な知識管理ツールに簡単に転換できる。

大局と細部を行き来する

パソコンでかくとマインドマップは紙の大きさに制限されず、想像力が尽きるまで広げられる。そして、想像力は無限なので、マインドマップの有機的な経路を通ってどこまでも探索できることが大きな特徴である。また、探索中は常に状況を把握し、特定の領域を目で確認する必要があるが、それにも対応して全体を俯瞰し、道に迷うことなくマインドマップの階層構造の中を上下左右に見て回れる。これは、単に「木と森を同時に見る」だけではなく、アマゾンの熱帯雨林全体の空中写真を撮ると同時にジャングルの中の1本の広葉樹にズーミングし、次は1枚の葉とつる、葉脈、さらにはその葉を構成する化学分子と、際限なく次々にズーミングすることにたとえられる。

iMindMapを使うと、どの程度の詳細が目に入るようにするかを自由に調整できる（ブランチの展開と折りたたみ機能を併用）。例えば、プレゼンテーション中にマインドマップをスクリーンに投影し、1つのブランチを選んで焦点を当てるために一時的に拡大表示して、そのブランチを新しいマインドマップの中心テーマにすることが可能だ。元のマインドマップを崩さずにブランチを隠したり目立たせたりできると、チームがより客観的にアイディアと情報を見据えて新しいトピックに専念し、集中力を維持するのに役立つ。このような方法で問題提起や議題の提示を行えば、同僚が独自のアイディアを思いついたり思考の枠組みを作ったりしやすくなる。

即時アクセス

　交渉や話し合いの最中に、主張を裏づけるための情報をすぐに見つける必要が生じることはよくあるが、iMindMap を使うとそのとき参照しているマインドマップ、あるいは複数のマインドマップのコンテンツをキーワードやフレーズで検索できる。この機能を使うと、検索結果にマインドマップの焦点を移すことによって、マインドマップをつきつめてより効果的に分析し、その内容について有意義な洞察を得られる。　また、検索結果をクリックすればその部分が表示されるのでスクリーンの大きさに制約されることもないし、マインドマップをたくさんのページやファイルに分散させる必要もない。

知識の移転

　iMindMap を使うと時間の経過と共に作成済みのマインドマップを展開する、つまり保存しておいて、いいアイディアが浮かんだときや、新たな調査、分析、情報によって考えが変わったときに再検討することができる。また、ノート機能を使ってマインドマップのどのブランチにもメモや注釈を加えられる。さらに検討したい、あるいは焦点を当てたいアイディアが記入してあるサブ・ブランチを１つ選んでそれを掘り下げたり、そのアイディアをテーマにして新たにマインドマップを作成したりすることも可能だ（新しい思考の経路を思いつくことが「１つのブランチには１つのキーワード」のルールの目的である）。

　また、どのブランチにもドキュメント、ウェブサイト、URL、アプリケーション、パソコン上にある他のマインドマップやフォルダなどを添付できるし、１つのブランチに設定できるリンク数の制限はないので、さまざまな情報源からデータを集めて理解を深めるのに役立つ。しかも、クリックするだけですべての参考資料にすぐにアクセスできる！

知識を発表する

　iMindMap の大きな利点は、プレゼンテーション中の操作が可能なことだ。これは、手がきのマインドマップではやりにくい。

　iMindMap を使って印象に残る生き生きとしたプレゼンテーションをす

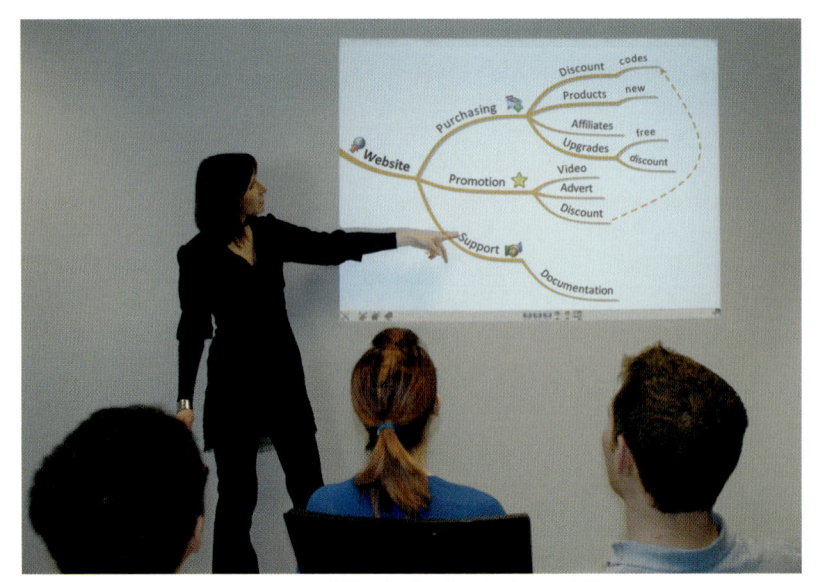

iMindMapを使ったプレゼンテーションの例

る方法は多岐にわたる。

ブランチを1つずつ広げる

　当初は、マインドマップのブランチをすべて折りたたんでおき、1回に1階層ずつ展開しながら発表を進める。マインドマップの中身を徐々に明らかにしながら発表すると聴き手はその時々の話題に集中し、話し手は一度に示す情報の量を管理できるので、情報量が多すぎて聴き手が戸惑うことがない。

マインドマップを使った対話型のプレゼンテーション

　iMindMap の双方向性を生かしてブランチを拡大・縮小したり、発表中にリンク先のファイル、ウェブ、他のマインドマップを直接表示したりすると、プレゼンテーションが本当に生き生きして聴衆の心をとらえる。

特定の話題に焦点を当てる

　フォーカス・イン＆アウトの機能を使って、選択したブランチにフォーカス・インを適用すると、そのブランチが新しい iMindMap のセントラル・

アイディアとして表示される。これは、聴衆の参加を促すための方法として優れ、焦点を当てた話題についての聴衆の考えをかき加えられる（作業完了後にフォーカス・アウトを適用して元のマインドマップに戻ると、追加したアイディアがブランチとして表示される）。

資料をすぐに提供できるようにする

　iMindMapで作成すると、マイクロソフトオフィスやオープンオフィスなどの主流のオフィス・ソフトにフォーマットを選んでエクスポートできるので、そのプロジェクトについてグループでの共同作業がしやすくなる。

　また、フォーマットを変換すれば、プレゼンテーションの後にそのマインドマップをPDFや画像ファイルに変換し、ウェブや電子メールを経由して聴衆と共有できる。相手もiMindMapを使っていれば、ファイルやウェブリンクなどの追加情報をブランチに添付するといい。パソコンをあまり使わない仲間や顧客には、完成したマインドマップを印刷して提供する手もある。

通信や報告に使われる一般的なフォーマットにマインドマップを変換する

　職場で、計画や最新情報をカラフルな絵で描いた紙を上司や同僚に見せると、「文化的な」壁に直面するかもしれない。事業の意思決定は、パソコンで作成した報告書、提案書、プレゼンテーション資料、事業計画に基づいて行われる傾向があるので、マインドマップにかいたアイディアを誰もが見ることができるように、エクスポート・ボタンをクリックしてワードの文書、パワーポイント資料、スプレッドシート、マイクロソフトのプロジェクト・プランに変換しておくと便利だ。

　こうすれば同僚や上司、あるいは顧客が書類やスプレッドシート、プレゼンテーション資料、事業計画書などを要求したときに、大きな時間の節約になる。何時間もかけて追加作業をしなくても、ソフトウェアが代わりに処理してくれるからだ。

スプレッドシート　　　　　　　　プレゼンテーション

プロジェクト・プラン　　　　　　テキスト・ドキュメント

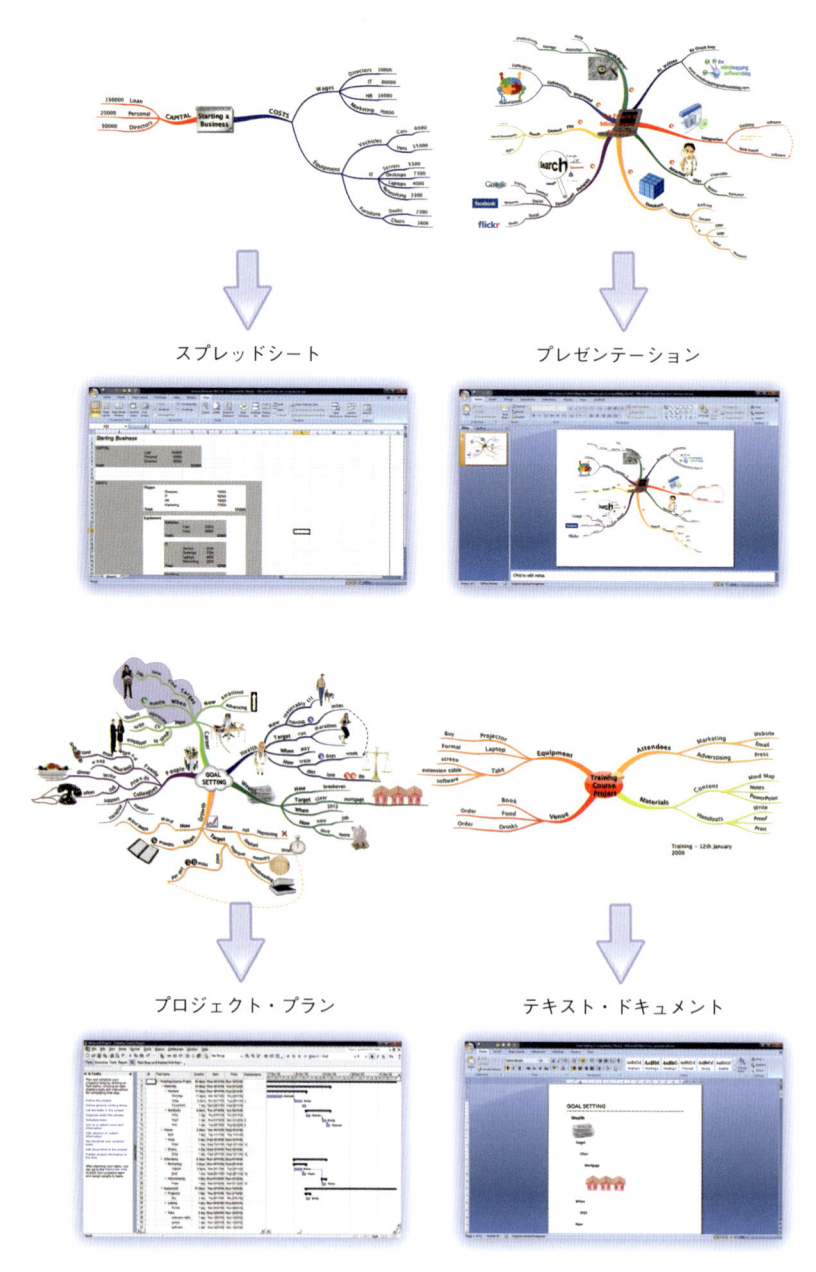

4種類のコンピュータ・プログラムにマインドマップを変換した例

マインドマップをコンピュータ・プログラムにエクスポートする

例えば、iMindMapには次のようなエクスポート・オプションがある。

- テキスト・ドキュメント　マインドマップの階層構造をテキストのアウトライン形式でマイクロソフト・ワードやオープンオフィス・ライターにエクスポートする。
- スプレッドシート　財務予想、原価計算、売上報告などの財務データを含むマインドマップの場合、マイクロソフト・エクセルやオープンオフィス・カルクのスプレッドシートとしてエクスポートする。
- プレゼンテーション　スライドショーやアニメーションとしてマイクロソフト・パワーポイント、オープンオフィス・インプレスまたはアップル・キーノートにエクスポートする。
- プロジェクト・プラン　マイクロソフト・プロジェクトにエクスポートし、アドバンスト・プロジェクト分析を実施できる。

このような方法で情報をエクスポートできると、仕事をする上で大きな強みとなる。創造性の発揮とコミュニケーションが必要な作業をするときに、アイディアを形にして構造をつくる始点となるからだ。

共有

ビジネスでは知識の共有が重要だが、そうするには、作成したマインドマップをすぐに他の人が利用できるようにするのが一番だろう。

仕事仲間のニーズ、コンピュータ操作能力、そして会議中と会議前後にその情報を相手に持っていて欲しいかどうかに応じて、さまざまな方法で情報を共有することが可能だ。印刷物として渡したければ、さまざまなフォーマットで印刷できる（1枚に1ページまたは1枚に数ページ、カラー、白黒、ヘッダーのあるなし、テキストアウトライン形式など）。

後から再検討するためにマインドマップをパソコンやディスクに保存したり、閲覧用にウェブサイトに掲載したい場合は画質を選択して画像ファイル（JPEGやビットマップなど）として出力する。高画質のグラフィックとし

て出力したければスケーラブル・ベクター・グラフィックス（SVG）が最適だ。SVGはポスターや本、アドビ・イラストレーターなどのパッケージの中で使うことも、ウェブに掲載することも可能だ。あるいは、マインドマップを読み取り専用のPDFファイルとしてエクスポートすることもできる（PDFは電子文書配布形式のグローバルスタンダードとなっている）。

マインドマップをチームで作る

　人々が集まって一緒に考え、お互いの多様な経験を提供し合って集団としての想像力を発揮することによって互いを刺激してひらめきを与え、アイディアを生み出す——このような創造的な会議をiMindMapを中心にしてどのように実現できるだろうか。

　真っ先に思い浮かぶのは、マインドマップを大きなスクリーンに投影してグループの全員で共同作業するプレゼンテーションや会議である。こうすると、チームの会議やグループのブレインストーミング・セッションの生産性が高まる。その会議の目的と関連付けながら、「その場ですぐ」情報やアイディアがスクリーンに反映されるのを見るという点では、パソコンを使うほうがフリップチャートやカラーペンを使ってかくマインドマップより効果的である。

　マインドマップは個人で作成することが多いが、たいていは各人がチームや組織の一員として仕事をしている。しかし、全員を同じ部屋に集めることができないと、アイディアを伝えたり話し合ったりすることが難しい。また、マインドマップにかいた解決策やアイディアを実行に移す前にその内容について承認を得る必要があったり、思いついたばかりのアイディアを肉付けするために回覧して情報を提供してもらいたいこともあるだろう。このような場合には、コンピュータの技術的長所を生かすと、違う場所にいる人達が同じマインドマップ上で共同作業できる。個人で作成したマインドマップを電子メールで送って目を通してもらう、あるいは共有ワークスペースにアップロードして上司や同僚の意見を聞いたりアイディアを出してもらったりすることが可能だ。その際、誰のコメントかがわかるようにそれぞれの意見やア

イディアに個人別の印をつけてもらい、マインドマップが返却されたときに情報を抽出して1つの「スーパー・マインドマップ」にまとめる。

　継続的なプロジェクトであれば、チームメンバーと共有するマインドマップで使う記号、色、スタイルなどを標準化して「視覚的な用語集」を作っておくと便利だ。それが何を意味するかについて共通の理解をしておけば、こうした視覚効果を一貫して使える。

　マインドマップの作成に他の人も積極的に関与すると、主要な戦略を実行する利点を誰もが理解して、担当する作業に熱心に取り組む可能性が高まる（チームでのマインドマップ活用法については4章と7章でも取り上げる）。

「本物ではない」デジタル・マインドマップ

　グーグルでマインドマップ・ソフトウェアを検索すると、ノーブランド製品からプロジェクト管理や発想など特定の分野に特化した「スキマ商品」まで、さまざまなツールが数百件もヒットする。しかし、ウェブベースの「マッピング・ツール」は機能が限られており、最初は便利に感じたとしても結局は失望することになるだろう。マインドマップ作成ツールと称していても、「本物」でルールに従っているとは限らない。脳の2つの半球を共に機能させることがないので、創造的な「ひらめき」を得たり、お互いが融合して思考の活発化や飛躍を経験したりすることは起きないからだ（31ページ参照）。こうした「本物ではない」マインドマップは避けたほうがいい。それらは「マインドマップ」の名称を使って宣伝されているかもしれないが、同じものではない。

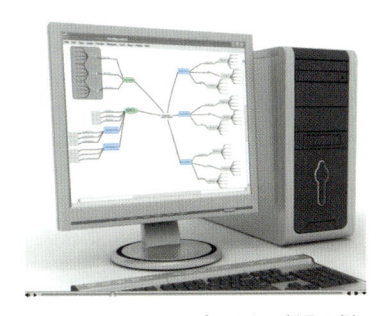

マインドマップではない製品の例

素晴らしいツールになるか否かは使い方しだい

　パソコンでかくマインドマップは驚くほど柔軟で、本書の各章で紹介するようにさまざまなビジネス・シーンで活用できる。まずは「白紙」の思考スペースとして使ってみよう。iMindMap の用途は数限りなく、会議の計画、ビジネス・プランの策定、プロジェクト管理、報告書の準備、個人的目標の進捗確認、アイディアのデータベースの創造、タスクの進捗管理など、多様な目的で利用できる。その中には手がきのマインドマップで行えることも少なくないが、その詳細度（関連したリンクの設定、参考情報やファイルの添付など）が異なる。

　しかし、仕事でコンピュータを使うことには、良い面だけでなく悪い面もあることを忘れてはならない。結局のところ、ソフトウェアを開発するのはビジネスユーザーではなくソフトウェアの専門家である。そして、コンピュータに依存し過ぎると、朝電源を入れてから夜スイッチを切るまで、あくまでも使っているソフトの範囲内で思考せざるを得なくなる。だからこそ、急激な技術革新の時代の中で認知能力のすべてを使うことがこれまで以上に重要なのだ。仕事の問題を議論するときや解決策を見出そうとするときなど、知的能力をフルに生かせば、狭い視野で考えることを回避できる。

手がきのマインドマップが有利なとき

　パソコン・ソフトには便利な機能が多く、有機的なマインドマップの滑らかさを再現するという観点でも急速に進歩しているが、手でかくことの優位性があることも事実である。パソコンをすぐ使えないときはもちろん、時間が限られている、あるいは情報や意見の序列がすぐにはわかりにくい状況では、封筒の裏などにさっとかくマインドマップが最も実利的な解決策といえるだろう。また、次のような状況でも、ペンと紙の基本に戻ることが、マインドマップを作成する最も効果的な方法かもしれない。

自由な構造とフォーマット

　パソコンより手がきのほうが創造性を発揮しやすい。特に、個性を存分に発揮して芸術的な作品に仕上げ、後から思い出しやすいように工夫したいと

きには、手がきのマインドマップが有利だ。手で情報をかき入れる過程で個性の入り込む余地がはるかに大きいので、強力な学習ツールになる。

　マインドマップ作成ソフトの中には、セントラル・イメージに相当する中心部のフォーマットが1種類しかないなど、フォーマットとレイアウトを変えられない製品もある。また、それ以外のソフトの場合でも楽だからといって初期設定のままのブランチ、フォント、レイアウトを使うと、個性的ではなくなる。視覚的な刺激が減るので、手がきのマインドマップより記憶に残りにくくなる。さらに、ソフトウェアに含まれているクリップアートや写真など、さまざまなイメージを簡単に利用できると、自らの考えやアイディアを的確に伝えるための自作の絵を加える可能性が低くなり、結果的にマインドマップは手がきほどユニークではなくなる。

コンピュータが扱いにくいとき

　例えば、パソコンを起動してマインドマップ作成ソフトを立ち上げるのに時間がかかると、待っている間に創造的なプロセスが中断され、重要なアイディアを忘れてしまいかねない。思いついたアイディアをさっとメモするには、常に持ち歩けるペンと紙を使ってかく手がきのマインドマップが有利だ。それを後からソフトウェアを使って整理すると万全だ。

ソフトウェア依存しすぎたくないとき

　パソコンを使うことのもう一つの欠点は、スクリーン上のやりとりに依存しすぎることが人間の脳の機能に及ぼす影響だ。机の前に座って手あたり次第にアイコンとメニュー・オプションをクリックし、電子メールなどに対処していると、長い間には脳が怠惰になる可能性があり、パソコンが突然クラッシュしたら途方にくれることになるだろう。

マインドマップの将来

　iMindMap のプログラマーと開発者は、ソフトウェアとユーザーのインタラクションを重視し、放射思考を広げる脳の働きにより近づけるように改良を重ねている。技術と通信方法の進歩によって日々新しい可能性が広がる

中で、iMindMapは、企業や個人が信頼をよせる他のパソコン・ソフトと同じように、改良を続け、時代の変化と歩調を合わせる必要がある。

機動性

　ポケットやハンドバッグに入れていつでもパソコンを持ち運べるようになるまでは、パソコンでマインドマップを作成できないこともある。ただ、小型のノートパソコンや携帯電話の性能が一段と高まって価格も手ごろになりつつあり、マインドマップ作成ソフトの動作をサポートできるようになった。また、最近はソフトウェア支援と音声認識技術の統合が進んでいるので「ハンズフリー」マインドマップ作成ソフトにも期待できる。

クラウド・コンピューティング

　「クラウド・コンピューティング」はオンライン情報源にアクセスする機能である。マインドマップ作成ソフトはデスクトップ・パソコン用のパッケージが中心だが、インターネットの躍進が著しく、一段とアクセスしやすくなる中で、今後はウェブベースとデスクトップ・アプリケーションの間で融合が進むはずだ。例えば、デスクトップ・ソフト内でウェブサーチとオンライン・データベースの検索ができるだけでなく、デスクトップとウェブベースのアプリケーションを組み合わせることによって、どこからでも自分のマインドマップにアクセスして編集できるようになるだろう。

データベース接続の強化

　iMindMapなどのマインドマップ作成ソフトは、適切なセキュリティ・プロトコルを介して顧客関係管理（CRM）や資材所要量計画（MRP）などの社内データベースに接続できる。こうすることで、マインドマップに取り込む必要のあるデータをシームレス検索して引き出すことが可能になる。これは、大量の情報を統合する複雑なプロジェクトのマインドマップには特に有用な機能である。

Web 2.0 接続

　マインドマップ作成ソフトは、大勢の人の参加とコラボレーションを促進し、理解し合うことに役立つソーシャル・ネットワーキング（フェースブックなど）、ブログ、ユーザーが作成した映像（YouTube）などの次世代ウェブ2.0ツールと接続できる。

マインドマップを仕事に生かす

　本章が締めくくりとなる第1部では、マインドマップとは何か、その作成法、そして脳の自然な働きを反映する「かき方のプロセス」によって学習力と記憶力が向上する仕組みを詳しく説明した。さっそく、仕事でマインドマップを使ってみよう。

次の章では…

誰もが関わりのあるビジネス・シーンとして
時間管理と生産性の向上を取り上げる。
具体的にはマインドマップを使ったスケジュールの作成、
会議の計画、効果的なノートの取り方を紹介する。

第2部

ビジネス・スキル向上のためのマインドマップ

マインドマップ計画術 4

マインドマップはすべての連絡事項が明確に伝わり、
独創的なアイディアが出るペースも上がるので
毎日大量の時間を節約でき、仕事がはかどります。
クリフ・シャフラン（Q3グローバル社CEO）

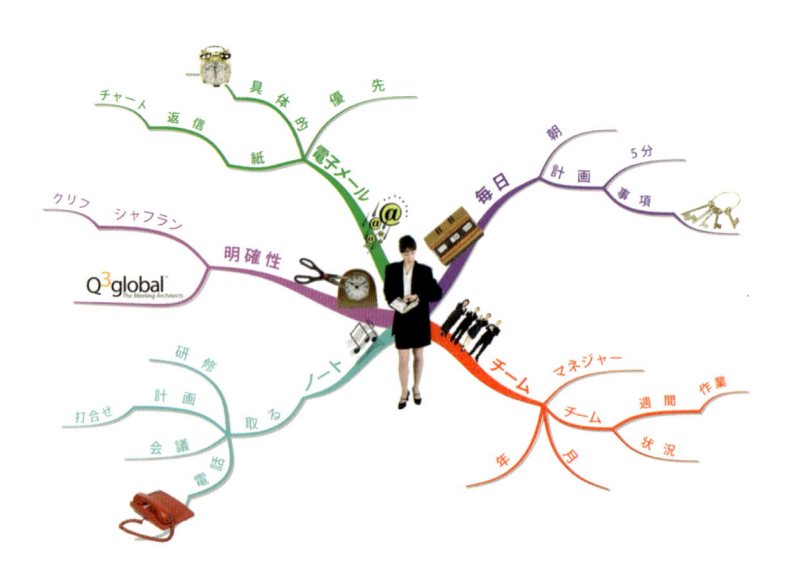

4章のマインドマップ・サマリー

あわただしく事務所に駆け込むと、大量の情報があなたを待ち構えている。提案書を2つ作り、マーケティング用スプレッドシートを仕上げ、3つの会議に備えるなど、優先順位を決めなければならないことが山積し、どこから手をつけていいかわからない。1日では時間が足りず、処理しなければならないことの半分も片付きそうにない。このような状況でマインドマップは本領を発揮する。その日の計画を立て、納期を確認し、優先順位をつけて時間を割り振る作業は、マインドマップの最もシンプルかつ最も有効な利用法の1つだ。マインドマップで計画することを習慣にしよう。

その日の仕事をマインドマップに

毎朝5分ほどかけて、その日の予定をマインドマップにかき出すと、いいスタートが切れる。マインドマップに「やること」がかいてあれば、「次に何をしようか」とそのつど考える時間の無駄を減らせる。また、期限に照らして「やること」を見直し、時間内に完了可能な作業と無理なものを現実的に見極め、仕事の優先順位を決めることができる。

「やること」を一覧できると、重要なことと、それほどでもないことが見えてくる。「やること」の中には、時間はいくらでも費やせるが、成果には大して影響しない作業もあれば、望ましい結果を出すために「すべきこと」や対処する必要のある大切な課題もある。それがわかると、仕事をやり遂げるための重要なステップ、巻き込むべきキーパーソンと連絡先を特定できる。

一日の終わりにはマインドマップを見返して、その日に何を達成したかを確認し、満足感にひたりながら、作業の完了したブランチにチェックマークをつける。こうすると、次の日も同じように取り組もうという動機になり、マインドマップは仕事の効率アップに欠かせないツールになる。

iMindMapのテンプレートと手がきのサンプルを参考に、あなたに最適な方法を選んで、一日の予定をマインドマップにかいてみよう。

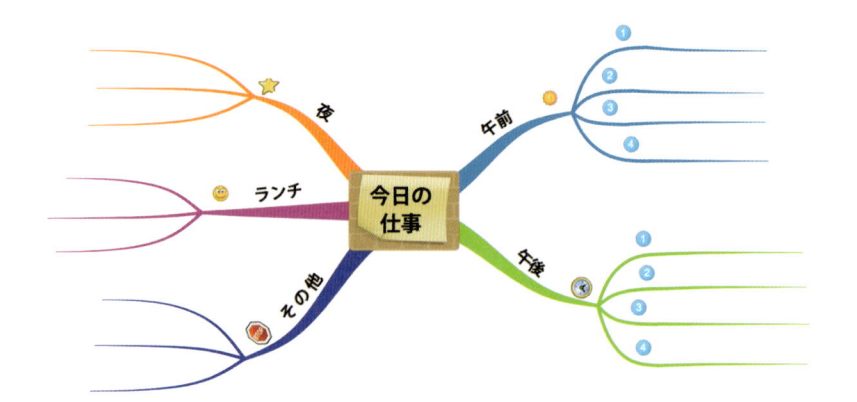

1 「その日（の仕事）」を表すセントラル・イメージを描く。
2 メイン・ブランチには上の例のように時間帯を割り当てるか、85ページのサンプルのように、その日にやり遂げたい主な事柄を記入する。
3 各メイン・ブランチの先からサブ・ブランチを伸ばし、名前、事柄、記号などを記入して、各作業を完了させるために何をする必要があるかを視覚化する。
4 全体を見て、項目間の関連性を確認する。

　セントラル・イメージからメイン・ブランチを伸ばし、その上にその日の時間帯、連絡する必要のある人、その日中に終えなければならない作業などを記入する。マインドマップに「やること」をかき出すと、仕事の全体量を把握して各作業の重要度を客観的に見定めることができるし、連想が働いて「やること」をさらに思いつきやすい。
　メイン・ブランチやサブ・ブランチに記入した作業を終えたら、打ち消し線やバツ印で消さずに、色つきのチェックマークをつけておこう。線やバツ印で消すと、その作業自体を取り消すような、誤ったメッセージを与えかねないからだ。そうせずに、ブランチの先にチェックマークを記入すると、「仕事が完了した」ことを確認できて士気が高まるし、一日よく働いて仕事を進めた自分をねぎらうことにもなる。

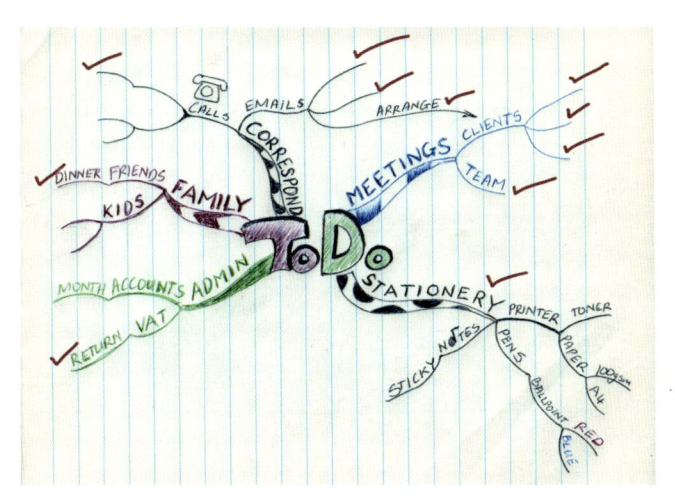

手がきの「やること」マインドマップの例

マインドマップでスケジュール管理

　日々の「やること」を、文章や箇条書きでノートにかき出すのは困難だ。脳は連想を際限なく広げるようにできているので、突如として、一見関連のない考えが頭に浮かぶこともある。それをリスト形式でメモしながら構造化しようとするのは無理があり、大量の走り書きのメモが罫線を埋め尽くすか、書く場所に迷っているうちにメモし忘れることになる。

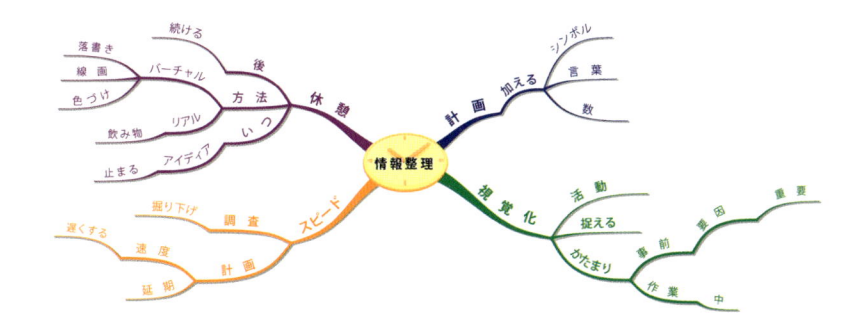

効果的な情報整理法をまとめたマインドマップ（iMindMapで作成）

これに対し、マインドマップを使うと、一定の構造を維持したまま、あちこちへと素早く動くことができるし、連想が広がりやすくなる。時間管理は、できるだけ多くの要素を把握するほどうまくいき、効率が上がるので、マインドマップは時間と行動の計画を立てる作業に適している。

　毎朝数分かけてマインドマップをかくことで、その何倍もの時間をその日のうちに節約できるのなら、少し時間をとって、毎日の「やること」マインドマップ用テンプレートを作成しておく価値は十分にある。

　マインドマップを特定の作業に繰り返し使うときには、紙にセントラル・イメージとメイン・ブランチを予め描いておいて、それをコピーして使うと便利だ。また、パソコンを使って、iMindMapのテンプレートを作成し、それに毎朝入力して、完成したマインドマップを印刷してもいい。

　以下で、セントラル・イメージとブランチを予め作成した簡単なテンプレートの例をいくつか紹介する。このサンプルを参考に、定期的な計画立案に使うテンプレートを作っておくと手間が省ける。テンプレートに記入しているときに新しいメイン・ブランチが必要になったら、その時々にかき加えよう。

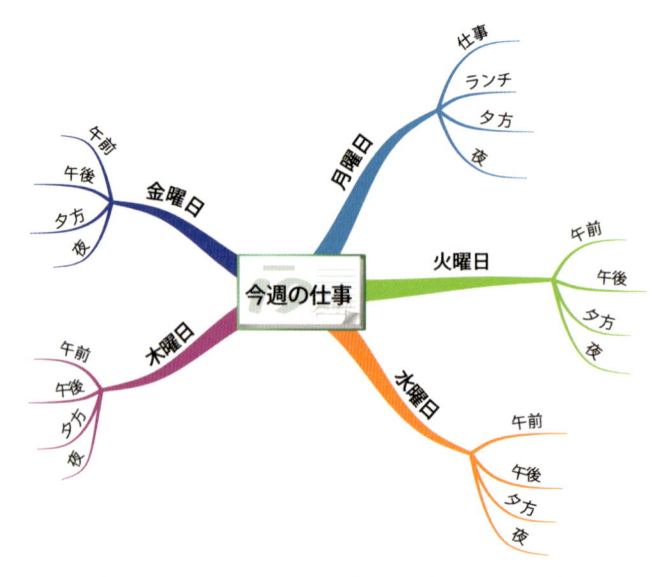

週間計画用のマインドマップ・テンプレート（iMindMapで作成）

4章 ● マインドマップ計画術　87

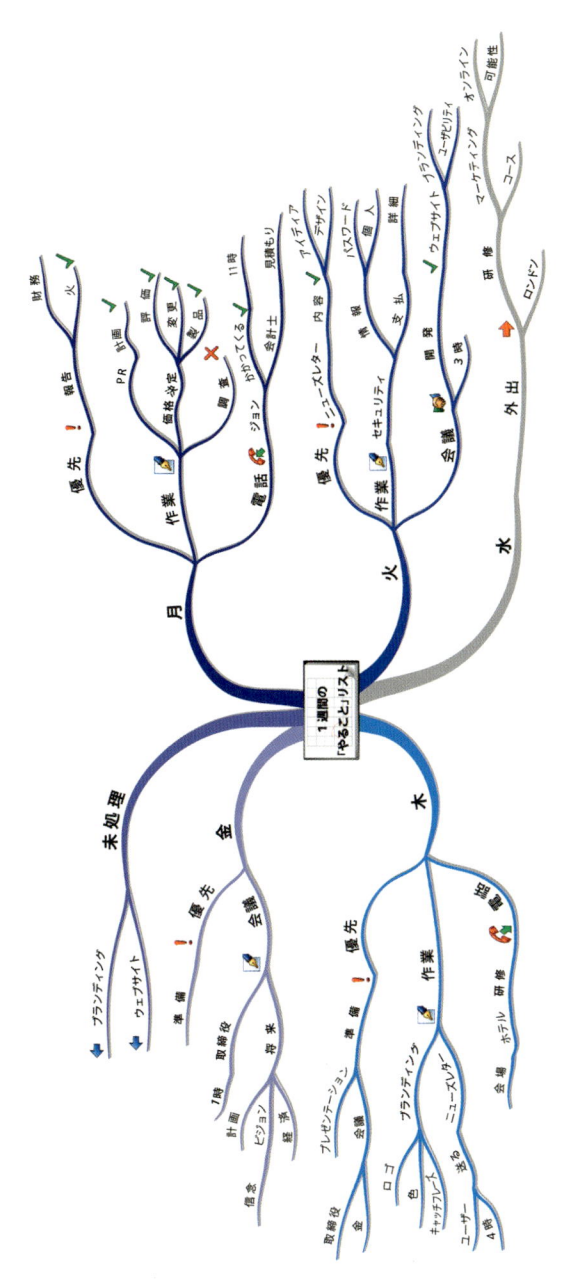

iMindMapで作成した1週間の「やること」マインドマップの例

仕事を分担する

　計画用のマインドマップは、個人の業務管理に欠かせないツールだが、グループやチームで使う効果も大きい。

　マインドマップで計画を立てると、「誰が、何を、いつ、どのようにするか」という仕事の段取りを、マネジャーだけでなく、チームの全員が知ることができ、社内のコミュニケーションも円滑になる。論理的でわかりやすい構造のマインドマップ・フォーマットで各メンバーが業務計画を提出すれば、仕事の分担がわかり、マネジャーも同僚も、安心して自分の担当業務に専念できる。そうなれば理想的で、仕事の効率が最大化するだろう。

　チームの観点からは、「やること」のマインドマップがあると、全体の仕事量が一目瞭然になり、その週の「やること」に目標を絞って集中して取り組める。また、誰もが自分に適した方法で時間を配分し、担当業務を完了しやすくなる。

　チームのマインドマップで全体像が見えると、お互いの担当業務と優先順位がわかり、自分の仕事がいつ、どのように同僚のそれと関連するかも確認できる。各メンバーが責任を持って、担当業務が完了したらチェックマークを入れるようにすれば、満足感を得られるし、仕事を終えたことが同僚にも伝わり、それぞれの目標を達成する動機付けになる。

　また、共同作業で計画することは、マネジャーにとっても有益である。チームのマインドマップを基にして、自分の「やること」マインドマップを作成できるからだ。週間業務計画のマインドマップがあれば、素早く簡単に時間を割り振れる。表計算ソフトや複雑な表が不要になるので管理する書類が減り、他のシステムにリンクする必要もない。さらに、チーム全体の作業と時間の管理や点検が迅速化する（文章や箇条書きのノートを読むのに30分かかっていたのが、30秒で済むようになる）。また、マインドマップを使うと、1つの作業をサブ・タスクに分けて、公平なやり方で効率良く仕事を配分し、各作業に最適な人に任せることができる。

　PCソフトでマインドマップを作成すれば、マネジャー個人のマインドマップに入力してあるすべての作業を、ウェブ上の情報、文書、集計表、グ

ラフィックにリンクしたり、矢印を使って関連する作業を結びつけたり、それぞれのチーム・メンバーが担当する作業の相互関係を示すことも可能だ。また、週間見通しが一目瞭然に示されたマインドマップをいつでも参照できるように印刷したり、プロジェクターにつなげて週初めの会議で壁に投影してもいい。週の終わりには、マネジャー自身とグループのマインドマップを見直し、どの目標が達成され、どれが未達かを確認する。その週の結果について全員で話し合い、期限と仕事量への今後の対処法について全員から提案を募るのも効果的だ。

月間計画と年間計画のマインドマップ

　長期プロジェクトや納期の長い仕事の計画を立てるときにも、マインドマップを使って1カ月、あるいは1年で仕上げる作業を一覧できる。

　以下は、月間計画に使うマインドマップの一般的な例で、各メイン・ブランチに週を割り当てている。このテンプレートを使って約束や会議の予定、私事や仕事の進展状況などをブランチ上に記入してもいいし、構成を変えて、各ブランチに進行中のプロジェクトを割り当てるやり方もある。

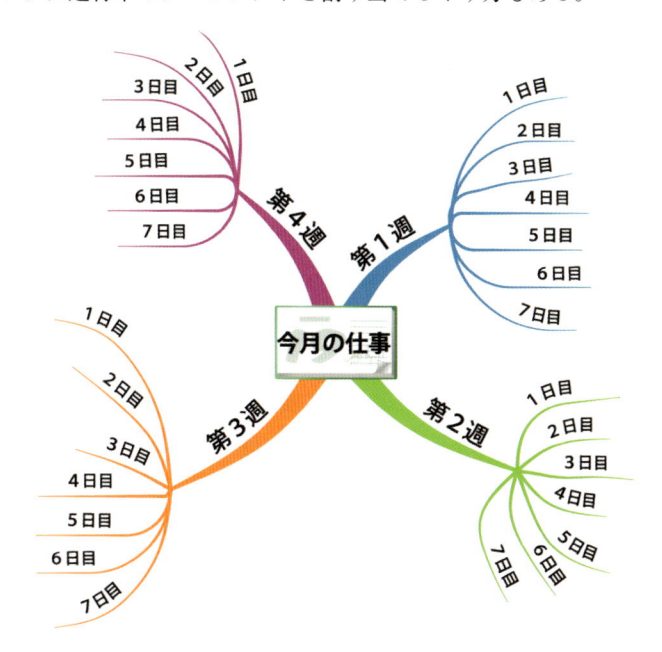

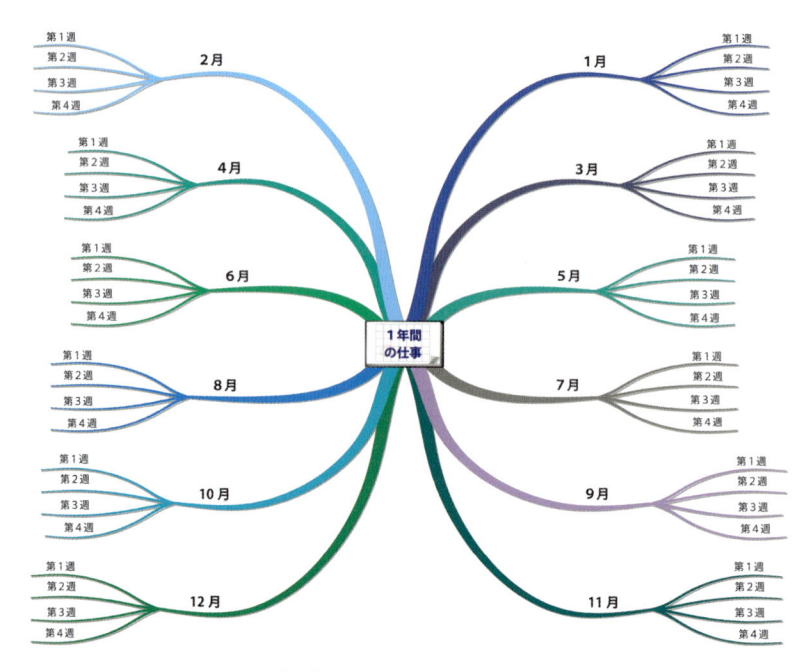

マインドマップを使うと、年間計画も効率よく策定できる。

◎──マインドマップを使ってチームの週間業務計画を立てる方法

1 チーム（「マーケティング・チーム」など）をセントラル・イメージにして、メイン・ブランチ（例えば、メンバー別）を伸ばす。このやり方で毎週計画を立てる場合には、チームの週間業務計画用のマインドマップ・テンプレートを作成して仕事を配分するプロセスを効率化しよう。

2 メンバーの名前を記入した各メイン・ブランチの先からサブ・ブランチを展開し、週末までに達成してほしい主な作業を記入する。

3 月曜の朝にチーム・ミーティングの予定を入れ、2．で作成したマインドマップを事前に電子メールで送る（各メンバーが印刷して確認できるように、時間の余裕をもって送付）。チーム・ミーティン

グでは、マインドマップを使って、その週に各メンバーが担当する仕事と目標について詳しく説明する。
4 金曜の午後、もう一度チーム・ミーティングを開くか、マネジャーが各メンバーと個別に面談する。再びマインドマップを使って何が達成されたかを確認し、担当業務に関連して課題や問題が生じていないかを話し合う。

電話メモをマインドマップで

　電話で話した後、内容の一部が思い出せなくて四苦八苦するほど苛立たしいことはない。最悪の場合、相手の話を書き取ることに夢中で、要点をすっかり聞き逃すこともある。話のペースに追い付けない、あるいは内容を覚えていないために重要な情報が失われることは、一対一の通話でも会議通話でも起こる。

　大事な内容が抜け落ちないように、電話での商談や電話会議の話の要点をマインドマップで記録しよう。

電話メモ用のマインドマップ

　上のマインドマップのメイン・ブランチは4つで、それぞれに話の要点、各人が要求した行動、重要なアイディア、電話中に頭に浮かんだ関心事や心配事を記録する。紙の隅に電話で話した相手の名前と日付を書きとめて、後から簡単に参照できるようにする。

マインドマップでノートを取る

　打ち合わせや会議の議事録を作成したり、研修中にノートを取るのが大の苦手という人が多い。電子メールと同様に、会議は仕事に不可欠ではあるが、やたらに時間がかかる。また、会議の成果を最大にするために、内容をノートに取り、議事録を作成しなければならない。これは、アイディアを出し合ったり、目標や課題について話し合う会議では特に重要だ。

　情報が整理されていれば、ノートを取る作業はそれほど苦にならない。ところが実際には、情報の「送り手」が無我夢中で、連想のおもむくままに話し、筋道がわからなくなることがよくある。あちこちに飛ぶ話を普通のノートで記録しようとすると、「この情報はどこに書くべきか？」「あの情報はどこに入るのか？」と迷い、思考が停止してしまう。しかし、マインドマップを使えば、話があちこちに飛んでも、話し手と共にブランチからブランチへと自由に行き来できるので、普通のノートと比較にならないほど多くの情報を記録できる。

　というのも、マインドマップは本来「発生的」で、新しいアイディアを四方八方に広げることができるように設計されているからだ。これに対し、文章や箇条書きのノートは「選別的」で、最も優れたアイディア（あるいはそう思えるもの）を書きとめる。後者のやり方は危険である。書く事柄を選別することによって、測り知れないほど素晴らしいアイディアを創出する能力が制限されかねないからだ。

　また、普通のノートは「逐次的」に書き、一つの文章が終わると次の文章が始まる。これは、「視野の狭い」思考プロセスといえる。一方、マインドマップは思考があらゆる方向に広がるように促すので、普通のノートを書いているときには思いつかないような連想が生まれる。マインドマップには、「最高だと思う」アイディアに限定せずに、思い浮かんだことは何でも、一つ残らずかき出す自由があるからだ。

　普通のノートと比較したマインドマップの優位性はこれだけではない。例えば、中心部にある重要なアイディアが一目でわかるし、そこから派生した

アイディアの相対的な重要性を視覚的に把握でき、重要なことと、そうでないことが一目瞭然だ。さらに、キーワードを見ると主要概念の相互関係がすぐにわかるので、連想が刺激され、記憶に残りやすい。

　マインドマップの長所は会議後にも発揮される。構造が明確なので、会議中にとりまとめた情報を素早く見直して、ブランチに考えを追記しやすい。また、情報が記憶に定着し、後から思い出しやすいように、マインドマップをかき直すのも簡単だ。
　会議中に誰が何を言ったかを記録しておくと、後から参考になる。マインドマップはこの作業に最適で、チームメンバー全員の発言を、わかりやすくかき記すことができる。「全員」の発言をマインドマップに記録すると、グループの活気と士気が高まり、協力体制も強化される。自分の出したアイディアや意見が尊重され、かきとめられたことが目に見えるからだ。

　マインドマップで議事録を作成すると、会議の完全な記録がメンバー全員に行き渡る。それを基に、提案事項や合意事項を正しく理解して頭に入れれば、全員がその会議についてほぼ完璧な記憶を保持する可能性が高まる。マインドマップは本来、記憶に残りやすいし、簡単に復習できる。イメージを多用し、各ブランチ上に記入する言葉を１つに絞ることによって、大量の情報が１枚の紙にわかりやすく凝縮されるからだ。通常の議事録が５〜30ページにも及ぶのに対し、マインドマップはたった１枚で済む。
　コンパクトにまとめてあると、長い時間が経過した後でも、マインドマップの議事録を見れば話し合いの内容を簡単に振り返ることができる。

マインドマップで記録する

　出席予定の会議で取り上げられる議題の予想がつけば、それをもとにマインドマップの大枠を事前に作っておく。
　マインドマップのセントラル・イメージからメイン・ブランチを伸ばし、その会議で取り上げられそうな主なトピックを記入しておく。また、質問があれば、それも加える。事前に具体的な構成を知らされていない場合は、セ

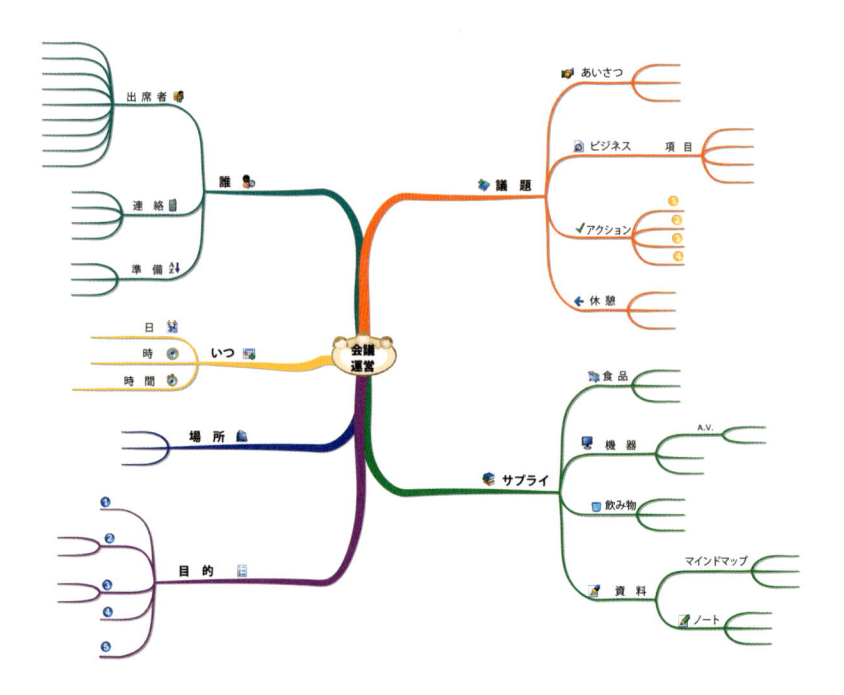

会議の運営
iMindMapで作成したマインドマップ（手がきで作成するプロセスについては53ページから55ページを参照）。

ントラル・イメージからブランチだけいくつか伸ばしておく。こうしておくと、ブランチからブランチへと素早く行き来して記録できる。

　また、楽にノートを取れるように、テンプレートを使うのも一案だ。例えば、企業の持続的成長の5W1H（Who：誰が、What：何を、Where：どこで、Why：なぜ、When：いつ、How：どのように）、SWOT (Strengths：強み、Weaknesses：弱み、Opportunities：機会、Threats：脅威)、PNI (Positive：良い、Negative：悪い、Interesting：面白い) などのフレームワークを使ってマインドマップを構成できる。用途に適した枠組みを選び、メイン・ブランチ上にキーワードを記入しておこう。

　会議中には、必要に応じてブランチ間を行き来しながら、入ってくる情報をキーワードとキーイメージでかきとめる。慣れないうちは、フレーズや文

章で書くことが多くなるかもしれないが、気にする必要はない。すぐに上達して、ノートに書く言葉の数が次第に減ってくるからだ。ごく少数のキーワードをもとに、脳はすべての情報を見事に引き出せる。このことを実感すると、安心してキーワードを絞り込めるようになる。そして、このテクニックを極めれば、余裕が出て、会議や話し合いに「知的に」参加する時間が増えるはずだ。

　会議中は、情報の流れが速すぎて、カラーペンの色を替える時間がないこともある。その場合も心配せずに、とりあえず1色でかいておけばいい。ただし、マインドマップにかいた情報を覚えておきたければ、脳が記憶しやすいように、後から色や絵を加えよう。できれば、会議を終えてから24時間以内にカラーマーカーなどで色を塗るか、マインドマップをかき直すと、情報が記憶に残りやすい。

　何かを聞き漏らしたことに気づいたら、「このあたり」と思う場所にメイン・ブランチ、あるいはサブ・ブランチだけ描いておく。こうしておくと、話の最後にキーワードを記入していないブランチが「点滅」し、空間を埋めるのに必要な情報を得るために質問する合図になる。

　時には、マインドマップの1つのブランチに情報が集中して、用紙の端に達してしまうこともある。その場合は新しい紙に続きをかいて、後から貼り付けておこう。

マインドマップで議事録を取るときのチェックリスト

　議事録を取るときには次の点も頭に入れておこう。

- 会議のテーマをセントラル・イメージにする。
- 議題として取り上げられる主要項目をメイン・ブランチ上に記入する。
- 会議の進行中に、情報やアイディアを最適だと思う場所にかき加える。
- 代替案として、それぞれの話し手にミニ・マインドマップを事前に作成してもらい、会議中にテーマや方向性が見え始めたら、ミニ・マインドマップにかかれた内容を相互参照するのも効果的だ。
- マインドマップが一見「ごちゃごちゃ」でも気にする必要はない。煩雑さ

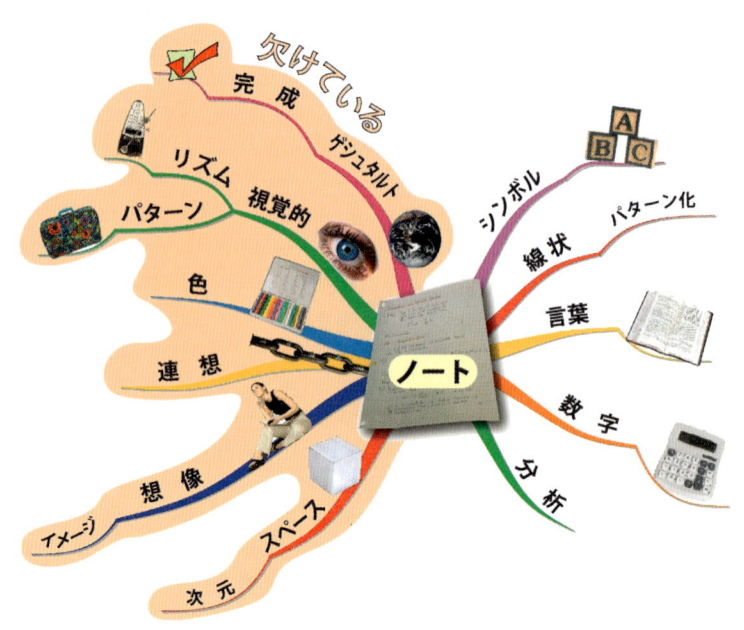

マインドマップのノートに含まれる要素（一般のノートは、ハイライト部分の要素が欠けていることが多い）。

は、特定の時点で情報が混乱した状態を表しているだけで、後から確認して整理し直せる。

- 参加者それぞれがマインドマップで議事録を取るだけでなく、全員に見えるように、大きな双方向ホワイトボードやプロジェクター・スクリーン、あるいはフリップチャートを使ってマスター・マインドマップをかく方法もある。こうすれば、ファシリテータはすべての発言を記録し、会議の全体構造の中で適切な場所に記入することができる。

マインドマップ導入による時間節減と透明性の向上

　Ｑ３グローバル社の創業者兼CEO（最高経営責任者）のクリフ・シャフランは、月次取締役会とその結果の報告にマインドマップを使っている。1980年の設立以来、

同社は月次取締役会を一般的な議事録で記録していた。そして、毎年開催される年度末の3日間の会議では、当期の報告と次期の計画のために12回分の議事録が資料として配布され、それを読み返すために、全日程のほとんどが使われた。

　クリフが1993年にマインドマップと出会ったことで、この状況は一変する。取締役会で検討する課題についてのマインドマップがメンバー全員に事前に配布され、会議の進行中は、参加者が話の展開をマインドマップに記録するようになった。そして、会議の終了時に各人の作成したマインドマップを互いに照らし合わせて内容に合意した。このマインドマップが議事録になる。
　その後、全員の個人的な見解を組み込んだ最も重要なマインドマップが作成された。マインドマップを採用してからは、月次取締役会12回分の議事録と全員の見解を総合した12枚の大きなマインドマップが年度末の取締役会の資料として使われている。後者は、行動計画、完了した仕事、優先順位、プロジェクト、課題などに色分けされているので、取締役会のメンバーはマインドマップを見れば、自分がどこに位置し、どのような役割を担っているかと事業の推移が一目でわかる。マインドマップにまとめた12回分の議事録を大きな会議机に時系列で並べ、その前を行き来するだけで、瞬時に同社のすべてを把握できるのだ。完了した仕事にはチェックマークが入り、1年を振り返る素晴らしいスナップショットになって士気も高まる。

　結果的に、年次評価のマインドマップを作成することによって、次年度の計画がほぼ完了し、事業計画のマインドマップが事実上できあがっていた。それまで3日間かかっていたことを半日で終えたことになる。年度末の取締役会は社員旅行を兼ねて家族同伴で実施しているので、取締役会のメンバーは、「脳にいいこと」を最優先して残りの2日半を共に過ごすことに決め、そのまま滞在して観光や食事を楽しんでくつろいだ。「ありえない」自由を得た2日半に、分厚い議事録をもとに缶詰に近い状態で行っていたそれまでの年次報告では決して生み出せなかったような、斬新で創造的なアイディアを、次年度についても長期的にも生み出せた。クリフは次のように言っている。「それ以来、マインドマップは『思考体系』の重要な構成要素になり、取締役会だけでなく、会社の運営に使っています。実は、マインドマップを日常業務に使用する割合が増え、今では書類と社内連絡の80％を占めるようになりました。マインドマップを使うと、すべての連絡事項が明確に伝わり、独創的なアイディアが出るペースも上がるので、毎日大量の時間を節約でき、仕事がはかどります」

電子メールの扱い方

　電子メールの処理を間違えると時間が無駄になるだけでなく、コミュニケーションに問題が生じて思考が分断される。また、電子メールやワープロは上下にスクロールして作業するので、直線的な思考に依存しやすくなり、創造性の妨げになる。直線的思考をすると、脳は常に最後の行、最後の句点など、前回の終わりから続けようとするからだ。コンピュータやワープロ・ソフトを使っているときには、特にこの傾向が顕著になる。また、電子メールの決まりごとに従っていると、脳が働かなくなる。思考や連想の自由がなく、脳をさまよわせて全体を俯瞰する余地もないからだ。

電子メールの効率を上げるためのマインドマップ

　マインドマップを使うと、次のような方法で電子メールのやりとりを効率化できる。

- 受信メールをざっと見て、それぞれのメールに１つのブランチをあてがい、あなたがしなければならないこと、関連性のあること、電話しなければならない人などを書き入れる。実際に返信のメールを書く前に、「対応表」のマインドマップを手がきで作成する。
- 一日の中で、電子メールを書く時間を決めておく。無作為に対処すると、同時にこなさなければならない作業が多すぎて、脳が集中できなくなるからだ。結果的に、時間、エネルギー、さらには脳細胞が浪費される。
- 一日の予定をかいたマインドマップがあれば、その日に書くか送るつもりの電子メール用にメイン・ブランチをかき加える。こうすると、電子メールをテーマ別や送付先別にまとめることができるので、集中力が高まる。また、電子メールの送信を完了したらチェックマークを入れて、満足感と達成感を得ることもできる。
- 電子メールの多くは短い返信で十分なので、マインドマップで準備する必要はない。ただ、重要なテーマで、長いメールになりそうなときには、さっとマインドマップをかいて考えを整理し、大切なことがらの優先順位を決めておくといい。

以上のようにマインドマップを使って準備をすると、電子メールの構成に費やすほんの数分が、後になって数十分、場合によっては数時間もの時間を節約することになる。

事例：マインドマップと電子メールを使ってデータの共有を効率化
　次ページに掲載されているブログページ画像は、マインドマップと電子メールを使ってデータの共有を効率化する方法の一例である。この手法を使ったパク・サンホンは、1999年から韓国のオンライン市場に携わり、その分野の知識とマーケティング力で高く評価されている。彼は、オンライン広告の代理店、OPMSのマーケティング・チームのリーダーだが、成功要因としてマインドマップを挙げている。

　仕事仲間を支援することも彼の重要な仕事の一つなので、広告主にとって役立つ素材を入手すると、彼はそれを自社のブログ（広報活動の一環として運営）に掲載する。
　素材をブログに載せるときには、内容全体を一覧できるように、わかりやすく構成したマインドマップで提示するようにした。
　その後、彼は仕事仲間に電子メールを送ってブログに素材を掲載したことを知らせる。このメッセージを電子メールで送るときに、要旨をまとめたマインドマップも添付して、相手がすべての素材を一度に見ることができるように工夫した。

　このプロセスには有利な点がいくつかある。
- マインドマップ・サマリーを見れば、素材のコンテンツを一覧できるので、全ての素材をダウンロードする必要がない。
- ダウンロードする価値のある素材を一目で判断できるので、時間の節約になる。
- マインドマップを使ってブログに掲載することで、面白みがなく固い印象を与えがちな文章中心のブログにメリハリが出て生き生きとする。

- マインドマップを使って情報を発信することで、読者が情報処理の効率を大きく向上できる。

韓国の事例：マインドマップをブログに掲載

次の章では…

交渉においても計画性と準備がカギになり、
望ましい結果を出すための交渉プロセスでは
マインドマップが究極のツールとなる。
次章では、交渉にマインドマップを使う方法を説明する。

マインドマップ交渉術 5

交渉の達人の考え方はマインドマップに通じるところが大きい。交渉上手な人は、選択肢という観点でものを考えるからだ。これに対し、交渉下手の人は、限界という観点で思考する。また、交渉では、相手に手の内を読まれると命取りになるが、マインドマップを使えば多数のルートで考えることができる。交渉のトレーニングにマインドマップは欠かせない。

　　　　　　キャサリーン・ケリー教授　経営コンサルタント

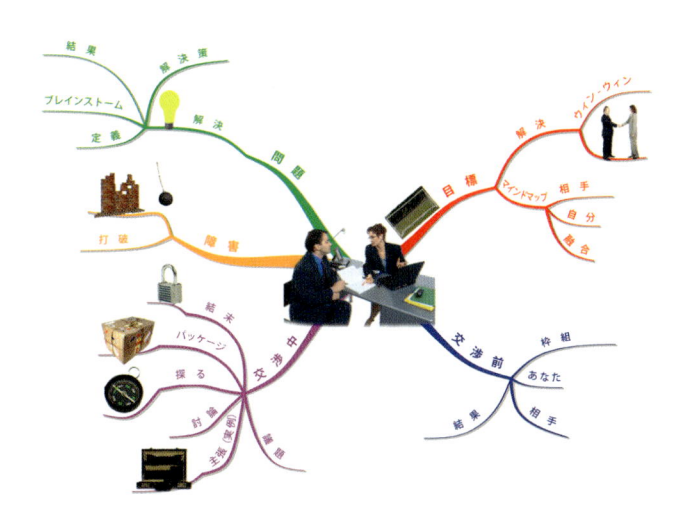

5章のマインドマップ・サマリー

交渉の目的は、当事者全員がその結果に満足感を得られるような、何らかの合意に達することだ。つまり、双方に有利な解決策を見出すことである。相手に敬意を払って、互いの見解を尊重し、前向きな姿勢で率直に話し合える状況で行われるのが「本物」の交渉である。交渉で望ましい結果を出すには、あなたの考えが健全である、または他のアイディアより好ましいことを相手に納得させるための十分な情報を用意してその場に臨むことが大切だ。マインドマップを使うと交渉の一部始終を記録でき、準備の段階、交渉中、そして合意後のプロセスを円滑に進めるための優れたツールとなる。

　人間の脳は巨大なインターネットにたとえられ、その中に数百万ものマインドマップがある。そして、一人一人実体験が異なるため、頭の中のマップも十人十色——つまり、考え方や感じ方は人それぞれである。この概念を理解することがコミュニケーションと交渉に不可欠だ。マインドマップを使えば、双方の「地図を読んで」、それぞれの「領域」を公平に、ありのまま把握しやすくなる。

交渉——マインドマップの併合

　交渉で最初に目指すのは、相手のマインドマップをくまなく見て理解することだ。次に、自分の領域を示すマインドマップを相手に確実に伝え、最後に、双方のマインドマップを「併合」する。

　交渉が成立したら、双方の合意の上で新しいマインドマップを作成し、中立な領域を新たに作ることができる。この目的を達成するために、事実、統計、アイディアなど、説得力のある議論を構成するために必要な全ての情報をマインドマップに記入しておこう。マインドマップで思考を整理すると、交渉中にそれを参照しながらお互いに満足のいく戦略を可視化し、合意後に実行に移しやすい。

　例えば、見込み客との間で製品価格の交渉が難航している場合、マインドマップを使って他の手段、または妥協点を探ると、話し合いを続けるための新しい糸口が見つかるだろう。マインドマップは、諦めかけたり妥協しそう

なときに突破口を見出す手掛かりになる。

　ただし、マインドマップを使うかどうかにかかわらず、妥協する潮時を知ることが大切だ。自分の考えた解決策だけが正しいという決めつけによって行き詰まるなら、それは交渉ではなく独善である。こうした姿勢は反感を生むだけで、ビジネスの生産性と創造性の妨げになる。

理想的な解決策を探るためのマインドマップ

　事前にマインドマップを作成しておくと、交渉の各段階を順調に進めやすく、双方にとって良い結果を生む可能性が高まる。また、準備万端で交渉の場につくことができるので、有利なスタートを切れる。マインドマップは、双方の目的を明らかにする段階から、代替案を探り、最終合意に向けて折衝する終盤まで、交渉の全プロセスをしっかり管理するためのツールになる。また、途中で行き詰まって暗礁に乗り上げたとしても、抜け道を探り、障害を乗り越えるためにマインドマップを利用できる。

　以下で、交渉で望ましい結果を出すためにマインドマップを使う具体的な方法を、段階別に詳しく説明する。

交渉の事前準備にマインドマップを使う

　双方の立場を熟知し、理解を深めてから交渉に臨めるように、入念に準備する。マインドマップは事前調査の枠組みとして最適で、交渉の基本的な側面と変数を分類・整理しながら、全体像を常に見ることができる。また、マインドマップを携えて話し合いの場に臨むと、交渉当日の自信も深まる。準備が万全で、交渉の過程で事態が急変しても、それに対応する用意があると実感を得られるからだ。事前準備のマインドマップは以下の手順で作成する。

　まず、交渉の目的を表すセントラル・イメージを描く（必要に応じてタイトルを併記する）。マインドマップの原則に従って、セントラル・イメージから直接メイン・ブランチを放射状に伸ばし、準備の一環として検討しておきたい主な論点を記入しよう。次に、サブ・ブランチを展開して、それぞれの論点を掘り下げる。次の項目を参考にしてメイン・ブランチとサブ・ブラ

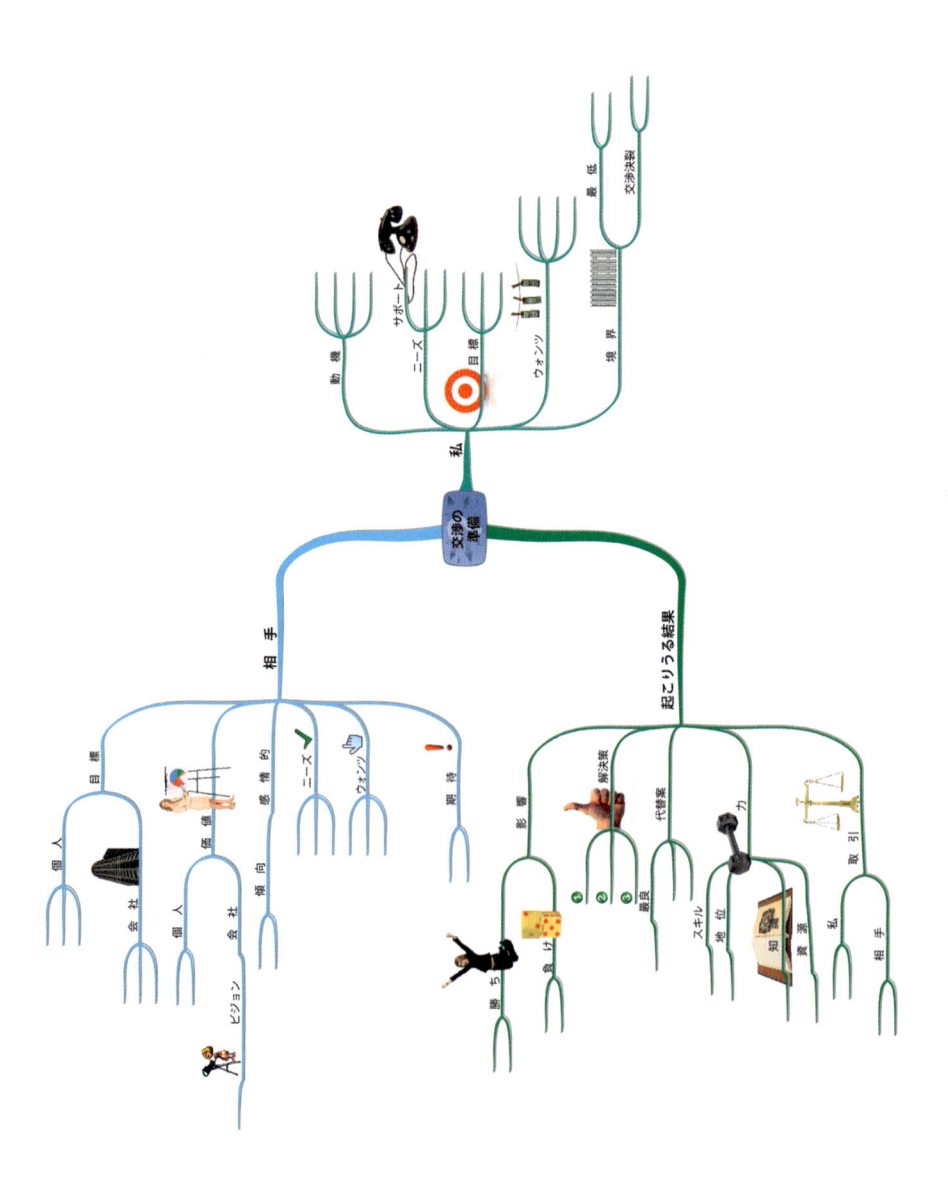

104　第２部●ビジネス・スキル向上のためのマインドマップ

交渉に備えるためのマインドマップ

ンチを構成すると、あらゆる角度から検討できる。

- **自分**　自分の目標、個人的動機、要求（ニーズ）、欲求（ウォンツ）、境界
- **相手**　相手の目標、価値観と信念、感情的傾向、要求（ニーズ）、欲求（ウォンツ）、期待
- **結果**　勝敗の影響、代替案、取引、力関係、可能な解決策

自分

　自己評価するときには次の点について考え、それを基に交渉で何を手に入れたいと心底思っているかを判断するために、自然の流れに任せて思いつくままに思考を広げる。思考を刺激するためにイメージを多用し、強調したい部分や関連性は、色、蛍光ペン、数、記号、暗号、矢印などを使って示す。

1 自分の目標

　達成したい目標と成果を明確にすることが交渉の第一歩だ。金銭的な目標、時間的な要求、より有利な条件など、目標をできるだけ具体的にすることが、あらゆる交渉の鍵である。交渉で何を手に入れたいかが明確になると交渉力が増す。複数の目標があるときは、優先順位をつけて数や記号を使って示し、最も重要な目標に集中できるようにしよう。

2 個人的動機

　設定した目標に向けて、何があなたを突き動かしているのかを見極める。その動機は、あなたの高邁な理想、最大の価値、最高の基準と合致しているだろうか？　合っていなければ、あなたにとって何が一番大切かを大局的な視点から考え、それを集約するような動機になるように設定し直そう。それができたら、矢印を使って動機と目標との関係を示す。

3 要求（ニーズ）

　この交渉の結果として、どのような要求を満たしたいかを特定し、簡単明瞭に記入する。要求はあなた自身、あるいは自社に絶対必要で、交渉の余地

がない無条件の要件である。要求と欲求を混同しないように注意しよう。一般に、欲求は、「理想をいえば手に入れたい」物事を指す。つまり、交渉でそれが手に入らなくても、自社が損害を被ったり弱体化したりすることにはならない。

要求をマインドマップにかき出すと、あなた自身や自社にとって何が最も重要かを確認し、欲求について妥協することはあっても要求は必ず勝ち取るために、交渉の過程で優位な態勢を整える手掛かりになる。例えば、顧客との信頼関係や会社の評判を維持することが要求で、特定の価格に合意することは単なる欲求かもしれない。

4 欲求（ウォンツ）

交渉の一環として要望したいと思うことを列挙する。これは、「願い事リスト」の意味あいが強く、このブランチに記入した項目のいくつかは「捨て駒」になるかもしれない。こうした項目を最初に加えておくと交渉中に融通が利く。

5 境界

合意と引き換えにどこまで妥協できるかを知るために、自分の境界を明確にしておくことが重要だ。目標のそれぞれについて、受け入れることのできる最低条件を考慮し、交渉を続けるか止めるかの分岐点を特定しておく。例えば、セールスパーソンであれば、10％の値引き率を限度にするかもしれない。

相手

自己評価を終えたら、相手の徹底調査を開始する。相手のビジネスを多角的に検討し、交渉中に相手が取る行動や姿勢に最適な対応をするための情報を十分に得られるようにする。話し合いの中で相手が何を持ち出すかを完全に見通すことはできない。しかし、詳細が一目でわかるマインドマップを事前に作成しておくと安心感を得られ、相手が予想外の議論を展開しても慌てずに対応できる。

1 相手の目標

相手は２つの目標を携えて交渉の席に着くはずだ。１つは個人的に達成したいこと、もう１つは会社としての要望である。交渉で望ましい結果を出すには、相手の目標が何かを予測する必要がある。

- **個人的目標**　相手が個人として何を目指し、何を達成して、どのような成果を上げたいかを洗い出し、その中でどれが大切だと思うかを比較評価しておこう。こうすると、相手の意思決定に最も大きく影響する要因がわかる。重要度の順位をつけて番号や記号で示し、双方に共通する目標があれば、矢印を使って結び付けておこう。こうしたつながりが、交渉中に相手と親しくなるきっかけになることもある。

- **会社の目標**　相手が会社や組織を代表している場合には、組織全体としての目標と目的を確認する。これがわかると相手の長期的な見解を把握し、その知識を使って両者の目標がどのように適合するかを示せるように議論を組み立てることができる。

2 相手の価値観と信念

目標についての２つの異なる立場があるのと同様に、相手は個人と組織という２つの価値観を持って交渉に臨む。社員のほとんどは会社の価値観を知っており、それを基に仕事をするが、それとは別に個人的価値観も存在する。両者の価値観はいくつかの点で異なる可能性があるので、その相違点を特定し、交渉中にそれがどのように影響（良くも悪くも）するかをマインドマップにかき入れておこう。

- **個人的価値観**　相手がどのような世界観を持ち、何を基準にして人生、意思決定、行動の優先順位をつけているかの解明に努める。相手の信念と価値観は、意思決定に大きな影響を与える。また、交渉の過程で逆手に取ることができるような隠れた不安が表面化するかもしれない。

- **会社の価値観（ビジョンとミッション）** ビジョンとミッションについての声明文を見ると、その会社が自社の評判を通じて伝えようとしている価値観がよくわかる。また、その企業が保守的でリスク回避型か、チャンスに賭けそうかも明らかになる。この知識を利用して、交渉相手の主な方針に沿って議論することができる。

3 相手の感情的傾向

マインドマップに相手の感情的傾向もかき入れておこう。それ用のブランチを伸ばして、ある製品について、過剰なまでに感情に左右される、あるいはむきになって弁護する（過大評価がすぎる）などの性向を記入して目立たせておく。マインドマップ上でこうした傾向を見抜いておくと、感情に左右されている論点（交渉中に相手が固執する点）を実務的に評価できる。また、それがあなたの思考にどのような影響を与えているかもわかるので、双方の考え方が明確になり、分析しやすくなる。

4 相手の要求（ニーズ）

相手の「確かな要求」がわかると、自分にとって重要なことを維持しつつ相手の基本的要求を満たせるように、前向きな姿勢で駆け引きする糸口になる。例えば、不動産業者が見込み客の夫婦と家の販売価格を交渉する場合には、立地、広さ、間取り、価格など、相手にとって何が最も重要かを判断する必要がある。家を買うことで相手が満たそうとしている要求を理解すると、商談成約時の着地点、つまり、当事者全員にとって有益な合意に到達する方法を決めることができる。

5 相手の欲求（ウォンツ）

交渉中に相手の欲求を見抜くことは重要だ。その欲求があなたにとって明らかに不利益であることを証明できれば駆け引きに使える。また、交渉前に相手の欲求を理解しておけば、妥協策を話し合う必要が生じたときに何を譲歩するかを予め決めておくことができる。こうした選択肢をマインドマップ

にかき出しておくと、すぐに決断せずに、交渉中にマインドマップに目を通して相互の利益になる合意を形成する余地が生じる。「欲求」のメイン・ブランチからサブ・ブランチを広げ、相手が望んでいそうな側面に着目して、「具体的行動」、「物的財産」、「（何かをする）合意」などと記入する（相手があなたの「知識や経験」を求めることもあるだろう）。次に、それぞれをさらに分岐させて、あなたが譲歩しても構わないことを具体的にかき入れる。

6 相手の期待

最後に、それまでの調査を総合して、相手が交渉の場に臨むときの期待を総合的に理解する。相手の戦略、手口、そして妥協点を左右する全般的な期待を事前に把握しておこう。

可能性のある結果と変数を評価する

相手を徹底的に調査したら、ある程度時間をかけて、その交渉について可能性のある結果と変数を評価する。ここでいう変数とは、相手との合意に達するための選択肢のことである。以下で、サブ・ブランチを使って検討する要因の例を挙げる。

（勝ち負けの）影響

この交渉に勝つ、あるいは負けるとどのような影響があるかを、自分と相手それぞれの立場で考える。このことを理解すると、より的確な判断をする準備が整い、交渉中に生じる可能性のある機会や障害を頭に入れておける。

代替案

当初の交渉で相手と合意に達しなかったら、どのような代替案を提案できるだろうか？ 相手の頭の中には、どのような代替案があるだろうか？ こうした代替案はどのような影響を及ぼすだろうか？ 自分の利益になるか、ならないか？ 代替案の一つを選ばざるを得ない場合、自分にとって最良の代替案は何か？

交渉を開始する前に代替案を予測し、マインドマップにかき出しておこう。

主だった論点から思考を広げてさまざまな解決策をかき出す。この時点では、判断を加えずにすべてをかき留めることがポイントだ。交渉では使わないと思うものもあるだろうが、他のすべての妥協案が拒絶されたときに、それが新たな話し合いの糸口になるかもしれない。代替案を持っていることは、交渉の重要な要素の一つである。強固な姿勢を和らげて、相手と歩み寄ることによって、交渉の結果が大きく変わることもあるからだ。

交換条件

　交換条件は、望ましい結果を得るためなら譲歩してもいいことを指す。相手が重視していることの中で、交渉を成立させるためにあなたが何を譲歩できるかを決めておこう。逆に、あなたが要求を飲むように、相手は何を譲歩しそうかも考慮し、双方の交換条件を見極める。

　また、妥協点をどこで見出せるかを予測するために、交渉中に誰が影響力を持っているかを判断する必要がある。サブ・ブランチを広げて、それぞれに「資源（リソース）」「知識」「地位」「スキル」と記入し、この重要な要因を誰が掌握していると思うかを、その先のブランチを伸ばして記入する。

　また、合意に達しない場合、失うものが最も大きいのは誰かも考える。力関係を理解すると、交渉中に相手の立場を弱め、自分の立場を強くするための下地になる。

　こうした検討事項をすべてマインドマップにかき出したら、どこに妥協の余地があるかを探り、可能性のある解決策に印をつけてマインドマップを完成させる。

◎──入念に準備する時間がないときの対応策

　急な会議で準備する時間がほとんどないときや、交渉プロセスの不確定要素をすべてかき出す意欲のないときには、あなたの考える「合意が可能な部分」と「意見が対立しそうな部分」をマインドマップにかくだけで良いスタートが切れる。

　状況に応じて詳細にも簡単にも自由に調整できることがマインドマッ

> プの利点である。また、作成にそれほど時間がかからない。特に、発表用の「一分の隙もない」マインドマップを作成する必要がなく、自分だけが使うときには簡単で済む。極めてシンプルなマインドマップであっても、相手の出方を的確に理解し、交渉中に取り除かなければならない潜在的障害と利用できそうな機会を特定できる。

交渉中にマインドマップを使う

　いよいよ交渉の席について話し合いを開始する。準備は整っているので、自分の主張を述べ、すべての要点を理解させ、集中力を維持するためにマインドマップを使おう。ただ、マインドマップの役割をこれに限定する必要はない。例えば、相手との共同作業でテンプレートを事前に作成し、交渉中はそれを使って双方の発言を体系的に記録することもできる。

交渉中のマインドマップの使い方

　議事録を取るのと同じ要領で（95ページを参照）、交渉の一部始終をマインドマップに記入していく。話し合いを終えたら、この新しいマインドマップを参加者全員が「双方に満足のいく結論」に到達するためのツールとして使う。

　交渉中にマインドマップを使うと、厳密に順を追って話を進める必要がなくなる。お互いにブランチからブランチへと自由に飛び回り、考えが浮かぶたびにサブ・ブランチを加えてそれを記入することができるからだ。このプロセスには制約がないので、お互いの創造性が存分に発揮される。その結果、実行可能な選択肢を見つけるための共同作業がはるかにやりやすくなるはずだ。

　セントラル・イメージ（必要に応じてタイトルを併記する）を描いたら、次の手順を参考にしてメイン・ブランチの「見出し」を決める。論理的にバランスをよく考えて、その交渉の大枠を作っておこう。こうしておけば、サブ・ブランチをかき足すだけで、いくらでも詳細を加えることができる。

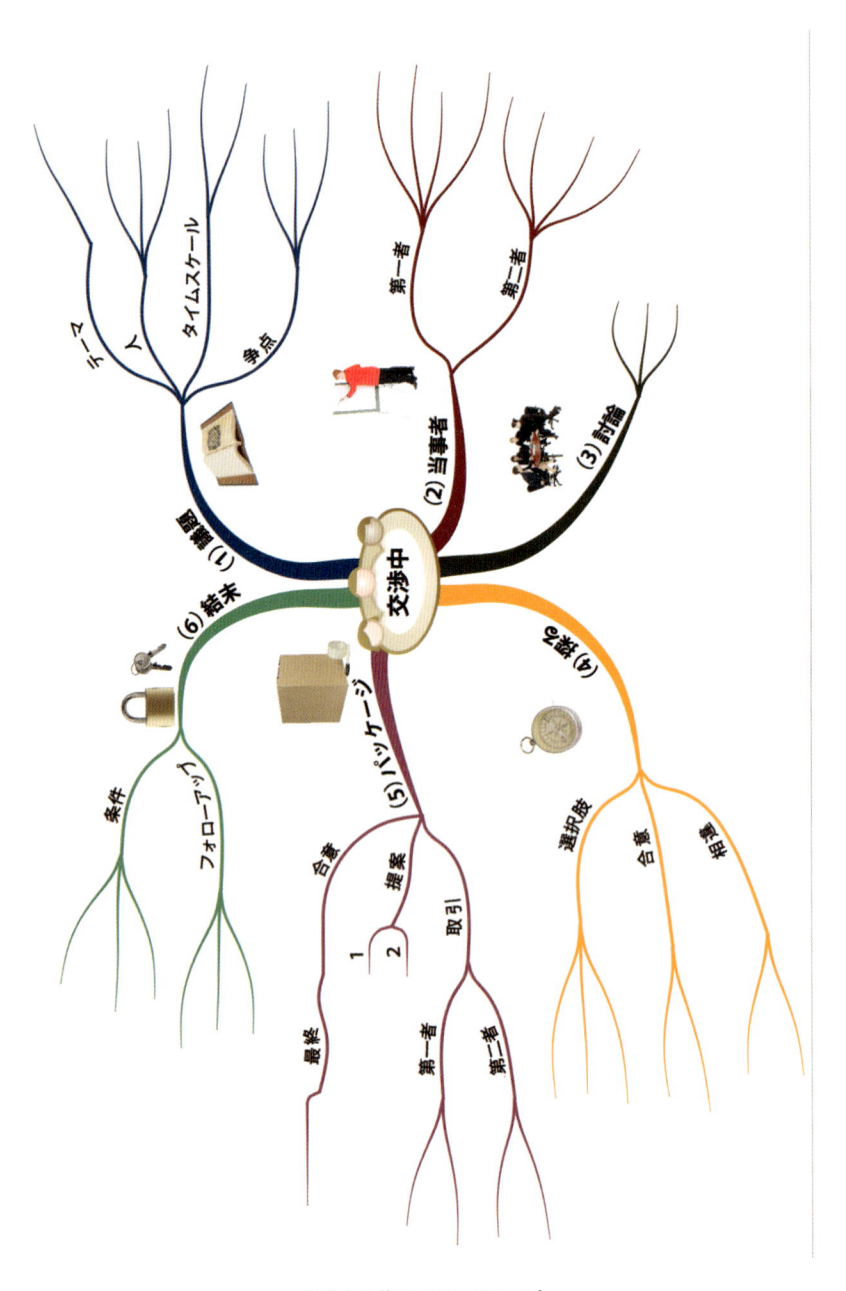

交渉中に使うマインドマップ

以下の手順はあくまでも参考なので、実際に交渉中の話の展開を記録するときには、状況に応じて変更を加え、使いやすいように工夫しよう。

1 議題

　このメイン・ブランチでは、交渉の対象となる主だった要素（特に、議論する必要のある最大の課題）を定める。サブ・ブランチでは、次のような項目を展開する。

- テーマ　何について議論し、合意する必要があるか？
- 人　誰が関与するか、交渉における各人の役割は何か？
- タイムスケール　それぞれ、いつまでに何をすることを目指しているか？
- 争点　合意が必要な主な争点は何か？（価格、出荷予定、支払い条件、包装、製品の品質、契約期間など）

　この段階では、争点は一般的なものにとどめ、双方の主張が提示されるまで譲歩や合意をしないことが肝心だ。

2 当事者

　企業間交渉か個人間で行われるものかにかかわらず、マインドマップには必ず双方の主張を記録しよう。

　自分の主張は、それを相手に伝えながらブランチに記入する。このブランチは主に「ショッピング・リスト」として使い、交渉から何を得たいかをかき出す。準備中に得た論理的知識と感情のひらめきが、主張の裏付けになる。次に、自分が何を必要としているかを相手が正確に理解するように、最終目標をはっきりと述べる。少しでも有利な駆け引きができるように、この段階で自分の主張を可能な限り正当化しておこう。後になって、相手は必ずあなたの態勢を崩そうとしてくる。ゴールに近づくのは楽ではないが、引き離されるのはいとも簡単なので注意しよう。

　次に、相手の主張をマインドマップにかく。話をきちんと聴いて、相手が自らの立場を明確にする手助けをする。相手の論理を判断する手掛かりとなるような質問をして、自分の理解が正しいか探りを入れてもいい。傾聴することによって、自分の主張をかいたブランチで挙げた項目と関連付けて、相

手の立場をより明確に理解できるはずだ。

3 討論（ディベート）

この段階は、議論を通じてお互いの主張を強める機会を提供する。戦略的には、相手の立場の弱点を晒す好機である。

新たな議論が生じたら、そのすべてをマインドマップの「討論」のブランチに記録する。こうすると合作している雰囲気になるので、後から誤解が生じることはほとんどないだろう。

討論中は、事前調査の結果を活用して論理的に議論し、自分の主張の裏付けとなる強力な証拠を提供しよう。また、相手の感情的傾向と価値観についても事前に把握しているので、その知識も利用して相手が自分の主張を受け入れるように説得する。

4 探る

徹底した討論を終えたら、それまでに議論していない選択肢や変数がないかを探る。例えば、支払い条件についての交渉であれば、支払期限の延長、分割払い、成功報酬などを検討できる。こうした選択肢をマインドマップに加える。

選択肢を探る段階は交渉プロセスの重要な部分で、それまでに提示された双方の論点が一致する部分と対立する部分を明らかにするのに役立つ。マインドマップ上でその部分が目立つようにし、交渉の対象になっているさまざまな要因の間に関係性があれば、それを矢印で結んでおこう。マインドマップがここまで完成すると、それを見れば双方の方向性が一目でわかる非常に便利な視覚化ツールになる。

5 パッケージ（包括提案）

交渉プロセスのこの段階では、譲歩する部分をうまくパッケージ化して提案すると押しが強くなる。交渉中にマインドマップを時おり確認し、そのままでは合意に達しそうもないか歩み寄りが必要に思えるときに提案する妥協

策を探っておこう。妥協の対象となる特定の分野について、それまでの話し合いで取り上げられていない場合には、交渉中に暫定的な提案をして、それをマインドマップにかき加える。各提案にランクをつけたり、比較検討したりして、最終的な分析と合意の手がかりにしよう。

　譲歩するときには、必ず交換条件をつけることが重要だ。例えば、セールスパーソンであれば、見込み客6人の紹介と引き換えに追加研修を10時間実施することを提案するなどの条件をつける。通常は、このような駆け引きを通じて合意に達する。ただし、譲歩するつもりではなかった争点で妥協しないように注意することが肝心だ。

6 結末

　契約条件に合意して取引を終了する。必ず、自分だけでなく、当事者全員にとって好ましい結果となるようにしよう。マインドマップに合意の条件と、その後のフォローアップの方法を記入する。

　交渉中にiMindMapなどのPCソフトを使うと合意をまとめる作業がはかどり、取引の確認書作成に時間がかかって遅れが生じることがなくなる。マインドマップをすぐに印刷し、その交渉の署名済みの記録を双方が持ち帰ることができるし、PDFファイルや画像ファイルなど、各種フォーマットにエクスポートできるので、同僚に議事録を配布するのも簡単だ。

交渉中に生じた問題を解決する

　準備万端で交渉に臨み、適切なふるまいをしたにもかかわらず、行き詰まって暗礁に乗り上げることもある。互いに譲れない争点や状況が存在し、それが和解の可能性を妨げているのだろうか？

　意外にも、交渉中に生じる断絶の多くは、性格の相違、面子を失う恐怖、優柔不断などの人的要因が原因になっている。このような障害を克服するには、相手と一緒にマインドマップをかいて双方が得をする機会を考え出すのが一番だ。マインドマップを使うと面と向かった対立がなくなり、お互いに協力して望ましい結果を生み出しやすい。しっかりした構造の枠組みの中で双方が関連情報すべてを管理できるので、マインドマップをかいていると、

問題の先を思い描いて大局的に考える気持ちになるからだ。

　マインドマップは、お互いに有利な解決策に到達する道を切り開くための突破口を探すためにも、創造的な問題解決のツールとしても使える。どちらの方法も、紛争を回避して交渉の障害を取り除く理想的な方法なので、具体的な問題に応じて使い分けるといい。

マインドマップを使って突破口を探す

　マインドマップを使うと選択肢が広がって、有利な立場に立てる。1つや2つではなく、真っ向から壁に衝突せずに、壁を乗り越える、壁の下をくぐる、壁を避けて回り道をするなど、障害を克服するための無数の手段を手に入れられるからだ。

　交渉相手と共同作業でマインドマップを作成すれば、交渉の障害を取り除く鍵となるさまざまな要因を評価できる。そうした要因は、交渉全体を考慮して検討してもいいし、問題を引き起こしている特定の争点や状況に限定して考えてもいい。このような要因をマインドマップにかくことで、新しい代替案を考えつくような開放的な風土が生まれ、双方がそれを受け入れやすくなる。

　選択肢の中で、最良のものと最悪なものを色分けするか、数字や記号で順位を示すと視覚的な補助になり、比較評価しながら満足のいく結論に達しつつあるかどうかが一目でわかる。このマインドマップのメイン・ブランチには以下のような項目を記入すると選択肢を広げやすい。

- **お金**　支払いに関する論点が原因で交渉が行き詰まったら、金額ではなく、支払い方法の構成や形態、手付金の引き上げ、支払い期限の短縮、あるいは他の支払い方法に合意するなどについて、代替案を検討する。
- **人**　交渉の場に集まった人の性格が原因で交渉が難航している場合は、交渉の成立に関与する人を替えることができるかどうかを検討し、チームのリーダーかメンバーの交代を試みる。
- **リスク**　リスク分担の範囲を変更する。例えば、お互いの信頼を回復するために、交渉の結果生じ得る損益の分担方法を検討する。

- **タイムスケール** いつまでに何を達成するかというタイムスケールを調整する。例えば、プロジェクトの進行に当初は時間がかかる可能性に配慮して、最初の数カ月はスケジュールに余裕を持たせることに合意する。ただし、最終的な期限が守られるように、その後の目標は維持する。
- **予定を変更する（リスケジュール）** 不透明要因を取り除くために、さらなる調査を実施することになったら、合意した内容の中で難しい部分のいくつかを後日に延期する。
- **保護** 苦情の手続きと保証を提案することによって、安心感を高め満足を保証する。
- **契約** 契約の種類を変更する。固定料金、スライド価格、時間ベースの契約、あるいは料率に基づく契約（節減率、増収率、あるいは増益率に基づく契約）などを検討することができる。
- **条件** 契約の詳細や条件の変更について討議する。

関連する事柄をすべて考慮に入れて、双方が合意した解決策を記入し、マインドマップを完成する。

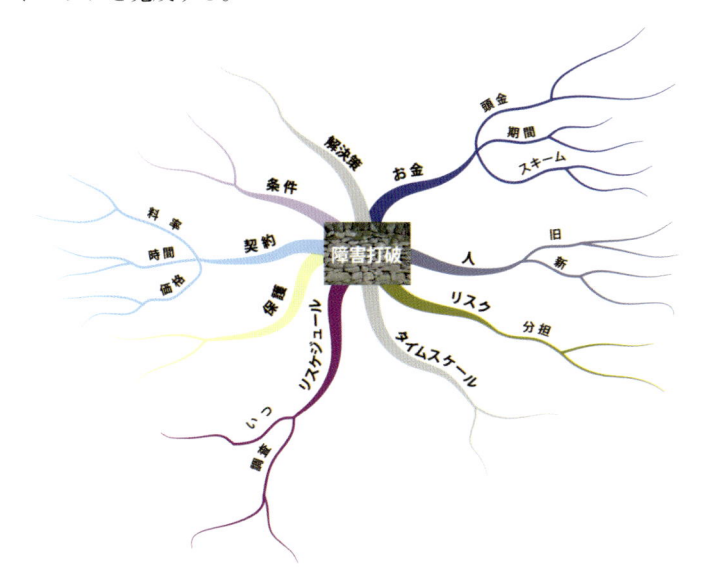

突破口を探すためのマインドマップ

マインドマップで創造的に問題解決

　交渉中に行き詰まると、双方が問題に立ち向かって無理やり解決しようとしがちである。この方法で頑張っても、望ましい解決に結びつくことはめったになく、たいていはストレスが高じるだけの結果に終わる。それよりも、マインドマップを使って問題を明確にし、円満な方法でそれを回避する方法を探るほうがはるかに効果的だ。

　交渉中に生じた問題をセントラル・イメージにして、意見、アイディア、可能性のある解決策を相手との共同作業で放射状に広げていく。メイン・ブランチには、次のような項目を割り当てると構造化しやすい。

- **定義**　問題を明確に定義できるように、自由解答式の質問をする。その問題の、「いつ」、「どこで」、「誰」、「何」、「なぜ」、「どのように」に着目する。例えば、「この問題はどこで最初に発生したか？」、「この問題が他の分野にどのように影響しているか？」などの質問に答えると、その問題の新しい解釈の手掛かりになり、それが問題解決プロセス後半に生きてくる。
- **ブレインストーミング**　自由に連想を広げて、可能な解決策と戦略についてできるだけたくさんのアイディアを出す。この段階で思考が柔軟であるほど、後になって問題解決に役立つので、アイディアをいちいち査定しないようにしよう。
- **影響**　さまざまな解決策を実行に移したときの影響を予想する。どの解決策を実行に移すかを決めるために、それぞれの長所と短所を検討する。
- **解決策**　交渉中に生じた問題の解決に最適な方法を選んで合意する。それを作業に落とし込み、論理的な手順を踏んで実施できるようにする。

　このように、交渉のプロセスにマインドマップを使えば必ず解決策が見つかることに気づくと、考え方が一変する。交渉は人を緊張させ、闘争的で、苛立たしく、敵対的で、焦燥感にさいなまれ、たいていは失敗に終わるものと決め込まずに、将来に目を向けて前向きなシナリオを描くだろう。

　双方が交渉の席につくこと自体が、「お互いに協力して実現可能な結論を

出せる」と考えていることの表れである。そして、双方の主張を融合させたマインドマップがあれば、解決策は見出せるはずだ。

家業継承の際の交渉
「祇園ない藤」内藤誠治のエピソード

　このエピソードは、日本の履物の老舗として有名な「祇園ない藤」の五代目として家業を継ぐときに、息子が父との交渉と意思疎通にマインドマップが役立った事例である。

＊　　　　＊　　　　＊

　ここで皆さんにご紹介させていただきたいお話は、つい3年前に私に起こった出来事です。私が生まれた家は京都の祇園に代々続く日本の履物を製造直売する職商人（しょくあきんど）の家でした。父と母が朝から遅くまで一生懸命働き、小さいながらも多くの人々に愛されるお店でした。そこには現代に失われた、手仕事、決まり事、言い伝え、この店だけのルールなどが多くありました。この場所で生まれ育った私にも解らないことが、沢山あり、嫁いで来た母などは、大変苦労しながら多くのことを覚えなければなりませんでした。

　いよいよ私も職人として、そして店を継ぐものとして一人前にならないといけない時期が来ていました。しかし、職人肌で独自の世界観を代々継承し、自分の世界を築き上げて来た父から多くのことを学ぶのはとても難しく、私は能力が足りないという無価値感を、父は自分の代で継承が途絶えてしまうという未来への絶望と大きな孤独感を感じていました。

　父は、伝えたいけれど伝えられない。私は、理解したいけれど、どのように理解すれば良いのか手がかりもつかめない。そのことを父に一生懸命伝えているのだけれど、まったく理解されない。

もつれた糸を解く
　父は師匠であり、社長であり、父でもあり、私は、弟子であり、部下であり、息子であり……このような多くの立場も問題をよりいっそう複雑なものにしていました。
　今になれば、問題点や、原因をはっきりと認識することができますが、その当時は、

やればやるほど混乱する一方でお互いに大変寂しい思いをしていました。

　マインドマップを活用することに、そんなに期待をして活用を始めた訳ではありませんでした。しかし、多くのもつれた糸を解きほぐして行ってくれました。

　ある日のことでした。いつものように、仕事上の相談をしに父の仕事部屋兼自室に行きました。内容は確か、「これからの自社のあり方と、従業員たちに何を求めているのか」だったと思います。
　いつも父との対話の中で、初めは問題解決に向かって話をしていたはずなのに、いつの間にか、お互いのいたらぬところを攻撃し始め、やがて物別れに終わってしまう、そのような状況から何とか脱出しようと、もういろいろな問題が山積していた私は、その日はじめてマインドマップを活用して話を聞きに行きました。

　まず、ペンとファイルを持ち居ずまいをただし、「お話をお伺いに来ました」と言う私を見て何か様子が違うと感じたようで、しっかりと向き合って話を始めてくれました。

　しかし父の話はいつもと変わらず私にとっては抽象的すぎたり、質問に答えてくれなかったり、話が飛躍したりと理解が出来るものではありませんでした。いつもならここで理解できないことへのいらだちや不安が出てくるのですが、マインドマップをかいていることで、聞くことに集中することが出来ました。1時間が過ぎた頃には不思議に、「今日は解らなくてもいいや」といったとてもリラックスした状態ができていました。

　そして2時間が過ぎる頃、急に私の目の前につながりが見えだしたのです。2時間前に話していたことと、全く関係がないと私が思っている今の話がマップの中で見事につながっているではないですか。驚いた私は父に質問しました。今おっしゃっているのは、こんな意味ですか？　するともっと驚く答えが返ってきました。「お前はそんなことも知らんのか、いつもいつも話をしてきたではないか」父はいつも丁寧に説明してくれていたのです。しかし私が関係性を見いだすことが出来なかったために、意味をなしていなかったのでした。
　それからはまるでミステリー小説の最後の章にたどり着いたように、パズルが解けるようにどんどん理解が進んで行きました。

理解が進むと、話を聴きにいくのがとても楽しくなり、いつもマインドマップで話を聞き取り、箇条書きにして父に提出をして行きました。そのことを繰り返すうち、これは、3年ほどしてから全く違う人から聞いたのですが、私の送った書類を見ながら、「やっとあいつも解ってきよった」と、やり始めてから1年ほどしたときにつぶやいていたそうです。

　その話を聞いたときには、そんな日が来るとは、思ってもいませんでしたので、嬉しいよりもびっくりしたのを覚えています。

マインドマップがもたらす効果

　日が経つほどにマインドマップを活用する効果が高くなり、聞き取る力や表現する力が発展していきました。

　聞き取る力が増してくると、父の話の背景が伝わってくるようになりました。どのような世界観、言葉の意味を持っているのか、どのぐらい先まで見通した話をしているのか、違う言い方をすると、同じものを見ているという思い違いをしていたことがハッキリとしてきたのです。

　表現する力がつくと、混沌としたものを整理し伝えられるようになりました。そのことができるようになるほどに、知らぬ間に教科書のようなマニュアルのような整然としたものの世界で満足していたことに気付かされました。そうすると退屈に映っていた世の中がとても楽しいものに映ってきました。

　そうしたことから、父がなぜ文字にまとめることを当初嫌がって口伝にこだわっていたのかが解るようになりました。当初私が理解しようとしていた世界は父にとって余りにも小さかったということであり、また、伝えるほうからすると、自分が見えている世界を当たり前、普通だと捉えていることも解りました。

　皆さんは、私の話を聞いてどのように思われたでしょうか。

　京都の古い事柄、多くのルール、多種多様な知識、この珍しい職業だから地域だから起こる問題だと思われたでしょうか、それともご自身の職場、家族、大切なコミュニティーの中に同じ問題を見つけることができたでしょうか。

　私は、初め私達だけの特別な問題のように思っていました。しかし近頃では、このような問題は、愛や情熱、大切にしたい"もの"、"こと"があるすべての場所で起こっているのではないかと考えるようになりました。

伝承は、交渉であり、交渉は勝敗を決めるものではなく、お互いの利益を最大限にひろげる双方向の共同創造だと今では認識しています。共同創造のためのコミュニケーションの能力、つまりモノを伝えることは教えてもらう一方通行ではなく受け取る者にもまだ見ぬ世界を見るための準備が必要です。この困難な準備を可能にするのが、マインドマップの特性である、五感をフル活用する、関係性を見つける、そしてイメージを膨らませ、全体性の把握をし、いっぱいに広がったものをもう一度一つのものに集約することだと考えています。

あなたの周りはいかがでしょうか？

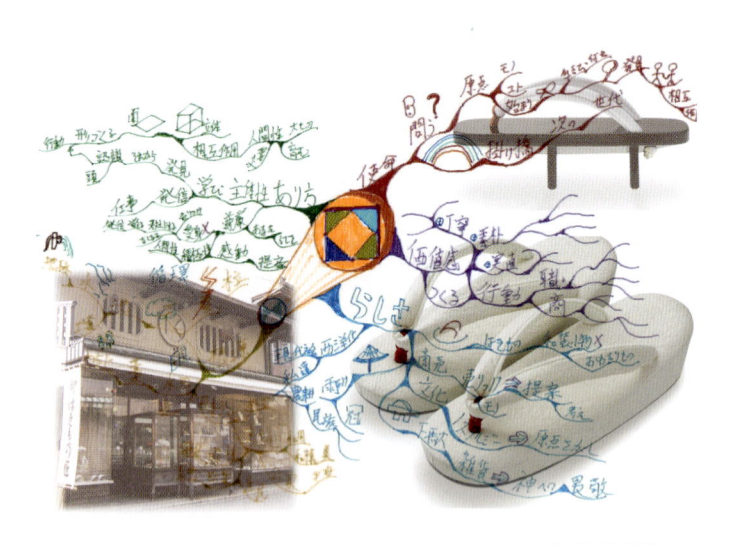

もつれた糸を解きほぐすためのマインドマップ（内藤誠治）

　この事例は、マインドマップを作成しながら、内容を記録したり情報を提示したりすると同時に、傾聴することができ、その結果、交渉の開始前から終了後まで一貫して集中力を維持しやすくなることを示している。

　交渉のシナリオを予測し、さまざまなシナリオに対応するとき、脳はキーワード、色、形、イメージを結びつけていく。マインドマップはそれに連動

するので、交渉の全段階で使うと、取引成立の可能性が高まるだろう。途中でマインドマップが煩雑になっても気にせずにかき進めよう。同僚に配布する必要があれば、後で清書すれば済む。

次の章では…

次章では、プレゼンテーションにマインドマップを使う方法を取り上げる。マインドマップは発表者が自分の考えを説明するための資料としても、企業が抱える問題の解決策を探るための話し合いのツールとしても利用できる。

マインドマップ・プレゼン術 6

マインドマップを使うと、紙1枚でプレゼンテーションができるので、
何を話すつもりかを聴衆に告げ、
自信を持ってそれを話し、
最後に内容を要約して予定通りに話したことを証明できる。

レーモンド・キーン　チェスのグランドマスター

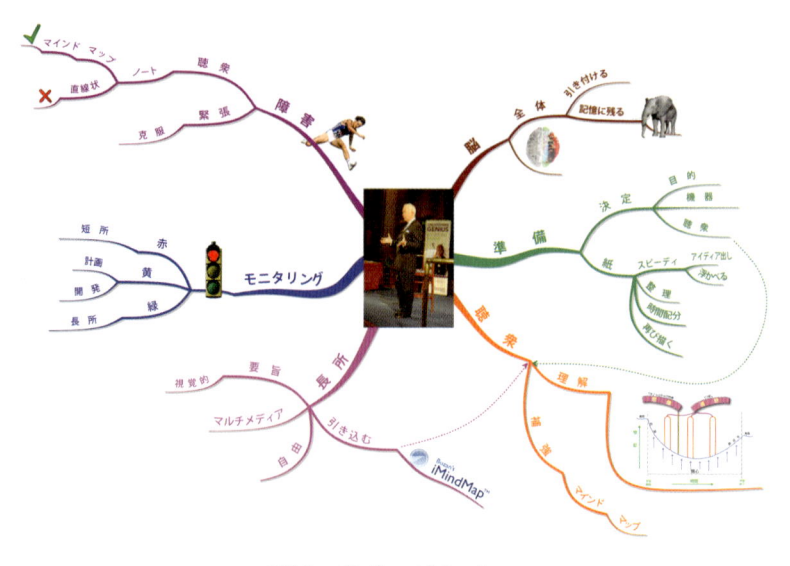

6章のマインドマップ・サマリー

ほとんどの企業が何らかのプレゼンテーションを実施している。その目的はさまざまで、取引の成約、あるいはアイディアや製品の販売に不可欠な企業もあれば、社内報告に時折使って、実績や将来の見通しを幹部や同僚に伝える程度のこともある。いずれの場合にも、望ましい結果を出すためには、入念な準備と発表時の工夫が必要だ。

壇上でプレゼン中のトニー・ブザン

　すべてのプレゼンテーションは本来、脳が基本である。発表者の脳が聴衆の脳に「語りかける」脳対脳のコミュニケーションなのだ。このような説明は初耳かもしれないが、この点を理解しておかないと、脳の半分しか使わずに話し、聴衆に与える影響が半分以下になりかねない。

　論理的思考と想像的思考を組み合わせて、聴衆の脳と十分なコミュニケーションを取るには、プレゼンテーションの準備とスピーチ用のメモにマインドマップを使うと効果的だ。また、補助、ふり返りにマインドマップを使えば、大勢の前で話すときに誰もが感じる不安を克服し、「ホールブレイン（脳全体）」を使って記憶に残るスピーチができるようになるだろう。

「ホールブレイン（全脳）」のプレゼンテーション

　「脳と脳の対話」という考え方を理解した上で、「脳の２つの半球」という概念を頭に入れておこう（１章を参照）。脳の機能の中で、リズム、空間認識、全体像の把握、想像、空想、色、次元を主に処理するのが右半球、言葉、論理、

数、連続性、直線性、分析、リストを主に扱うのが左半球といわれている。

　専門的な発表には、情報と事実が段階別にわかりやすく整理された資料が必要だが、人を引き付けるにはそれだけでは十分ではない。プレゼンテーションの説得力を高めるには、話のテンポや「間」、雄弁なボディランゲージ、たくさんの色鮮やかな映像などの側面も欠かせないからだ。聴衆は言葉で伝える内容だけでなく、こうした側面を重視しがちだ。

　聴衆を引き付け、記憶に残るプレゼンテーションにするには、「想像・直感」と「論理・分析」のそれぞれに訴える要素を混合して、脳全体を使うことがポイントだ。

プレゼンテーションの準備

　プレゼンテーションやスピーチをマインドマップで準備する手順は、ノートを取る方法とほぼ同じで、そのテーマに欠かせない要素を洗い出すことから始める。それができたら、そのプレゼンを構成するすべての要点と関連事項を一覧できるようにかき加えて完成させる。

　最初に、プレゼンテーションで「何を達成したいか」という目的を定める。次に、視覚的な表現をどの程度使うか、考えを伝えるためにどのような機器が必要かなど、発表形態を決める。おそらく、パワーポイント、ポスター、実演（販売・提案する品物を使って見せる）などの形式が候補に挙がるだろう。また、改まった席か砕けた雰囲気かにかかわらず、聴衆について考え、相手を熟知しているか、どのように伝えたら聴衆の心をしっかり捉えることができるかを検討する。その上で、スピーチの構成と話す内容の順番を熟考する。マインドマップにこうしたすべての要因をかき出すと、プレゼンの展開法の全容が明らかになり、発表の準備が十分に整ったという自信が得られるはずだ。

　スピーチの準備にマインドマップを使う利点は、枝を広げる「アイディアの木」に話し手が常に刺激されて新しい、より大胆なアイディアを思いつくと同時に、キーワードとキーイメージに凝縮されたスピーチの論点を1つも見落とさずに話せることだ。

この意味で、マインドマップはプレゼンテーションに最適である。全体のプロセスを1枚の紙で示せるので、ページを入れ替えることなく、聴衆にスピーチの構成と主な論点を事前に伝えることができる。文章や箇条書きでスピーチの準備をすると、原稿の終わったところで、成り行きに任せて脈絡なく話を終えかねないが、マインドマップを使えばその心配はない。

　普通のノートを使ったとしても、講師や話し手がテーマを熟知していれば、日付順のリストや箇条書きの結論を無味乾燥に読み上げることなく、キーワードを頼りに内容を関連付けながら熱のこもった話を展開することは可能だ。しかし、話し手がテーマを完璧に把握していない場合には、文章や箇条書きのノートに頼ると状況がさらに悪化する。プレゼンテーションの大海原を航海するには、話の要点をすべて網羅したマインドマップが頼もしい舵取り役となる。

プレゼンテーション用のマインドマップ作成法

　まず、プレゼンのテーマを要約するセントラル・イメージ（あるいはキーワード）をかく。そのセントラル・イメージからブランチを広げ、テーマから思い浮かぶアイディアを、次から次へと間髪をいれずにかき出す。次に、かき出したアイディアを基に、適切な基本アイディア（BOI）を選ぶ。脳を自由にさまよわせて、情報や論点をマインドマップ上の最も適切と思う場所に記入する。前述のように、メイン・ブランチ（基本アイディア）とサブ・ブランチの数には制限がない。

　この段階ではできるだけ素早くかき、難しいところ（特に、特定のリンクやトピック）は飛ばす。こうすると、大きな流れが生まれるし、問題点にはいつでも戻ることができるからだ。

　壁にぶち当たって一時的に思考が停止したら、もう一つのマインドマップを作成すると、その克服に役立つ。多くの場合、セントラル・イメージを描くだけで、脳が再び働き始め、スピーチのトピックを中心に自由奔放に思考

をめぐらせる。再び壁にぶち当たったら、それまでにかいたキーワードやイメージから新しいブランチを伸ばしておこう。そうすると、ものを完成しようとする脳本来の傾向が働いて、ブランチ上の空白を新しいキーワードやイメージで埋めたくなるはずだ。

　前述のように、脳は際限なく連想を広げることができる。アイディアがとめどなく溢れ出るようにし、それまで「ばかげている」という理由で却下していた可能性のあるものも必ずかき出そう。アイディアを切り捨てたくなるのは、全く関係のないことを思いついたからではない。失敗への潜在的な不安や脳の働きについての誤解が心理的な障害になっていることが原因だ。このことに気づくとアイディアを自由に溢れ出させることができる（プレゼンにまつわる不安を軽減する方法については後述）。

　アイディアをかき出したマインドマップをもう一度見直して、メイン・ブランチとサブ・ブランチを整理する。また、色分けと符号を使って、スライドや映像を入れたい場所を示し、特に重要な相互参照や事例にも目印をつけておく。次に、話す順序を決め、メイン・ブランチに番号を振る。

　最後に、メイン・ブランチを使って、スピーチの時間配分をする。特定の論点にどの程度の時間をかけたいかとその適切性を検討して時間を割り振る。各キーワードにつき1分強を目安にして、1時間以内のスピーチであれば、スピーチ用マインドマップのキーワードとイメージの合計数を35以下にするといい。

　ここで、もしそうしたければ、プレゼンテーション用に作成した下書きのマインドマップをかき直し、内容を整理して編集するか、きちんと清書する。こうすると、もう一度かくときに同じことを繰り返すことによって記憶が補強される。また、わかりやすく整理されるので、プレゼン中に目で追いやすくなる。

　プレゼン用のマインドマップがうまくまとまっていれば、重要な部分、言

及すべきキーポイントとその相互関係が一目でわかる。後は、本能に従って話を進めるだけだ。

聴衆の記憶はどのように推移するのか？

プレゼンテーションで幸先の良いスタートを切って聴衆を引き付けるために、記憶のしくみを理解しておこう。話の内容を覚えていてもらうことが大切なので、発表中に聴衆の記憶がどのように推移するかを一通り把握しておくと参考になる。

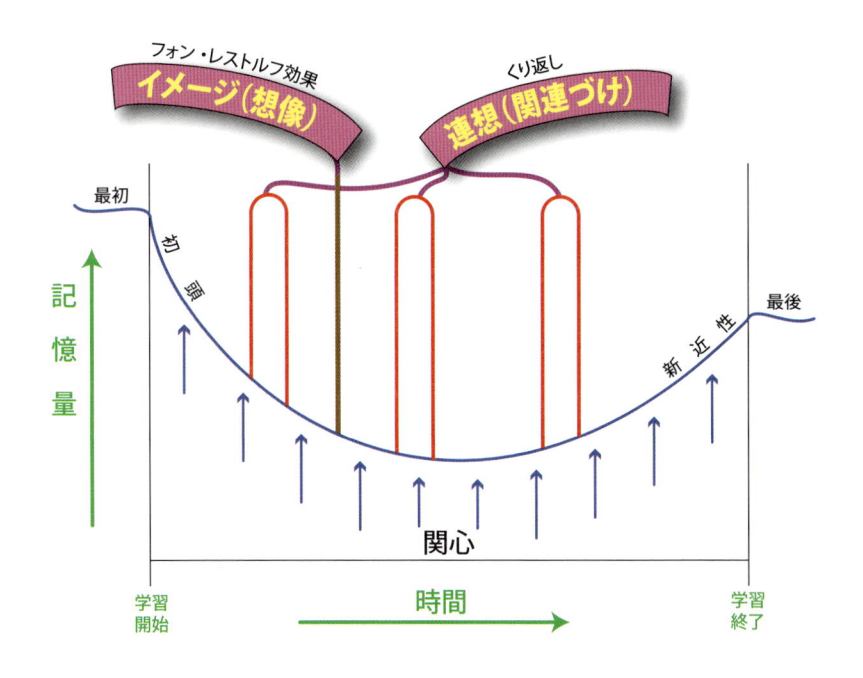

学習中の記憶の推移を示したグラフ

「学習中の記憶」のグラフは学習中に記憶がどのように推移し、学習者が感覚を通じて何を吸収し、何を記憶するかを表している。「学習者」を「聴衆」に置き換えて、このグラフを読み取ってみよう。プレゼンテーションの最初

と最後は聴衆の記憶に残りやすいが、中盤は抜け落ちやすい（青の曲線）。また、全体を通じて、目立っていること（茶色の線）、スピーチの他の部分や、頭の中にある既存知識と何らかの関連があるところ（赤の部分）は記憶しやすい。

　最初と最後に記憶が高まることは、それぞれ初頭効果と新近性効果と呼ばれる。また、特異なものが記憶に残りやすい現象は、これを発見した心理学者のヘドウィグ・フォン・レストルフに因んで「フォン・レストルフ効果」と命名されている。

　記憶に残るプレゼンをするには、このグラフを参考にして構成を工夫するといい。記憶に残りにくい中盤では、「興味を惹かれる」「目立っている」あるいはその前後の他の論点と「何らかのつながりがある」要素を取り入れる。目立っていると、想像が働いて記憶に残りやすい。また、連想を刺激することも聴衆の記憶を助けるので、話の他の部分、あるいは聴き手と直接結びつける。こうした関連づけが何度も繰り返されるほど、聴衆の記憶に残りやすくなるので、まず、初頭効果を利用できる出だしの部分を工夫しよう。聴衆（話し手ではなく）と情報を結びつけることがポイントだ。具体的には、マインドマップなどの視覚映像をスクリーンに投影する、冗談を言うなど、何らかの方法で聴衆を巻き込むとすぐに関心を捉えることができる。

　また、新近性効果を生かすために、パンチの効いた締めくくり方をしよう。「これで話は終わりです。えーと、ありがとうございました」という終わり方はやめ、聴衆が記憶しやすいように工夫する。新近性効果を生かさずにプレゼンを終えると、重要な情報の多くが、幅広い範囲にわたって必要以上に忘れられてしまう。出だしの部分で聴衆に話の概要を伝えるのと全く同じように、発表の最後に要点を必ず繰り返そう。全ての要点を要約するようなインパクトのある締めくくりにすることが大切だ。創造力を発揮して全体を締めくくる物語仕立てにする、あるいは聴衆と直接やりとりしたり、プレゼン中に出したクイズやなぞなぞの種明かしをしたりしてもいいだろう。　新近性効果を有効に生かせば、聴衆は会場を離れた後でも長期にわたって主要なメッセージを覚えておける。

学習中の記憶の推移をプレゼンテーションの構成に反映し、情報、ひらめき、楽しさ、幸せなど、聴衆に持ち帰って欲しいことすべてをマインドマップに記入しておこう。

　発表中に聴衆の関心を維持するには、タイミングも重要だ。話が長くなりすぎないように注意する必要がある。プレゼンの多くは延々と続き、質疑応答の一部として提供したほうがいいような詳細まで説明する。最後に質疑応答の時間を設けることを最初に伝えておき、詳しく知りたい点は質問してもらうようにした方がいい。そうすれば、発表の時間を短縮し、簡潔に説明できる。

マインドマップでプレゼンテーションを補強する
　プレゼン・スキルには、聴き手の記憶と想起の働きを理解することも含まれる。マインドマップは、それ自体がニーモニック（記憶のテクニック）なので、話し手と聴衆の双方にとって役立つツールになる。例えば、発表中に折に触れてスクリーンに投影できることが、マインドマップの大きな優位性の一つだ。カラフルで視覚に訴えるマインドマップを見ると、発表者がこれから話すこと、今話していること、それまでに話したことを確認する手掛かりになるし、内容を思い出すきっかけにもなる。

　マインドマップはイメージと関連づけを使って脳と同じように機能するので、特に意識しなくても、かいた内容を記憶しやすい。プレゼンテーションの準備中に、かいているマインドマップが無意識のうちに頭に刻み込まれるからだ。すべてが頭に入っているので、たいていは、完成したマインドマップが目の前になくても発表できる。

ニュージーランド軍部隊への指令

　ニュージーランド国防軍（NZDF）は世界の紛争地域に派遣され、平和維持活動に従事している。派遣される地域には、口蹄疫、ミバエ、侵入危惧雑草種など、国内では見られない害虫、動物、植物、あるいは疫病が存在していることもある。このいずれかが、第一次産業が国の主要産業であるニュージーランドに持ち帰られると、環境と輸出の機会が脅威にさらされかねない。

　このため、国防軍の撤退時には、帰国する軍隊にニュージーランド農林省が指令を出し、個人の荷造りを監視して荷物検査をするために検査官を派遣している。こうすると、生物学的リスクを海外で管理し、帰国時の手続きを簡素化できる。

　しかし、このやり方には1つ問題があった。それは、検査官全員が確実に、一貫した状況説明の5分間プレゼンテーションを行うことだった。検査官は慣れない環境の中で、視覚教材を使わずに、緊張した状況下で、野外で小部隊に対して説明しなければならないことが多い。

　そこで、検査官を補助するために、次の3点を目的にしたマインドマップが作成された。
- メッセージが論理的な順序で提示されていること。
- 伝達する必要がある要点がすべて網羅されていること。
- 人前で話すことに自信がない人でもしっかり伝達できること。

　この試みが奏功し、以前より指令が順守され、隊員はほぼ例外なく、所持品を清潔で乾燥した状態で提示するようになり、検査しやすいように、リュックからひもと背負子を外すことや、ウェビングを取り外すことについてのもめごともほとんどなくなった。オーストラリア経由で帰国し、飛行機を乗り継ぐ場合には、オーストラリア検疫サービスが検査する可能性があることも全員に伝えられた。また、ニュージーランド帰国時には、X線か探知犬による抜き取り検査が実施されることについても周知徹底された。こうすれば、隊員は想定外の検査に驚かずに済む。状況説明が行われるときに、検査官が他所に拘束されていたり、病欠していたり、手が空いていない場合でも、マインドマップを手本にして軍の将校か下士官（防疫の訓練を受けていない）が適切に内容を伝えることができる。この結果、ニュージーランドの防疫対策が向上した。

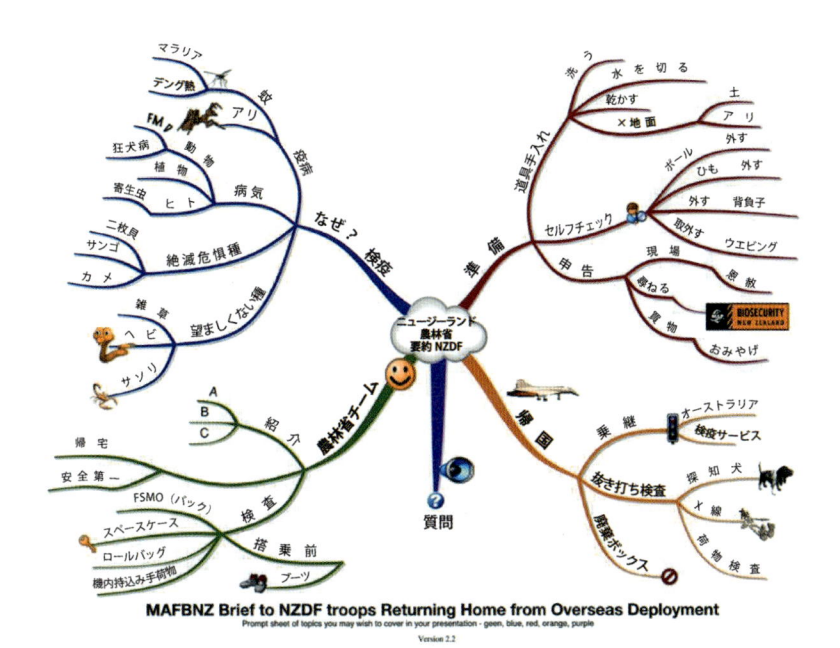

ニュージーランド軍が派遣先から帰国する部隊への状況説明に使うテンプレート
出所・事例提供：ジェイミー・バード

スピーチ原稿よりマインドマップがプレゼンに役立つ理由

　マインドマップを使って発表に備えると、脳の機能が幅広く使われる。また、1枚の紙に考えが明確に描かれるので、発表中に何ページにも及ぶノートを何度も参照する必要がなくなり、自然に話し、聴衆と視線を合わせる機会を増やせる。この点は特に重要だ。また、マインドマップを使うと原稿にしがみつかなくてもいいので体を動かしやすく、話しながら動き回ったり自由な身振りで重要な点を補強したりできる。同様に、パソコンを使ったプレゼンテーションや機器の実演説明をするのも楽だ。結果的に聴衆との接触が増えると、一段と熱心に話を聴いてもらえる。

　話し言葉と書き言葉は大きく異なる。文法的に正しい書き言葉はプレゼンテーションには向かず、聴衆が飽き飽きするのはほぼ間違いない。話し言葉

の大らかさと整理された思考の絶妙なバランスを取るのが理想的だが、マインドマップを使えばそれを実現できる。このことが、自信に満ちた効果的なプレゼンを行う鍵となり、話し手と聴衆の双方にとって楽しく、有益で、記憶に残るプレゼンテーションになるだろう。

　マインドマップを使うと、準備の段階でも発表中も、常にテーマを中心にして思考できるので、準備した原稿を読むよりも柔軟に考えを伝えられる。融通が利くと、聴衆のニーズへの対応、正確な時間調整、重きを置く点の微修正（聴衆の反応や手応えを反映）、詳細に説明するポイントの特定などを、自信を持って行える。例えば、発言が混乱を招いたとしても、話が本筋から外れることを心配せずに説明を加えられるし、質問がないかを確認できる。また、聴衆が関心を示していない話題に気づいて次のセクションに移るときも、原稿やメモを何ページもめくって探す必要がないので速やかだ。事前に準備したスピーチは、話し始めた瞬間に必ず陳腐化する。聴衆が今すぐ知りたいことに合わせて調整することも、他の発表者がそれまでに話したことに対応して内容を変えることもできないからだ。

　プレゼンテーションにiMindMapを使うと、旅の実況映像のように、話し手の考えが聴衆に伝わるし、他のインタラクティブ・ソフトにスムーズに統合できる。手がきのマインドマップと同様に、1ページの資料に基づいてする喜びは聴衆にも伝わり、退屈されることはないだろう。話の虜になるほど面白い場合を除き、20分経つと聴衆の関心は話の内容から「残りは何ページか？」に移るのが普通なので、飽きさせないことは本当に重要だ。

マルチメディアの活用
　調査によると、人は言葉によるプレゼンテーションより視覚的表現に好反応を示し、3日後までは、話し合われた内容の記憶量が約3分の2も多いという。この結果から判断すると、プレゼンで成功するには、伝えたい考えを裏付けるために何らかの視覚的装置を使う必要がある。プレゼンを行うときには、たいていの人がパワーポイントのスライドなど、マルチメディアを使

うが、これには長所と短所がある。おそらく、聴衆はマルチメディアを使ったプレゼンに慣れ、それが当たり前になっている。そのせいで、マルチメディアを使うことによって、伝えたいメッセージがかえって不鮮明になることもあるからだ。

うまく使えば、マルチメディアは話を充実させ、プレゼンテーションにとても生き生きとした視覚効果と創造性を加えることができる。逆に、使い方が悪いと聴衆の気が散って話に集中できないし、話し手の存在が霞みかねない。また、突然機械の電源が切れたりすれば、聴衆は忍耐力を試されることになる。マルチメディアを使ってプレゼンを装飾する価値は確かにあるが、それに依存しすぎないようにしよう。話を補強するためだけに使い、頼り過ぎないことが肝心だ。

iMindMap のプレゼンテーション機能

マインドマップは、プレゼンテーションの内容に視覚的要素を加えるためのツールになる。冒頭部分では、これから話す内容をマインドマップで示し、全体を通じて要所で参照できる。また、プレゼンの最後に、マインドマップを使って要点をまとめると、聴衆はすべてが頭に入ったまま会場を後にできる。

iMindMap はプレゼンテーション機能が特に充実している。例えば、ブランチの折りたたみと展開、特定のブランチのフォーカス・イン＆アウト、パワーポイントやキーノートへのエクスポート、エクスポート後のマインドマップをプレゼンテーションに組み込む機能、スライドに貼り付けてアニメーション表示する機能など、プレゼン・ツールとして大きな効果を発揮するための工夫が凝らされている。iMindMap などの PC ソフトを有効に使って話の内容と関連づければ、単なる付け足しではなく、聴衆の関心を引くはずだ。

プレゼンテーション・スキル向上にマインドマップが役立つ

プレゼンテーション能力を継続的にモニタリングし、向上させるためには、パフォーマンス・コーチ型のマインドマップを使うと効果が大きい。このマインドマップを作成しておくと、進歩した点と改善が必要な点をしっかりと確認できる（5章参照）。

- 赤のブランチ　苦手なテクニックやスキルなど、改善が必要な分野
- 緑のブランチ　強い部分や高い評価を受けたスキル
- 黄色のブランチ　開発が必要な点

以下のマインドマップ・テンプレートをコピーして使い、プレゼンテーションの度に評価を記入しよう。

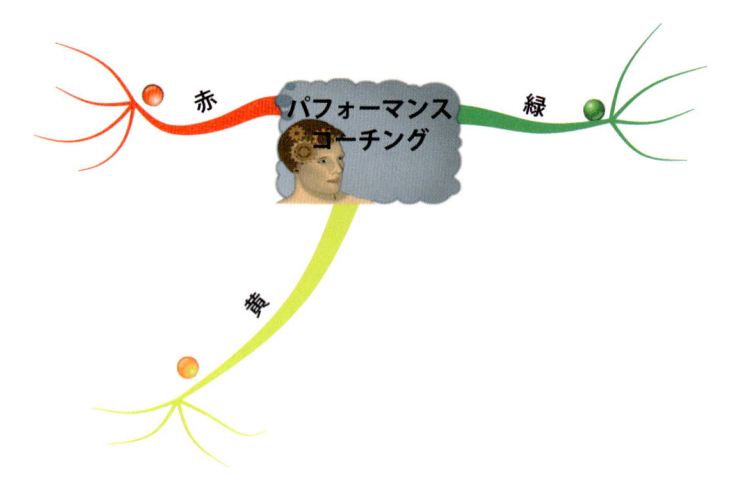

プレゼン・スキルの向上をモニタリングするためのマインドマップ・テンプレート

緑のブランチから着手し、聴衆から良い評価を得たスキル、テクニック、プレゼンテーションの質を記入する。次は赤のブランチ。悪い評価について深く考えたくないかもしれないが、あなた自身と聴衆のいずれか、あるいは双方が改善の余地があると感じた部分とスキルを見直すことは大切だ。弱点は率直に認め、どこが弱いかを明確にして、マインドマップに記入しよう。

最後に、将来に目を向けて、次のプレゼンテーションまでに強化する必要のあることを黄色のブランチを使って展開する。目標を立て、それを達成するための道筋を示す最も重要なブランチなので、徹底的に考え抜こう。
　マインドマップが完成したら、印刷して手元に置くか、壁に貼っておく。開発の余地がある部分にできるだけ継続的に取り組み、発表の準備をするときにはこのマインドマップを必ず参照しよう。発表後に毎回マインドマップを新たに作成し、最初にかいたものと比較して、どのように進歩しているかを記録する。回を重ね、より多く評価を得て、再検討するほど、プレゼンテーションの質が高まるはずだ。

プレゼンテーションの不安を解消する

　大勢の前で発表すると考えるだけで、冷や汗をかく人もいる。たいていは、スピーチの途中でど忘れする恐怖、横道にそれる心配、準備不足の不安、その場で答えに窮する質問が出ることへの恐れがその原因だ。こうした心配の種をすべて網羅するマインドマップを作成すると、不安に立ち向かうヒントになり、肩の力を抜いて話す心構えが整う。自然体に見えて自分らしさを出せると最高のプレゼンテーションになるので、不安を解消しておくことはとても大切だ。
　聴衆に対して、家族や友達が話し相手のときと同じように、自然に話そう。自分らしさを出してゆったり構えることができれば、大らかに振る舞い、よどみなく言葉が出て、自信が深まる。また、肩の力の抜けた、会話のように滑らかなスピーチになるだろう。うっかり間違えたとしても、慌てる必要はない。間違えは会話の自然な流れの一部なので、それを正して先に進めればいい。間違ったときは、表情を強ばらせるより笑い飛ばし、くつろいでいることが聴衆にも伝わるようにして発表を続けることがポイントだ。深呼吸をして、間を取り、スクリーンにマインドマップを再び投影して聴衆にも見えるようにしてから、「考えに夢中になりすぎて、次に何を話すかを忘れてしまいました。マインドマップで確認させてください。そうでした、次の話は……」などと言いながら、落ち着いて思考の跡をたどろう。

不安を克服するためのマインドマップ

　プレゼンテーションの不安に打ち勝つためのマインドマップは次の要領で作成する。最初に、発表中の不安についてマインドマップをかく。次のサンプルでは、iMindMap のセントラル・アイディアを「プレゼン中の不安」とした。そこからメイン・ブランチをいくつか伸ばし、プレゼンテーション中に最も心配な事柄を漏れなく記入する。その際、「忘れる」など、するのが怖い失敗を１つずつ各メイン・ブランチが表すようにする。

　メイン・ブランチに記入し終えたら、それぞれの先からサブ・ブランチを展開して詳細を加えていく。例えば、「忘れる」と記入したメイン・ブランチから伸ばす第２階層のサブ・ブランチに「切替」、その先の第３階層には「スライド」とかき入れる。

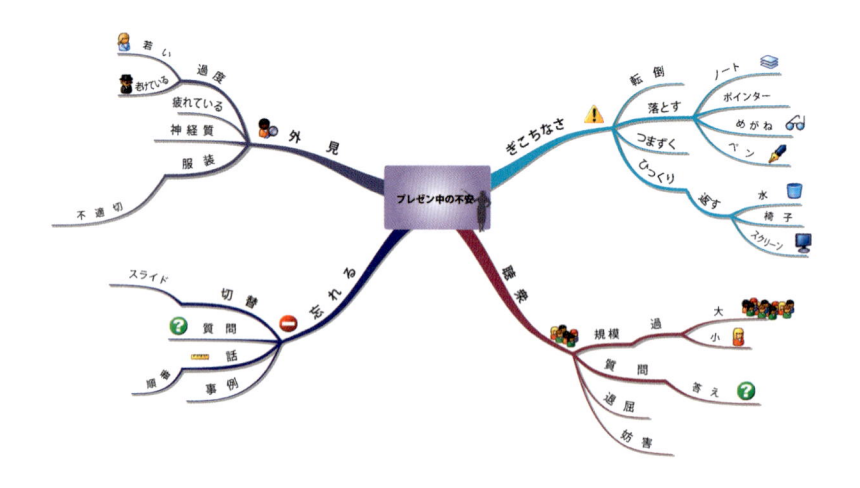

プレゼンテーション中の不安への対処法

　不安やストレスは汗、吃音、手の震え、落ち着きのなさ、動悸、吐き気、口の渇き、めまい、息切れとして現れるかもしれない。発表中に体と精神面に現れる症状を、このマインドマップで探っておこう。そうすれば、どのような心がけで臨めば望ましい結果に結びつくかをイメージするヒントになる。

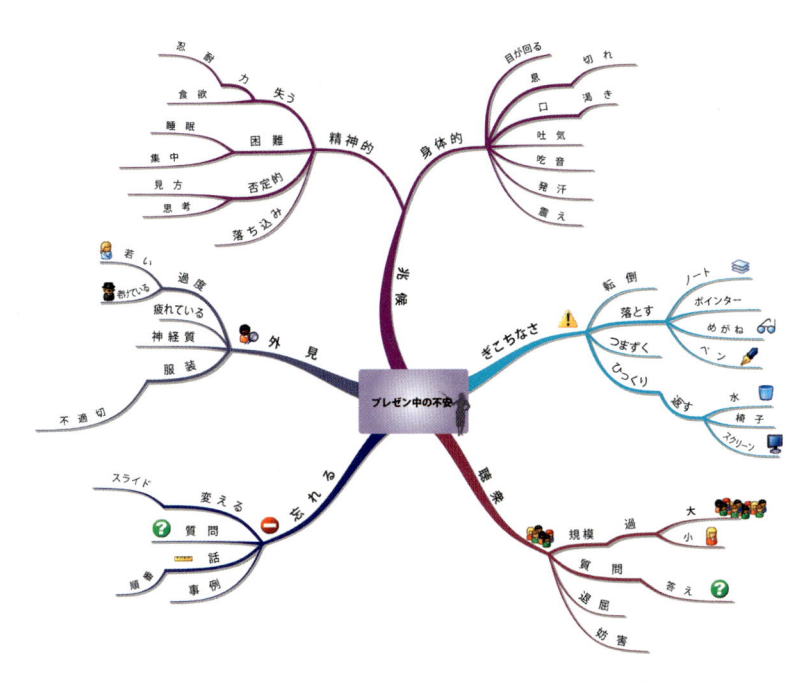

ブランチをさらに伸ばして詳細を加えたマインドマップ

　下図を参考にして失敗の不安を克服するためのマインドマップを作成してみよう。

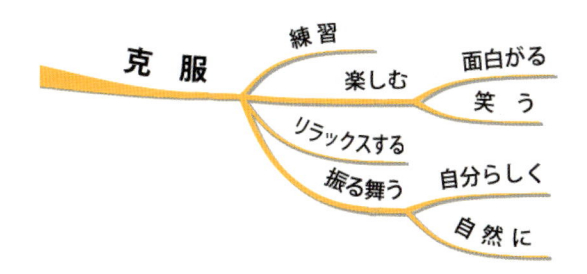

　最後のメイン・ブランチの見出しを「克服」とし、「笑う」など、プレゼンテーションにまつわる不安を克服するためにできることを洗い出す。すべてのアイディアをサブ・ブランチに加え、発表の準備中と直前に必ずそれを見るよ

うにする。特に重要な項目に取り組み、不安を完全には克服できなくても軽減できるか試してみよう。

プレゼンテーションをマインドマップで記録する
──聴き手のための活用法

マインドマップを使うと、1枚の紙に全体像と重要な詳細部分の両方を記録できる。プレゼンテーション、セミナー、講義、説明会、あるいは演説の聴衆としてノートを取るときにも、この特徴が役立つ。

文章や箇条書きのノートは、その書き方が連想を抑制し、創造性と記憶のさまたげになるので、この方法でノートを書けば書くほど得るものが少なくなる。私たちに必要なのは、使えば使うほど得するようなシステムだ。マインドマップは1枚の紙にかかれ、一目でさっと見ることのできる視覚ツールである。また、キーワード、色、連想などを多用するので、脳にとって自然で、わかりやすく、効率のよい方法で記録できる。情報過多に対処するには、このような「使えば使うほど効果を増す」ノートを使う必要がある。

また、一字一句書きとめたいという非理性的な衝動に襲われて話し手に目もくれずに大量のノートを走り書きすると、肝心な顔の表情やボディランゲージを見逃してしまうこともある。これが癖になり、我を忘れて、時間のかかる方法でノートを取れば取るほど、今聴いたばかりの話であっても内容が抜け落ちてしまう。一生懸命になればなるほど前に進まないのは、無意識のうちに自分に不利なことをして、時間を浪費しているからだ。

通常のノートに書く言葉の中でキーワードは10％以下である。つまり、文章や箇条書きのノートを使うと、それを書くことに使った時間の90％を無駄にしていることになる。さらに、ノートを読み返すときにもその時間の90％を浪費する。内容を思い出すには、キーワードがあれば十分だ。マインドマップはキーワードとキーイメージを使い、それを相互に関連づけることができるので、ノートに必要な条件が本来備わっている。

セミナーの内容をマインドマップで記録する

　セミナーの内容を記したマインドマップの講義録を紹介しよう。マインドマップを使うと創造性豊かにノートを取って、学んだ内容を存分に活用することができる。

　以下のマインドマップは、リム・チョーン・ブー（シンガポール工科学校の主任講師）がリム・シオン・グアンのスピーチを記録した講義録である。このスピーチは、2008年9月16日にシンガポール・エンジニア協会（IES）で行われた。

　チョーン・ブーは、「できない」という人にどう対応するかについて、講師が述べた「ただ無視しろ、彼らは私たちに成功してほしくないだけだ」という部分に閃きを得て、このマインドマップを作成した。

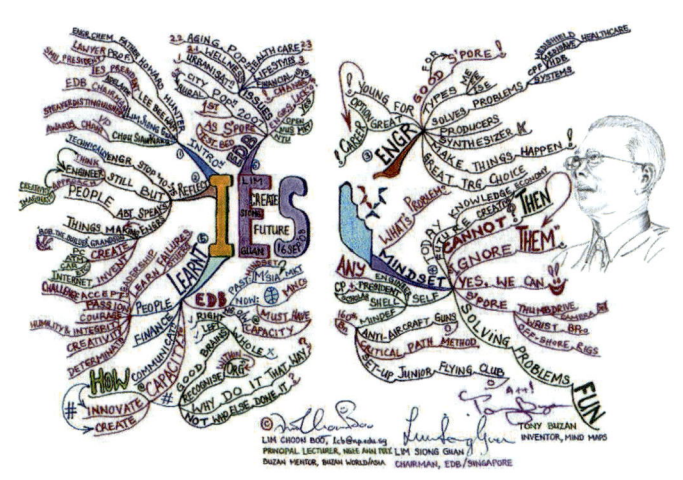

シンガポール・エンジニア協会（IES）におけるリム・シオン・グアンのスピーチを記録したマインドマップ。リム・シオン・グアンはシンガポール経済開発委員会の会長、テマセクホールディング株式会社の取締役、国立調査基金の理事を兼務し、シンガポールの国立大学のリー・クワン・ユー公共政策スクールで、公共セクターのリーダーシップとチェンジ・マネジメントを教えている。

次の章では…

顧客との間で将来にわたって良い関係を築くには、事業の円滑な運営が大切だ。次章では、そのためのプロジェクト管理にマインドマップを使う方法を取り上げる。

マインドマップでプロジェクト管理

7章

私は、整理しないと仕事が手に付かない性分なので、
マインドマップもツールの一つとして使っています。
何かを定義したり創造するときに、
マインドマップを使うと幸先のいいスタートが切れます。

サム・ブルックス　ボーイング社デザイン・エンジニア

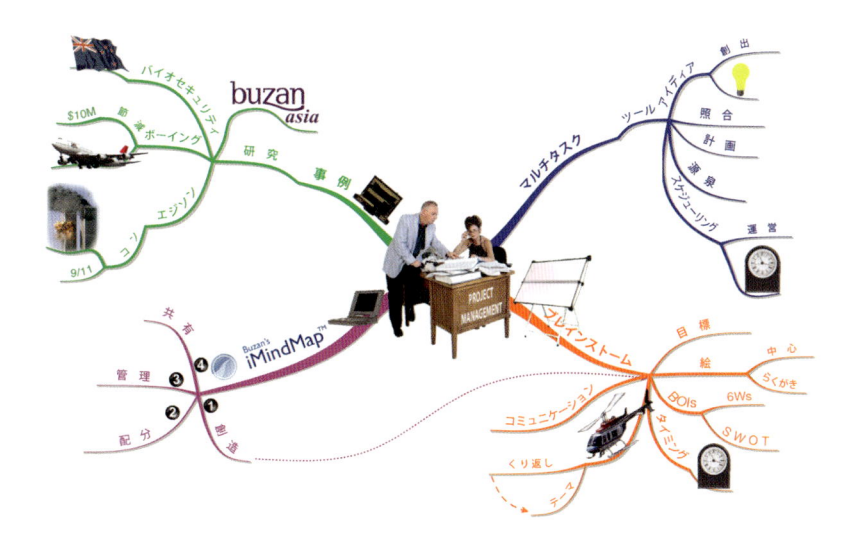

7章のマインドマップ・サマリー

プロジェクトの計画と管理には膨大な時間がかかるだけでなく、大量のペーパーワークが必要だ。プロジェクト期間の長短にかかわらず、提案書一つとっても入念な調査と書面や図表の作成と、口頭での報告が求められる。マインドマップはこのすべての情報をまとめるツールとして優れている。また、プロジェクトの進行中には何度も変更が加えられるが、マインドマップを使えばそれをすぐに反映できると同時に、プロジェクトを予定通りの方向に進め、成功に向けて導く「脳の順応性」が高まる。

　マインドマップは、イベントの計画、製品開発、営業計画などのプロジェクト管理に便利なツールである。パソコンを使って他のプロジェクト管理ツールと統合したいときには、アイディアの収集とプランニングの段階から日程計画、運営、共有まで、一連のプロセスをiMindMapで管理できる。

並行作業のマルチ・タスク・ツール

　プロジェクト管理は、多くのタスクとスキルを組み合わせて使うことが要求される骨の折れる仕事である。その1つが、アイディアを生み出し（9章参照）、さまざまな要素をとりまとめてプロジェクトを立ち上げるプロセスだ。次に、綿密なプランニングとリソース配分を行い、最終的にスケジュールを立ててプロジェクトを進める。このすべてが時間がかかり、ストレスがたまりやすいプロセスだ。また、どの段階も非常に不安定で、タスクを1つ忘れただけで、すべてが同調しなくなってプロジェクトが崩壊することさえある。

　マインドマップはすべてのタスクを目の前にわかりやすくかき出すのに最適で、プロジェクトの詳細すべてを網羅すると同時にタスク間のつながりや関係性を示すことができる。例えば、調査の段階では、参考文献からメモした内容を整理し、調査結果を報告書にまとめ、考えが浮かぶたびにそれを整理・統合していく作業にマインドマップが役立つ。次に、そのマインドマップを参考にしてプロジェクトの基礎を作り上げることができる。前述のように、「やること」や週間スケジュールをかき出すには普通のノートよりマインドマップが適している。同様に、プロジェクトを創案するときにも、マイ

ンドマップを使ったほうが構成に優れ、焦点が絞られて、独創的なものになりやすい。普通のノートを使うと、下書きをして何度も推敲するなど、面倒で根気のいる作業が必要で、多大な時間と労力がかかるが、iMindMap などのソフトを使えば、このプロセスをさらに迅速化できる（154 ページも参照）。

マインドマップを使ってプロジェクト管理を最適化する

プロジェクト管理にマインドマップを使う方法は２つある。
- さまざまな戦略と目標についてブレインストーミングして評価する。
- プロジェクトの主な目標が明確になったら、「作業のタスク分解図」を作成して分析する。プロジェクトの主な目標を中心に描き、それを副次的な目標に分解し、それぞれの副次的目標についてこの作業を続けて最終的に具体的な行動に落とし込む。それを基に行動計画（アクション・プラン）を立てて進捗状況をモニタリングするという流れだ。

長さ7.62メートルのマインドマップ

次ページの写真で、長さ 25 フィート（7.62 メートル）のマインドマップの前に立っているのは米ボーイング社のマイク・スタンレー博士である。このマインドマップは航空機の設計と技術マニュアルをコンパクトに凝縮する目的で作成された。その結果、100 名の上級航空技師で構成されるプロジェクト・チームがわずか数週間で、それまで何年もかかっていたことを学ぶことができ、相当のコストが節減された。プロジェクト・リーダーを務めるスタンレー博士は次のように語っている。

「ボーイングでは、私が担当する品質改善プログラムの重要な部分にマインドマップを組み入れていました。このプログラムは、目標の 10 倍に相当する 1000 万ドル以上のコスト節減を達成しました。マインドマップをユニークな方法で使うためのアプリケーションを開発して、品質管理プロジェクトを特定しました。１カ月のうちに、500 超のプロジェクトが特定されましたが、これは数百万ドルのコスト節減の可能性に相当するものでした」

7.62メートルのマインドマップの前に立つボーイングのスタンレー博士

ブザン・アジアのプロジェクトを
マインドマップにかく

　計画、運営、コミュニケーションの3つの側面にマインドマップを使ったブザン・アジアのプロジェクト管理の事例を紹介しよう。ブザン・アジアはわずか2年間でアジアの主要国8拠点にブザン・センターを設立した。以下はこれを主導したヘンリー・トイの体験談である。

　　　　　　　　　＊　　　　　　　＊　　　　　　　＊

　私はエンジニアとして教育を受けましたが、金融への関心も深く、卒業と同時に、シンガポール中央銀行に就職しました。ただ、私の最終目標は起業することだったので、銀行で数年間勤務した後、1992年に独立しナーチャークラフト社を創業しました。同社は、1996年には最も急成長を遂げる小売チェーンとなり、ペナン島からシンガポールにかけて、14のフランチャイズ店を展開するようになりました。ところが、なぜか、想像していたほど満足できませんでした。私は人のためになり、希望にあふれ、生きがいがあり、充実した仕事を思い描いていたのです。その後、アジアの金融危機に見舞われました。

　ほぼ一夜にして、フランチャイズ店は為替急落の影響を受けました。アジア通貨の下落があまりにも急激で、貨物を積んだ船が英国を離れてマレーシアに到着するまで

の間に、原価が現行の小売価格を上回る計算になり、市場は崩壊しました。私は、生きがいのある仕事を再び思い描いて掘り下げるために、トニー・ブザンの名著、『頭がよくなる本』を読み返しました。これが、事業の立て直しと再設計に役立ちました。マインドマップの持つ力と応用範囲の広さを強く確信し、私はこの強力なテクニックのマスター・インストラクターになる決意を固めました。

計画を立てる

　マインドマップの正しい使い方の訓練を受け、新事業を再び心に描く中で、"脳を使いこなせるアジア"というビジョンが生まれました。21世紀を迎えたばかりの当時、アジアはまだ"脳が眠っている"状態でした。30億人もの人々が、"頭の使い方"をほとんど、あるいは全く知らない状態だったのです！　ミッションは明確でした。私はアジアが"脳を使いこせる"ようになるための継続的な取り組みを整備しなければなりませんでした。そのために、調査プロセス、ブレインストーミング、計画の段階でマインドマップにかいて解決策を見出しました。それは、ブザン・アジアを設立することでした。

　アジアの主要都市でそれぞれ自立して運営されているブザン・センターは、教授法、学習法、思考法で構成されるブザン・メソッドを教えています。この取り組みは、シンガポールで養成した最初のインストラクターとビジョンを共有することからスタートしました。何度か会議を招集し、多数の分科会を開き、もちろんマインドマップを使ってブザン・センターの計画を話し合いました。

　次のステップは会社組織を作ることでした。私は香港を本拠に選びました。香港にはインストラクターが1人もいなかったし、中国への玄関口としての利点もあるからです。その後3年間は、アジアのインストラクターの基盤作りに費やしました。香港、マレーシア、インドネシア、インド、中国、フィリピン、シンガポール、台湾、タイからインストラクターが結集しました。アジアの主要都市すべてにブザン・センターを設立するつもりだったので、各参加者が自国におけるマインドマップの展望とビジョンをマインドマップにかく演習を、インストラクター養成コースに組み入れました。そして、そのマインドマップをもとに、各国のブザン・センターを率いるナショナル・ディレクターを選定しました。ビジョンの全体像と詳細を理解するのにマインドマップは最適です。

マインドマップを会議に活用

　ナショナル・ディレクターの候補を絞り込んだ後、電話で話し合いを継続してマインドマップに内容を記録し、明確化を図って説明責任をはっきりさせました。話し合いの度にマインドマップを作成し、次の電話会議で参照しました。マインドマップを使うことによって、ビジネスの立ち上げが容易になりました。

　ブザン・センター内の会議は、マインドマップで議事録を作成しています。これには、明確性と効率性という2つの長所があります。公認ソフトウェアが発売されてからは、全ての議事録を iMindMap で作成しています。データ化することによって、電子メールで配布しやすいという新たな利点に加え、パワーポイントにエクスポートできるので議事録を見直すのもはるかに簡単だし、パワーポイントで作成した他の発表用資料に組み込むこともできます。

　各会議では、最初にマインドマップで議題の概要を示します。こうすると、各議題にかける時間を管理しやすく、話し合う項目の相互関係も一目でわかります。マインドマップを使って考えを共有すると、会議は楽しい時間になります。こうした会議で、ブザン・アジアを販売中心の企業にするか、製品を軸にして構築するかを決定するなど、戦略的方向性についても討議しました。マインドマップを使うことによって、毎回の会議で思考が明確になりました。

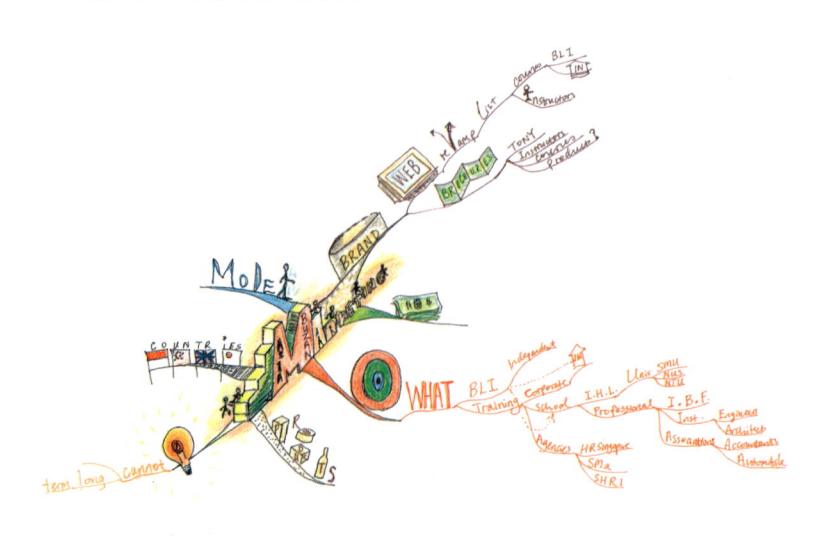

ブザン・アジアの事業計画策定に使われたマインドマップの例

脳の「スケッチ板」

　プロジェクト管理では、詳細は後に回し、考慮すべきことすべてを盛り込むことを優先する。そうするには、マインドマップを真っ白な「スケッチ板」のような思考スペースとして使うと効果的だ。マインドマップにかき出すと全体像が見えるので、「これが起きるには、その前に何が起きる必要があるか？」といった質問に対する答えが見えてくる。

　思考が広がるにつれ、セントラル・イメージからメイン・ブランチとサブ・ブランチが伸びてマインドマップも広がっていく。これに対し、定番のプロジェクト管理用ソフトは「脳にとって」使い勝手が悪い。今でも、表計算ソフトとワープロソフトに頼っており、リストへの依存度が高すぎるからだ。リストを使うと脳の働きが制限されて創造性が十分に発揮されず、「このプロジェクトを実現させるには何をする必要があるか？」という核心的な質問に簡潔に答えることができない。

プロジェクトをマインドマップにかく方法

　まず、プロジェクトを要約する刺激的なセントラル・イメージを思い描く。それを紙の中心に描き、そこから脳が自由に連想を開始できるようにする。途中で思考が停止したら、そのプロジェクトから頭を切り離して落書きを始めたり、色を塗ったり、セントラル・イメージを描き足したりする。こうすることによって、脳が新たな連想を広げやすくなる。そうなったら、絵を描くのを中断して、頭に浮かぶアイディアを記録しよう。

　マインドマップでノートを取る（4章参照）ときと同様に、テンプレートを使って進行中のプロジェクトのプランを立てると便利だ。例えば、企業の持続的成長のための5W1H（誰が、何を、いつ、どこで、なぜ、どのように）やSWOT（強み、弱み、機会、脅威）をマインドマップの基本アイディア（BOI）にしてテンプレートを作り、そこからアイディアを広げる。

　この作業には、大き目の紙を使おう。それぞれの基本アイディアから思いつくことを次々にかき出し、最大15分かけて連想をできるだけ広げるのに十分なスペースが欲しいからだ。時間を制限するのは、そうすることによっ

て脳が習慣的な思考方法から解き放たれ、独創的なアイディアや、時には一見ばからしい考えを思いつきやすくなることが理由である。この段階では、浮かんだアイディアの質を判断したり、即刻棄却したりするのは止めておこう。ばからしいように思えた考えが非常に価値のあるアイディアの種になることは少なくない。浮かんだアイディアが「無関係」に見えたら、メイン・ブランチ上には何も記入せず、その先に伸ばす第2階層のサブ・ブランチ上に記入しておく。一見「無関係」なアイディアが脳に浮かぶたびにこれを繰り返すと、脳は最終的に、そのメイン・ブランチに意味を持たせる。

　1つのブランチにはキーワードを1つだけ記入する。キーワードを1つに絞ると思考の自由度が高まり、脳がそのアイディアを中心にして連想を広げやすくなる。

　作業中に休憩を取ることも大切だ。リラックスする機会を定期的に与えたほうが脳の働きが良くなるので、20分から30分経過したら短い休憩を取るようにしよう。脳はその間に、それまでに浮かんだアイディアを統合したり、新しいアイディアを思いついたりする。

　休憩の直前か直後に、少し時間を取ってマインドマップを俯瞰し、何度か繰り返されているキーワードがないかを探してみる。マインドマップをかくときには重複を避けず、奨励すべきだ。重複するアイディアが思考の転換の鍵を握ることが頻繁にあるからだ。

　マインドマップに同じアイディアが繰り返し出てくるときは、その部分を蛍光ペンなどで目立たせるか、立体的な形で囲っておこう。また、それを中心にして新しいマインドマップをかいてもいい。多くの場合、何度も繰り返されるアイディアは、脳が大きなテーマを新たに発見しつつある表れで、考え方のパラダイム・シフトにつながる可能性があるからだ。そのアイディアを目立たせるために、出てくる度に四角く囲み、何度も出てきたら、立体形で囲もう。

　マインドマップを完成し、その内容について他の人に話す。相手の脳が連想を働かせ、それがコメントとなって伝えられる。それをきっかけに新しい

アイディアを思いつくかもしれないし、考え方が再び変化するかもしれない。すべてのコメントをマインドマップにかき足そう。

　以下のマインドマップは、デロイト・ベルギー社の対人スキル研修プロジェクトで使われたものだ。このマインドマップは研修中に資料として参加者にも配布された。次ページに掲載したもう1つのマインドマップもベルギーの事例で、スタビロ社が関与するプロジェクトを描いたものだ。完了したタスクはチェックマークで示されている。

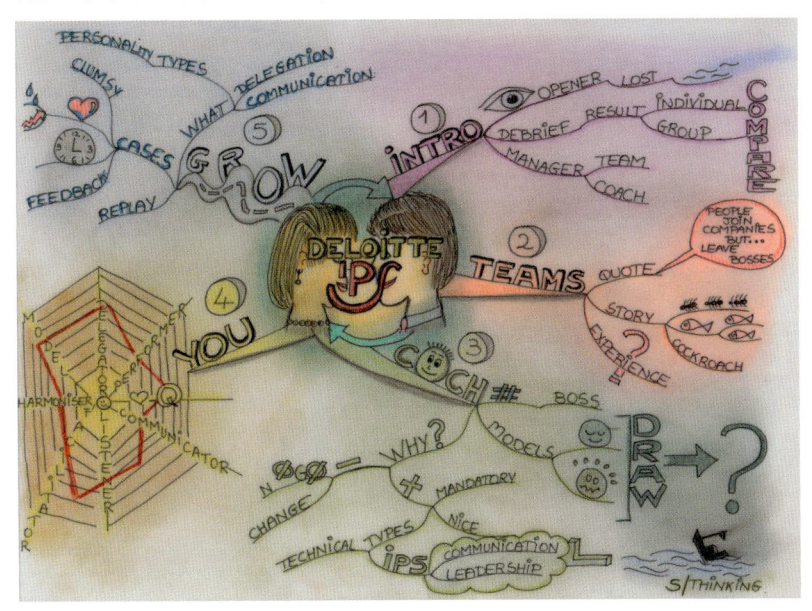

対人スキル研修用に作成されたデロイト・ベルギー社のマインドマップ

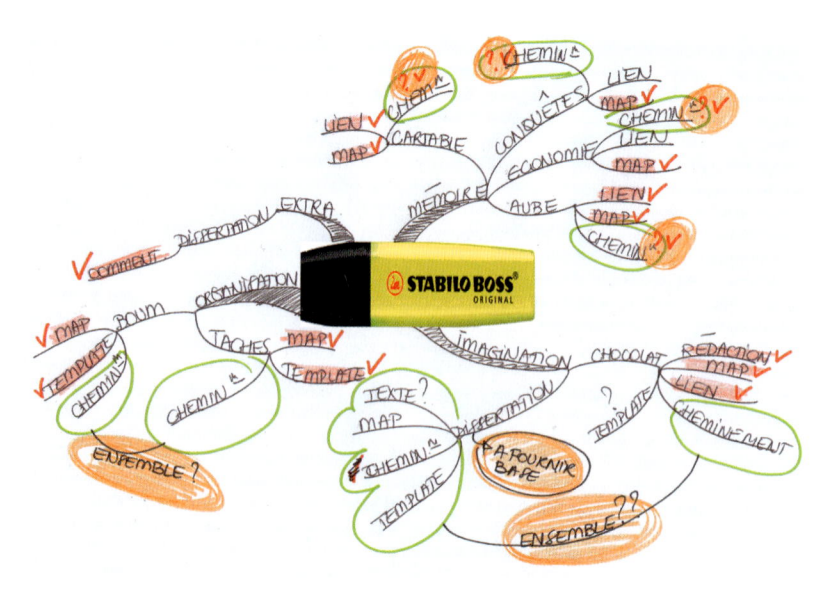

スタビロ・プロジェクトのマインドマップ

防疫史プロジェクトの概要

　プロジェクトの計画書は放っておくと簡単に膨れ上がる。どう見ても結果にほとんど関係のないような、つまらない話が何ページも続く。こうした書類は管理者のために作成され、参加者が読むことはほとんどないし、それ以外の人の目に触れることもない。これを完全にマインドマップで置き換えることは必須だろう。

　ニュージーランド農林省の防疫史プロジェクトのマインドマップは、マインドマップの活用例として作成されたものだが、1ページでプロジェクトの計画を表している。目標は「笑顔」、完了したタスクは大きな赤いチェックマークで示されている。このマインドマップはプロジェクトの可視化と、説明責任の促進に役立つだけでなく、プレゼンテーションに使うと、外部の人に説明しやすい。さらに、チームに目標を思い出させ、焦点を合わせる効果もある。iMindMapなどのPCソフトで作成すれば、変更を反映するための修正も簡単だ。

　ニュージーランド政府のホームページにも次ページのマインドマップが公開された。

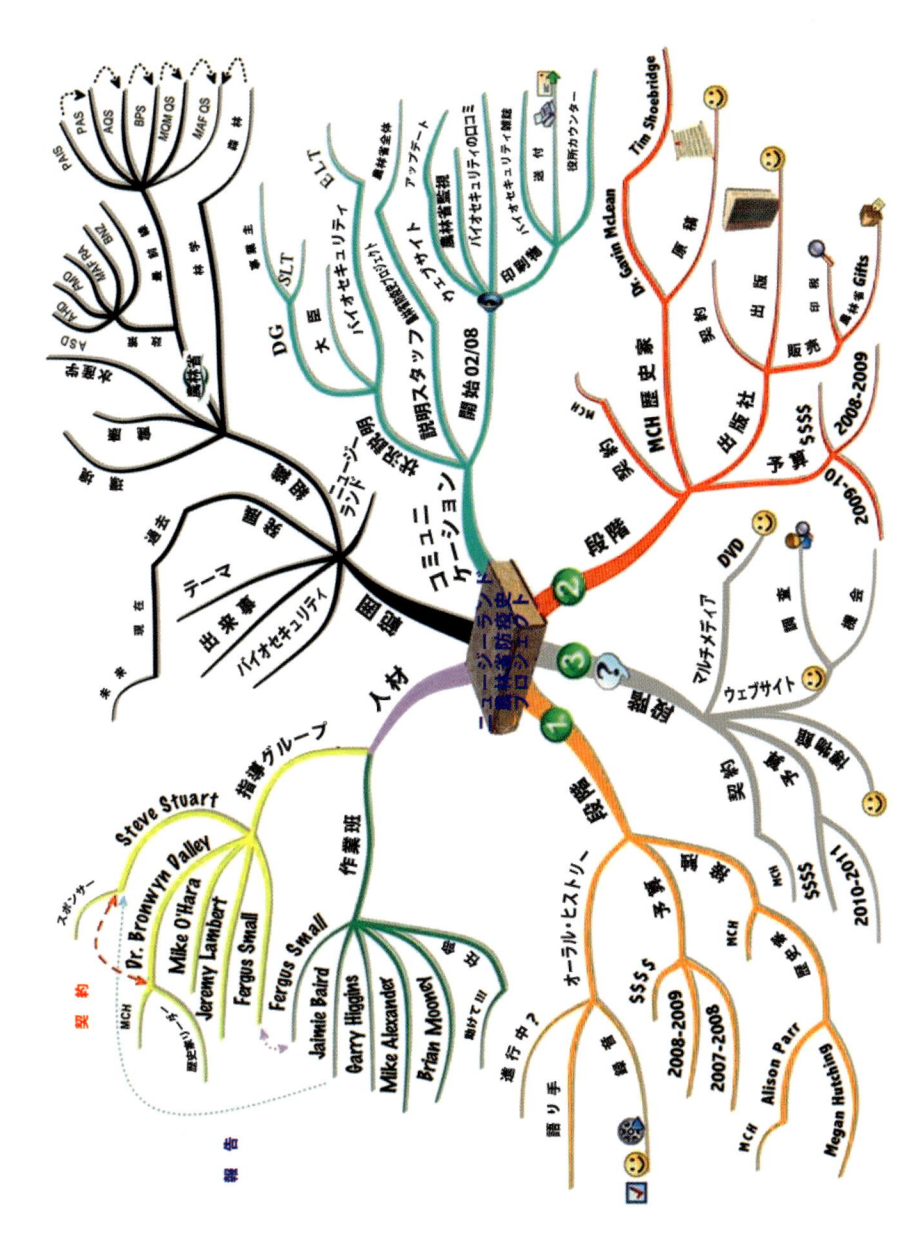

7章●マインドマップでプロジェクト管理　153

防疫史の背景にある考えを示すマインドマップ

iMindMap によるプロジェクト管理

パソコンを使ってプロジェクトを管理し、マウスをクリックするだけで簡単に同僚に配布できるデジタル版マインドマップを作成するには、iMindMap が最適である。プロジェクト・ビュー機能を使って各種プロジェクト管理ツールにマインドマップを統合することが可能だからだ。

通常、プロジェクト管理のマインドマップは以下の手順で作成する（iMindMap でかく場合を想定して説明してあるが、手がきにも応用できる）。

STEP 1：新規作成

そのプロジェクトについてブレインストーミングし、ありとあらゆる課題とアイディアを思いつくように脳を自由にさまよわせる（用途を問わず、このプロセスはマインドマップに欠かせない）。次に、そのプロジェクトに関わるすべての分野をメイン・ブランチにして大枠を作ると作業しやすい。それぞれのメイン・ブランチがプロジェクトを構成する1つの領域、つまり「サマリータスク」を表すようにする。

例えば、社外研修コースを計画している場合、マインドマップを使ってすべての課題と必要な資源（リソース）を検討する。コースの「内容」、「資料」、「会場」、「参加者」、「機器」などがメイン・ブランチに記入する基本アイディア（BOI）の候補として挙がるだろう。

研修　2009年1月12日

メイン・ブランチの先からサブ・ブランチを伸ばして、そのプロジェクトに関連するさまざまな要素をすべてかき出す作業を続ける。脳が「放射状に」思考を広げ、瞬時に連想と関連付けを行うように促す。

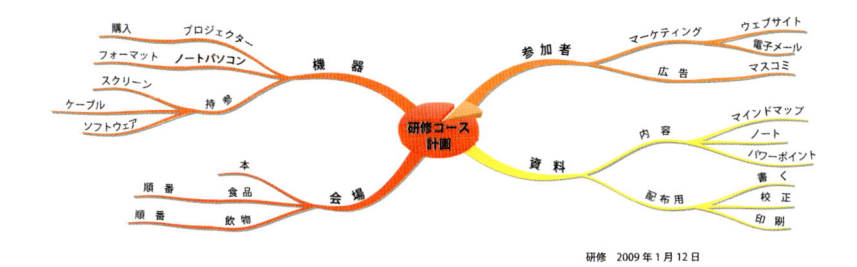

STEP 2：配分

　各メイン・ブランチから伸びる「子ブランチ（サブ・ブランチ）」の最下位の階層にそのプロジェクトを構成するタスクが必ず記入されているようにする。これらの「子ブランチ」がタスクテーブルとガントチャート内のタスクになる。つまり、それぞれの最下位階層の「子ブランチ」がタスクを表し、その「親ブランチ」（メイン・ブランチ）がサマリータスクを示す。

　マインドマップにすべての領域とタスクを加えるまでこの作業を続ける。アイディアを分割してさまざまな分野に振り分け、脳が連想と関連付けして思考しやすくするプロセスは、最終的にはプロジェクトのすべてのタスクを簡単に見ることのできる1枚の書類にまとめたプロジェクトの概要に結実する。

　iMindMapを使ってマインドマップを作成すると、完成と同時に「プロジェクト・ビュー」を使ってプロジェクト管理を開始できる。

　タスクは「サマリータスク」と「タスク」に構造化されて表示される。サマリータスク（マインドマップのメイン・ブランチ「親ブランチ」）はそのプロジェクトの一分野について関連タスクの総合的概要を提供する。それがあれば、「マインドマップ・ビュー」あるいは「タスクテーブル・ビュー」を使ってどのタスクにも簡単に詳細を加えることができる。

　手がきのマインドマップでもタスクの大半を書き加えることが可能だが、iMindMapを使えばすべてを入力でき、それを基に結論の多くが計算されるので作業を効率化できる。

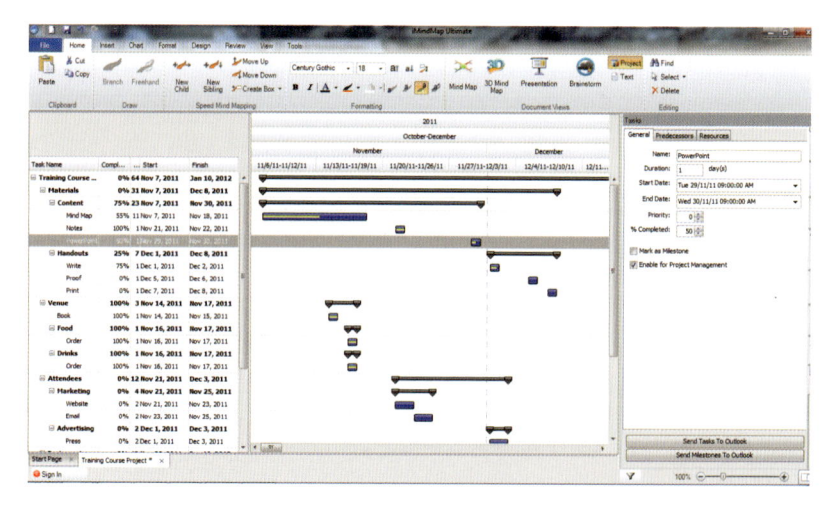

プロジェクト・ビューによるプロジェクト管理

◎開始日と開始時間：タスクを開始する日時を特定する。
◎終了日と終了時間：タスクを完了する予定の日時を特定する。iMindMapを使うと自動的に「期間」のボックス内にタスクの総期間が表示される。
◎継続期間：開始時間と継続期間がわかっていれば、これを加えると終了時間が計算される。
◎マイルストーン：特定のタスクをプロジェクトの節目にしたければ、マイルストーンのチェックボックスを選択する。これを選ぶと、最終日時のドロップダウンリストが使えなくなる。
◎先行タスク：最優先する項目を10にして、0から10まで選んでタスク

iMindMapの完了率の機能を使ってプロジェクトの進捗状況を記録・追跡できる。このデータは「タスクテーブル」に表示される。

の優先順位をつける。

◎完了率：タスクが進むにつれて完了率を入力して更新する。これは、マインドマップ上でそのタスクが記入してあるブランチの「プロジェクト・プログレス」アイコンを使ってもできる（以下に示した「タスクテーブル」に表示される）し、「タスクテーブル」内でそのタスクを選択して完了率を入力することも可能だ。

このプログラムでは「サマリータスク」の時間と期間を編集できない。この情報は「タスク」に依存するからだ。一部のタスクを選択して一括処理し、同じタスク設定を適用して時間を節約したり、プロジェクトのタスクを追加・削除したりできる。

STEP 3とSTEP 4：管理と共有

手がきのマインドマップを仕事仲間と共有するときには、コピーして印刷物として配布するか、スキャンを使ってパソコンに取り込んで電子的に閲覧するが、iMindMapを使えばこの作業が楽になる。「印刷」ボタンをクリックし、印刷したいものをチェックボックスで選ぶだけで、完成したマインドマップ、タスクテーブル、ガントチャートを印刷できるからだ。

また、情報を共有する仲間や組織がiMindMapをパソコンにインストールしなくても、マインドマップをPDFなどに変換して送付すれば閲覧可能だ。詳細を加えたり、社外の顧客と情報を共有したい場合には、マイクロソフト・プロジェクトなどの広く使われているソフトウェアに簡単にエクスポートできる。また、iMindMapはアウトルックなどのマイクロソフト・オフィス・プログラムと統合し、アウトルック・カレンダーにタスク・データをエクスポートして、スケジュール通りのタスクの完了を確実にする。

また、iMindMapでプロジェクトを設定した後、「プロジェクト・ビュー」を使って管理することも可能だ。ガントチャートが、プロジェクトを順調に進めるための理想的なスケジュールを提供する。細かく管理しやすいように、このビューを修正して「日数」や「週」を表示することも可能だ。

「タスク・エディター」内の「完了率」機能を使ってタスクの進捗状況を更新すると、このデータがマインドマップのブランチ上に円グラフで表示され、

プロジェクトの進捗状況が一目でわかる。また、このシステムは極めて柔軟で、プロジェクトの進捗に合わせてタスク、あるいはタスク情報を更新、追加、変更することができる。

最も困難なプロジェクト

　2001年9月11日のアメリカ同時多発テロによって、ニューヨークのワールド・トレード・センター（WTC）のツイン・タワーが崩壊したときに、そこに設置されていたマンハッタン南端部用の変電所も破壊された。その結果、ウォール街を含む14丁目以南のマンハッタンが停電になった。コン・エジソン（ニューヨークの大手電力会社）は300万を超える顧客に電力、ガス、蒸気サービスを提供している。事件の直後、同社の会長は全社員向けに「明かりをとり戻せ」と明快な指令を出した。

　コン・エジソンは、当時のマインドマップ・ソフト（iMindMapの発売前）を使って行動計画を策定し、この大惨事によって生じた膨大な量のデータと書類を管理した。正確な意思決定、最新情報の更新、そして業務の遂行ができるように、リアルタイムのデータが大型の高解像度プラズマ・モニターに表示された。マインドマップの作成と戦略プランの策定は、コンプライアンス担当取締役のアル・ホミックが担当した。

　この巨大なマインドマップには8つのメイン・ブランチがあり、以下の項目が割り当てられた（160ページ参照）。

1　サンプリング　必要なサンプルの種類、採集場所、サンプル抽出の結果を示すデータ。
2　環境、健康、安全（EHS）在庫管理　必要な防護服の種類と、それを作業員に届けるための物流管理。
3　コミュニケーション　作業現場の危険性と手続きを知らせるためのメモと書面。
4　EHSサポート　週7日24時間体制の人員配置のスケジュールの詳細。
5　安全　手続きの遵守を強化するための現場視察。
6　会計　支出の流れをたどり、必要なものを入手できるようにする。
7　発電　100機超の臨時発電機が設置され、マンハッタン南端部の電気を再供給するための街頭の臨時送電網に接続された。
8　規制当局からの通知　アスベスト作業届け出と労働時間の制限の一時的な免除を

求め、許可された。

マインドマップのブランチは数百ページに及ぶデータが含まれる集計表とドキュメント・ファイルにハイパーリンクされている。このマインドマップが詳細情報をすぐに見つけ、環境、健康、安全面の対応全体を管理するためのロードマップとなった。

9.11後、しばらくの間は不安感が蔓延していた。一般に、不安感が高じると合理的な思考が妨げられる。そのような環境の中で、マインドマップは社員が心を開き、この未曽有の出来事に最適な対応ができる方法を考えて前向きな姿勢を維持するのに役立った。

コン・エジソンが使用したマインドマップ（161ページ）

同時多発テロの後、同社で経済開発を担当するプロジェクト・スペシャリストのリサ・フリガンドは、マンハッタン南端部の復興に深く関わっていた。復興に関与する人、グループ、組織が複雑に絡み合っているので、この取り組みは苦労がつきず、打ちのめされそうだった。しかし、幸いなことに、彼女は同社のマインドマップの権威であるデービッド・ヒルと旧知の仲だった。リサは以前にマインドマップを紹介してくれたデービッドと協力して、報告書、パンフレット、雑誌、インターネットなど、数百もの情報源からデータを収集し、マンハッタン南端部の復興に関連する当事者全てをポスター大のマインドマップにかき出した。

メイン・ブランチは政府、市民、インフラ、不動産、犠牲者、記念物、追悼式で構成し、9月11日以後に何が生じているかも特定した。このマインドマップが完成すると、関わりのある人全員とその関係が、わかりやすい形で示され（162ページ参照）、復興に携わっていた人達は、全体像だけでなく、この巨大な取り組みの詳細も見ることができた。

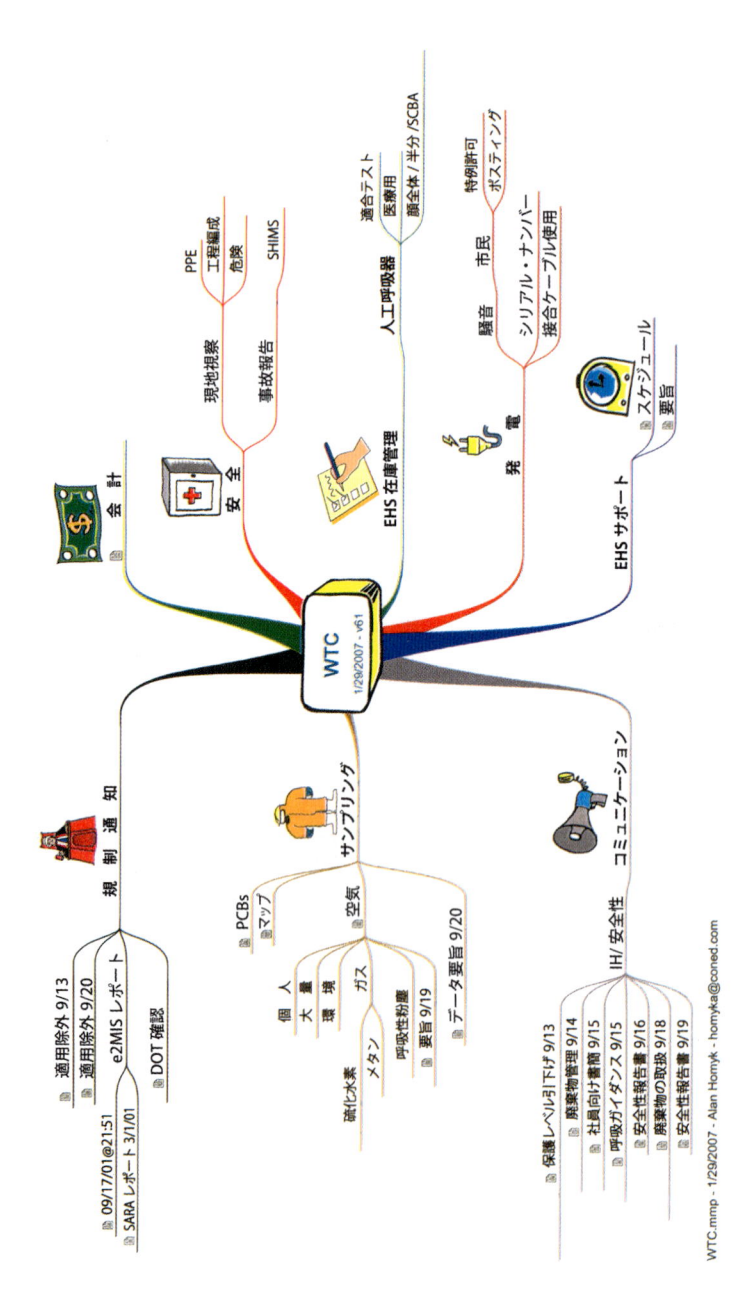

9.11後の電力復旧プロジェクトのマインドマップ（コン・エジソンのアル・ホミックが作成）

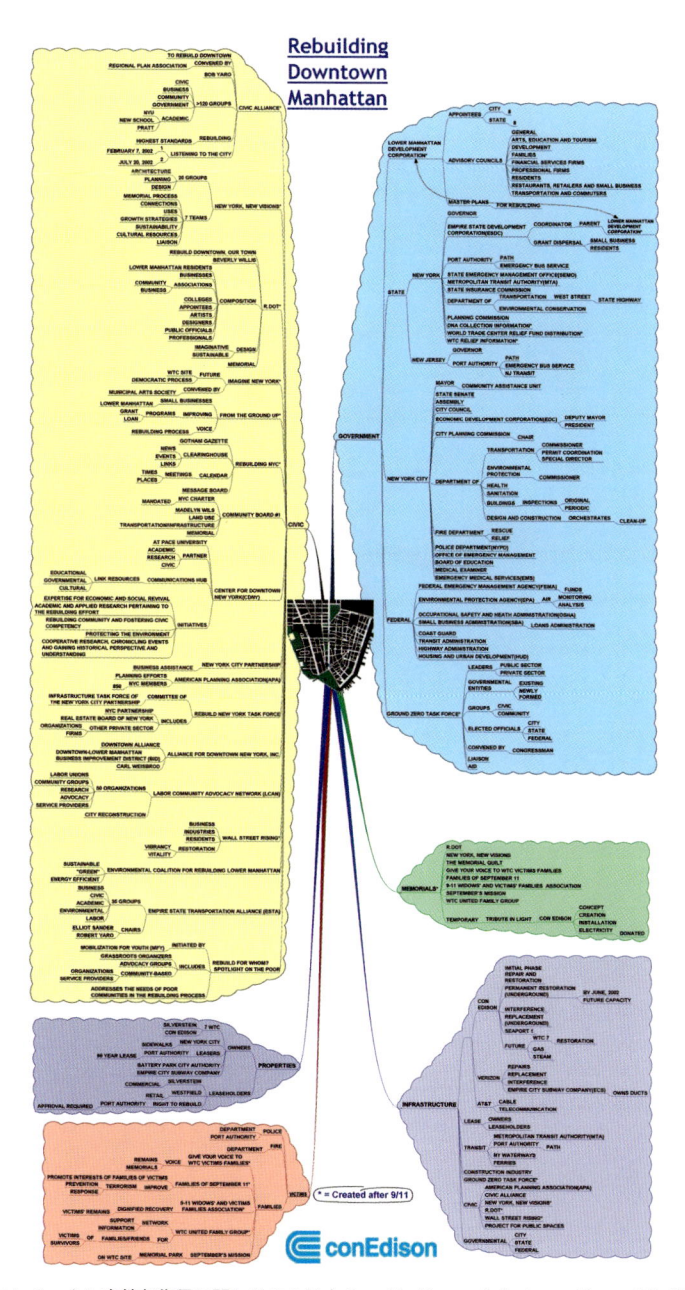

マンハッタン南端部復興に関わりのある人のマインドマップ（コン・エジソンが作成）

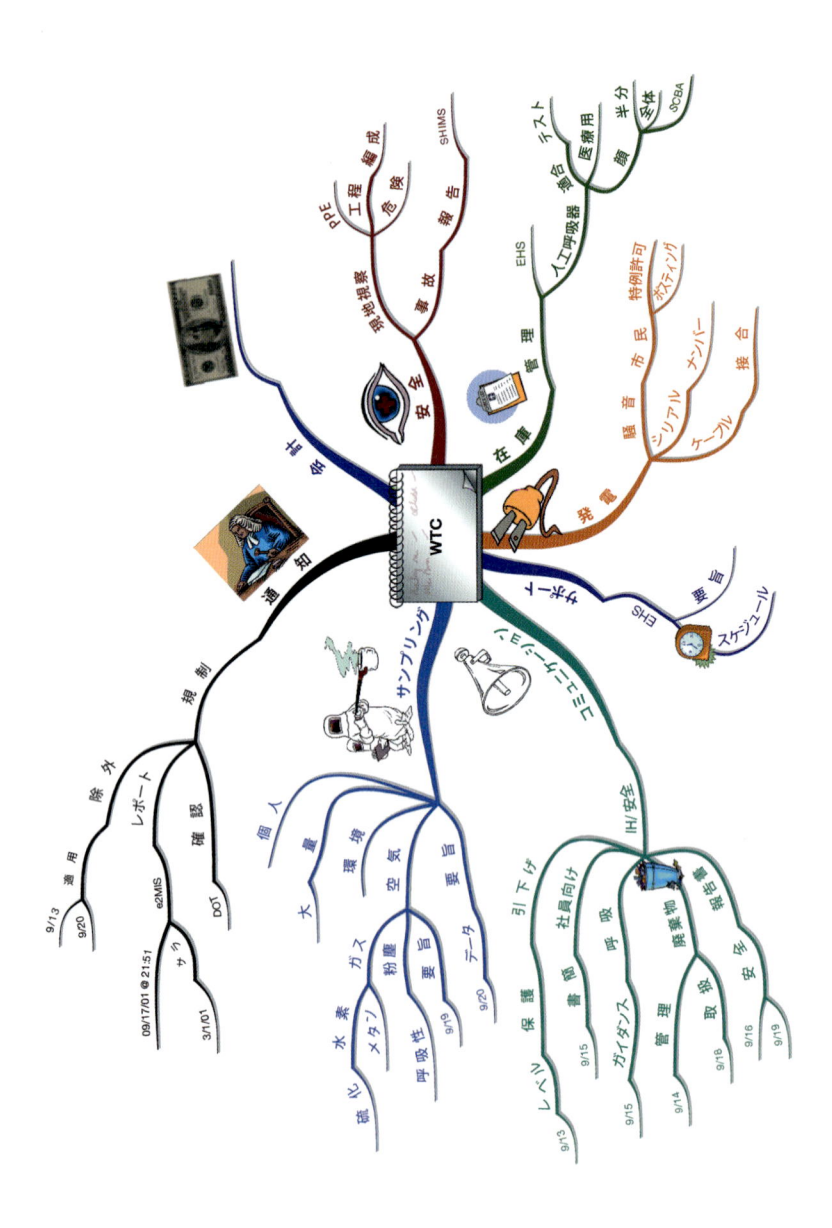

マインドマップによるプロジェクト管理の例

プロジェクトの計画と管理には、最終結果を思い描き、目標に向けて問題を克服する能力が求められる。プロジェクトを完了までやり抜くには、途中で方向を変え妥協しなければならないことも少なくないし、根本から考え直すことが必要となることもある。マインドマップを使うと大局を見ることができるので、冷静さを失わずに迷路を抜ける道を見つけることができる。

次の章では…

次章では、
ビジネスの成功に欠かせない
もう一つの要素として、
リーダーシップを取り上げる。

第3部

ビジネス思考力を高めるためのマインドマップ

8 リーダーのための マインドマップ活用法

マインドマップは単なる方法論ではなく、
優れた企業文化へと導く哲学である。

アレハンドロ・クリステルナ　テクミレニオ社長（メキシコ）

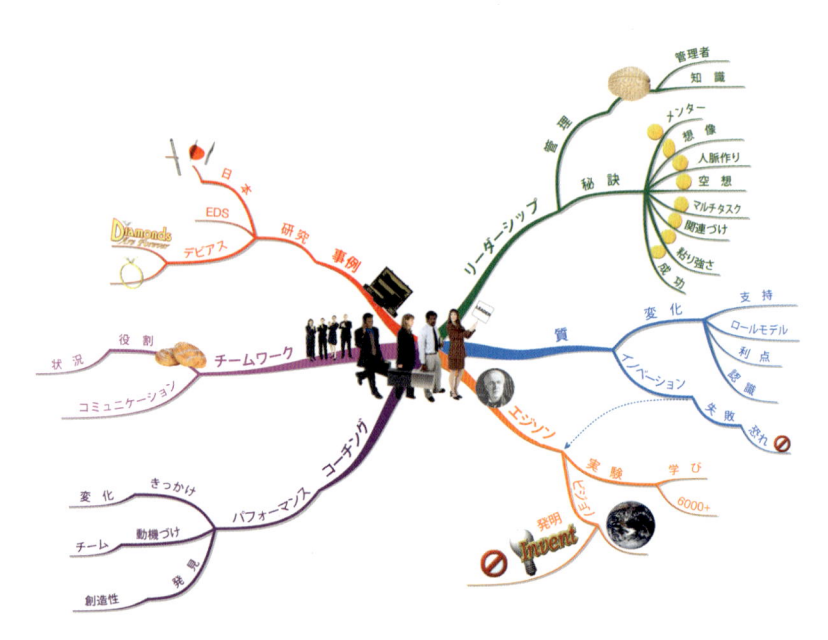

8章のマインドマップ・サマリー

リーダーになる人とならない人の最大の差は、天才や偉大な指導者のような「脳の使い方」ができるかどうか、「狙いを定めた」空想にふけり、その夢の実現に向けて努力するかどうかにある。マインドマップは空想の中で見出したビジネス・チャンスを記録し、夢を実現するためのツールになる。

企業にとって最大の資産は「人」であり、今日の世界経済の中で集団から抜きん出て競争力を維持するには、社員の創造性と革新力を生かす必要がある。優れたビジネス・リーダーはこのことを十分に認識しているはずだ。今日のリーダーの役割は、知識の運用・管理者である「脳」が働きやすくすること、つまり生来の創造性に気づき、独創的な考えを自由に述べ、創造力を無限に発揮する意欲を引き出すことだ。マインドマップは視覚的な動機づけのツールとして優れ、「自分はチームの一員として大切にされている」と感じてやる気になり、グループの相乗効果が生まれるきっかけになる。

組織の再編と方向転換にマインドマップを活用したデビアス

デビアスのニッキー・オッペンハイマー会長は、自社の沿革や目標などの要点をマインドマップにまとめ、経営幹部に今後の方針を示した。世界的に有名なデビアスの経営にマインドマップがどのように役立ったかについて、同氏は次のように述べている。

「デビアスは一風変わった会社です。120年以上前の設立当時は、世界最大で、最も優れたダイヤモンド採掘・販売会社でした。その後、1930年に私の祖父が会長に就任し、買収防衛策としてデビアスとアングロ・アメリカン・コーポレーション・オブ・サウスアメリカの間で株を持ち合うことに決めました。デビアスがアングロ株の24％を保有し、アングロはデビアス株の32％を保有する方法は狙い通りの結果を残しましたが、20世紀の終わりになると、機関投資家の間で非常に不人気になり、持ち合い解消の圧力は強まる一方でした。

2001年にデビアスは株式を非公開化し、それにともない持ち合いが解消されました。アングロとの分離と同時期にデビアスの戦略的見直しを行ったところ、経営モデルの問題が明らかになり、これまでとはやり方を変える必要に迫られました。そして、

このことが原因で、社内で緊張が高まりました。

　そんな折、デビアスで長年マネジング・ディレクターを務めたゲリー・ラルフが定年退職し、現マネジング・ディレクターのガレス・ペニーが後任になりました。

　このマインドマップは、経営幹部にデビアスの歴史を再認識させ、将来の事業機会に焦点を当てるためのスピーチに使用したものです」

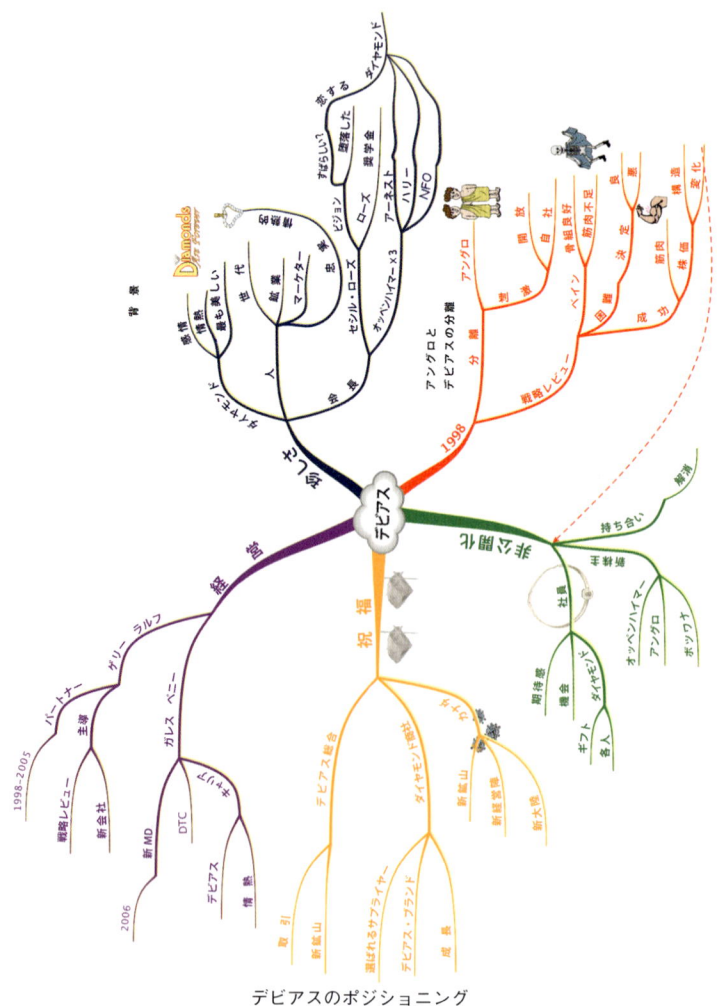

デビアスのポジショニング

MINDMAPS──リーダーシップの8つの秘訣

　2008年にシンガポールで第1回世界マインドマップ会議が開催された。その名の通り、この会議では誰もがマインドマップについて語り、自作のマインドマップを披露し合った。ジェニファー・ゴダード（マインドワークス・インターナショナル株式会社の共同設立者）は、この会議の趣旨に賛同し、ユニークな趣向を取り入れてマインドマップの活用法を紹介した。彼女はリーダーシップに関するトニー・ブザンの主な著作を、「リーダーシップの8つの秘訣」というタイトルで1つのマインドマップにまとめ、MINDMAPSの8文字が、それぞれの秘訣の頭文字になるようにテーマを構成した。プレゼンテーションでは、最初は文字を伏せておいて、8つの秘訣を1つずつ明らかにしていった。

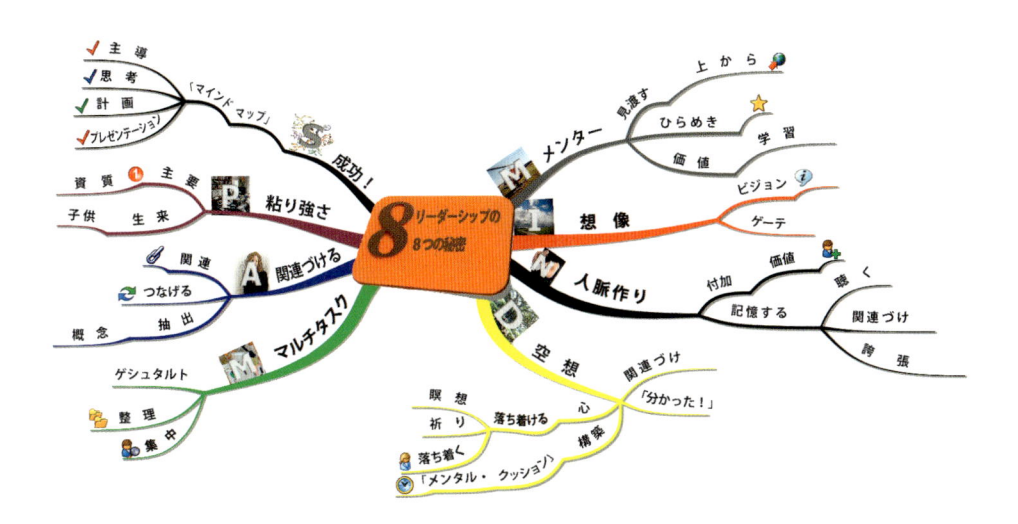

ジェニファーは、トニー・ブザンの考えるリーダーシップの要点を自分の体験を交えながら、マインドマップを使って紹介した。これは効果的なやり方で、プレゼンテーションの内容が聴衆の記憶に定着しやすい。

1　M - Mentor メンター　大局的な観点で助言してくれる良き師を持つこと、また自分が良き師であること。メンターは、あなたがスターになるように動機づけ、一生学び続けることを促すなど、前向きな価値観を提供する。

2　I - Imagination 想像　さまざまな可能性に思いをめぐらせ、常に上を目指す。この概念の説明には、ゲーテの言葉が引用された。「献身を心に決めるまでは、ためらいが残る……（中略）……決意から、出来事の大きな流れが生じ、都合の良い方向に運んでいく……（中略）……できること、できると夢見ることを何でも始めなさい。その大胆さは才能であり、力であり、魔法である」

3　N - Networking 人脈作り　人脈を築くと、リーダーの価値は確実に高まる。ただし、単に人脈を広げるだけでは十分ではない。素晴らしい人脈を築けるかどうかは、社会的知性と記憶力にかかっている。例えば、相手を覚えておきたければ、話を聴くときに、名前や顔を何かと結び付けたり、大げさにしたりするなど、記憶のテクニックが役に立つ。

4　D - Daydream 空想　空想は創造性を発揮するための要である。心を落ち着けて、瞑想したり、リラックスしたりできる平穏な時間を持てるようにしよう。その上でくつろげるような「頭の中のクッション」があれば、連想を自由に広げて素晴らしい気づきやひらめきを得ることができる。

5　M - Multi-tasking マルチタスク　ここでいうマルチタスクとは、「詳細と全体像」の両方という意味である。複数の仕事を同時進行で、効率よく片付ける人は、全体像や長期目標を把握した上で次々に作業する。彼らは、思考を整理し、納得のいく順序とやり方に従って、その時々の優先課題に集中しているのだ。

6　A - Associate 連想、関連づける　人は物事を結びつけたり、関連付

けたりすることによって学び、それを基に新しい概念を生み出す。連想は創造性を発揮するための大切な要素であり、マインドマップを使うと、それをかき出して現実化しやすい。

7　P – Persistence 粘り強さ　粘り強さは、リーダーに求められる最も重要な資質である。これが欠けていると、成功し続けることはできない。幼い子供が何かを学ぶとき、生まれつきの粘り強さを発揮するが、成長するにつれてそれが失われてしまう。しかし、真のリーダーは粘り強さを持ち続けており、起業家や革新者は特にそれが顕著である。

8　S – Success 成功　MINDMAPSの最後の文字、Sはマインドマップを使って成功すること、具体的には、統率力、思考力、計画力、そしてプレゼンテーション力などを高めることを意味する。

優れたリーダーに共通する資質

　人間は変化に適応できるが、変わりたがらない人もいる。リーダーの仕事は、新しいアイディアの火付け役となって、変化を恐れず、花開かせるために必要な条件を整えることだ。以下は、その条件である。
- 支え合い、育て合う職場環境
- 手本となる人が身近にいること
- 率直で明確な意思の疎通ができること（これには、マインドマップが役立つ）
- 変化に伴うメリットが明らかで、魅力的なこと
- 全力で変化に取り組んでいる人が良い評価を得ること

　職場における革新には、新しい製品やサービス、斬新なビジネスモデル、新構想、プログラムの新規導入などさまざまな形があるが、アイディアを行動に変えて結果を出し、目に見える成果を上げることが共通の基本である（マインドマップを使って着想し、創造力を発揮する方法については9章で取り上げる）。

　今日のビジネスで革新を阻害する最大の落とし穴は、「失敗恐怖症」と「非

難の文化」である。優れたリーダーシップを発揮するには、失敗とリスクが容認され、冷笑されないような場づくりが大切だ。まず間違いなく、革新は何らかの失敗を伴い、それを乗り越えてこそ最終的に成功する。

変革を率いる

　チームを変えるには、リーダー個人が実践していることをそのままチームに当てはめ、個人の集まりが「個を超えて」、グループ、チーム、会社としての目標を達成できるようにする必要がある。

　会社には変革の障害となる組織体系や手続きが存在するため、変革のプロセスが実際より難しく見えることが多いし、時間のかかることもある。その場合は、官僚的な手続きを簡素化してダイナミックに変わるための創造的なアイディアをマインドマップを使って広げてみよう。

　また、ビジョンの達成には、その構想に心を揺さぶられて熱意を持ち、実現を支援するための時間を投じる意欲のある人を、リーダー自身ができるだけたくさん集めることが重要だ。

　それには、大きな信頼が求められるので、リーダーはビジョンの定義、変革の詳細と仕組みについて他人の理解と支援を得る手立て、そしてビジョンを体現するために各人の専門知識を生かす方法について、明確な考え方を持っておく必要がある。また、変革によって良い結果をもたらすには、効果的な権限委譲が大切だ。

　マインドマップはリーダーが描くビジョンを説明し、メンバーと共有するための最適なツールになる。

エレクトロニック・データ・システムズ

　情報システム分野のコングロマリットとして知られるエレクトロニック・データ・システムズ（以下、EDS）は、「メンタル・リテラシー」教育を企業目標の一つに掲げ、その達成に向けた活動の柱としてリーダーの能力開発に取り組んでいる。能力開発計画に着手するにあたって、多種多様なプロジェクトのリーダー（「チャンピオン」と呼ばれる）が、自分の担当する事業のゴールを完全に理解し、個人の目標を設定する必要があった。

　その作業にマインドマップが採用され、テンプレートを使って各プロジェクトのリーダーの役割を特定することになった。具体的には、この作業を統括するジム・メサージとトニー・メシナが用意したマインドマップ・テンプレートが各グループに配布され、それを共同作業で埋めていく方法が取られた。このやり方が奏功し、各グループのマインドマップが短時間で仕上がり、プロジェクトのゴールとリーダーの目標を誰もが完全に理解した。

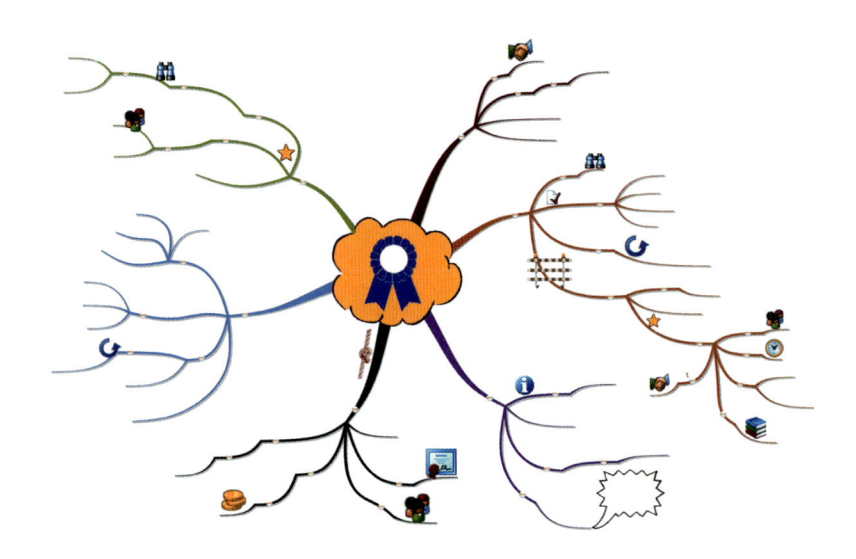

リーダーシップのマインドマップ・テンプレート

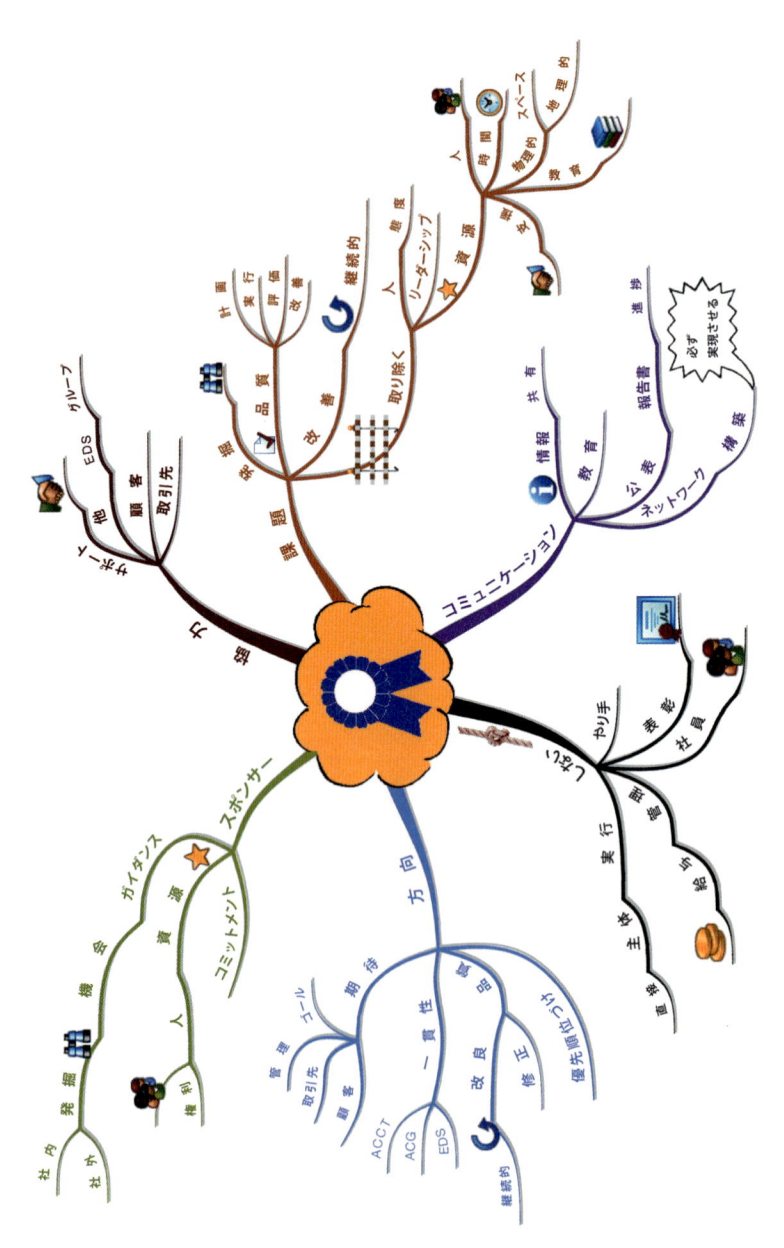

リーダーシップのマインドマップ　完成図の一例

組織としての将来の取り組みを変えるには、それぞれのメンバーの「チェンジ・マネジャー（変革の管理者）」である脳に、変革管理を適切に行う方法を教えることが大切だ。その上で、同じ方法で取り組んでいる他のメンバーと連携できるようにする。その変革について各人が検討を重ね、優先順位をつけ、タイムスケールを決める際に、マインドマップを使うと有効である。個人のマインドマップが完成したら、それをグループ・マインドマップに統合して、計画を実行に移すために何をする必要があるか、集合体として全体像を把握する（グループ・マインドマップの作成法については197ページを参照）。

　組織変革のどの段階においても、マインドマップを使うとビジョンが一目瞭然になって透明性が高まる。変革管理の意味と方法を理解し、マインドマップを使って取り組んでいる「チェンジ・メーカー」の中に否定的な考えの人はまずいないだろう。

◎──エジソンの取り組み

　リーダーはエジソンの発明への取り組み方を正しく理解すべきだ。トーマス・エジソンが電球を発明した方法について、試行錯誤を繰り返して結果を出したという説明は正確ではない。彼のビジョンは電球を発明することではなく、夜に地球を明るく照らし、人類が永遠に、一日中いつでも、見たいときにものを見ることができるようにするという大きな夢を描いていた。

　エジソンは失敗を恐れず、それぞれの実験（通算6000回以上）から彼は価値ある教訓を得て、「世界を照らす」という最終目標に向かって進むことができた。

　企業のリーダーや管理者も、たくさんの選択肢を持ち、素早く、明確に、事業展開や技術の進歩と歩調を合わせて思考する必要がある。そうするため、そして「はっきりと見る」ための道具は何でも使うべきだ。マインドマップもその一つである。

マインドマップを使ったパフォーマンス・コーチング

　優れたリーダーは、部下が生来の創造性を見出し、独創的な考えを自由に述べ、能力を存分に発揮する意欲がわくように働きかける。「自分はチームの一員として大切にされている」と社員が感じ、グループ内で相乗効果が生まれるようにすることがリーダーの仕事である。また、疲れきったチーム・メンバーを元気づけることも大切だ。

　優れたリーダーは、何をおいても新しい可能性を探り、生産的な変化の触媒となろうとし、想像力や創造性を受け入れて、社内で革新を促す。このようなリーダーがマインドマップを使うと、組織を良い方向に変えるための空想が広がるはずだ。

　率直に意思の疎通ができる協力的な職場環境にするには、チームの生産性向上を目的にコーチングし、良い刺激を与えることが大切である。リーダーはこのことを身にしみて感じるだろう。査定や360度評価、あるいはバランス・スコアカードなどには、減点法になりがちで「負のバイアス」がかかるという問題点がある。これに対し、パフォーマンス・コーチングは長所と短所、開発ニーズについて、対立的にならずに話し合うための優れた方法だ。また、マインドマップは、コーチングのプロセスで使うツールとして秀逸である。

　以下で、その方法と効果を具体的に説明する。上司と部下（仮にリチャードとベティとする）の双方がそれぞれマインドマップを作成し、短所は緑、長所は赤で示す（黄色で示す能力開発ニーズについては後述）。

　コーチング・セッションの前に、リーダーのリチャードは、ベティについてのマインドマップを作成し（178ページ参照）、「うまく行っている」（緑）、「改善の余地がある」（黄色、赤の項目に基づいて判断）、そして「あまりうまく行っていない」（赤）と思うことをかき出す。一方、ベティは自分についてのマインドマップを独自に作成する（179ページを参照）。セッション前にお互いのマインドマップを見ないことが非常に重要だ。例えば、ベティがリチャードにマインドマップを事前に送ると、双方の独立した考えを維持できなくなる。リチャードはベティのマインドマップで強調されている点に

とらわれて、考えが変わるかもしれないし、その逆もあり得るからだ。

　リチャードとベティはセッションの場で初めて、お互いのマインドマップを見る。それぞれの考え方の違いがここで明らかになる。つまり、リチャードがベティの長所、あるいは改善の余地があると考えていることについて、ベティはそう考えていないことが少なくない。例えば、リチャードがベティの最大の長所（緑）と考えていることが、ベティの作成したマインドマップにはかかれていない。ベティの驚異的な強みとまでリチャードが思っていることについて、ベティ本人は彼がそう考えていることなど、全く知らない可能性さえある。

　ベティが提示するマインドマップには、長所と短所がバランスよくかき出してある。短所を自覚していることをリチャードに示したいので、ベティの作成したマインドマップには「赤」の項目が多い。自分で考えつかなかった短所をリチャードに指摘されたくないからだ。結果的に、この手順を踏むと両者が対立することなく、短所についての合意が形成される。

　この２つのマインドマップをもとに、リチャードとベティは新しいマインドマップを作成する（180ページ参照）。長所と短所は相殺せずに、すべてをかき出す。マインドマップをかきながら、２人は開発ニーズについて時間をかけて話し合って合意する。このやり方で作成したマインドマップは、定量的ではなく、極めて定性的ものになる。

　次に、リチャードとベティは緑のブランチはそのまま維持し、赤のブランチをもとにして、開発ニーズ（黄色）を洗い出す。最終的には、リチャードがベティに、「改善のためにどのような支援が必要だと思うか」を尋ね、「この分野は改善してほしい」と明確に告げる。多くの場合、お互いの見解がぴたりと一致する。

　マインドマップを共同作成すると、対立せずに合意が生まれ、減点法、あるいは集計表にチェックを入れるだけの方法を回避できる。マインドマップを使えば、リチャードがベティに５点満点のうち2.5点か３点をつけるようなことはしなくて済み、リーダーは、部下がやる気をなくすような点数評価を強いられることはない。

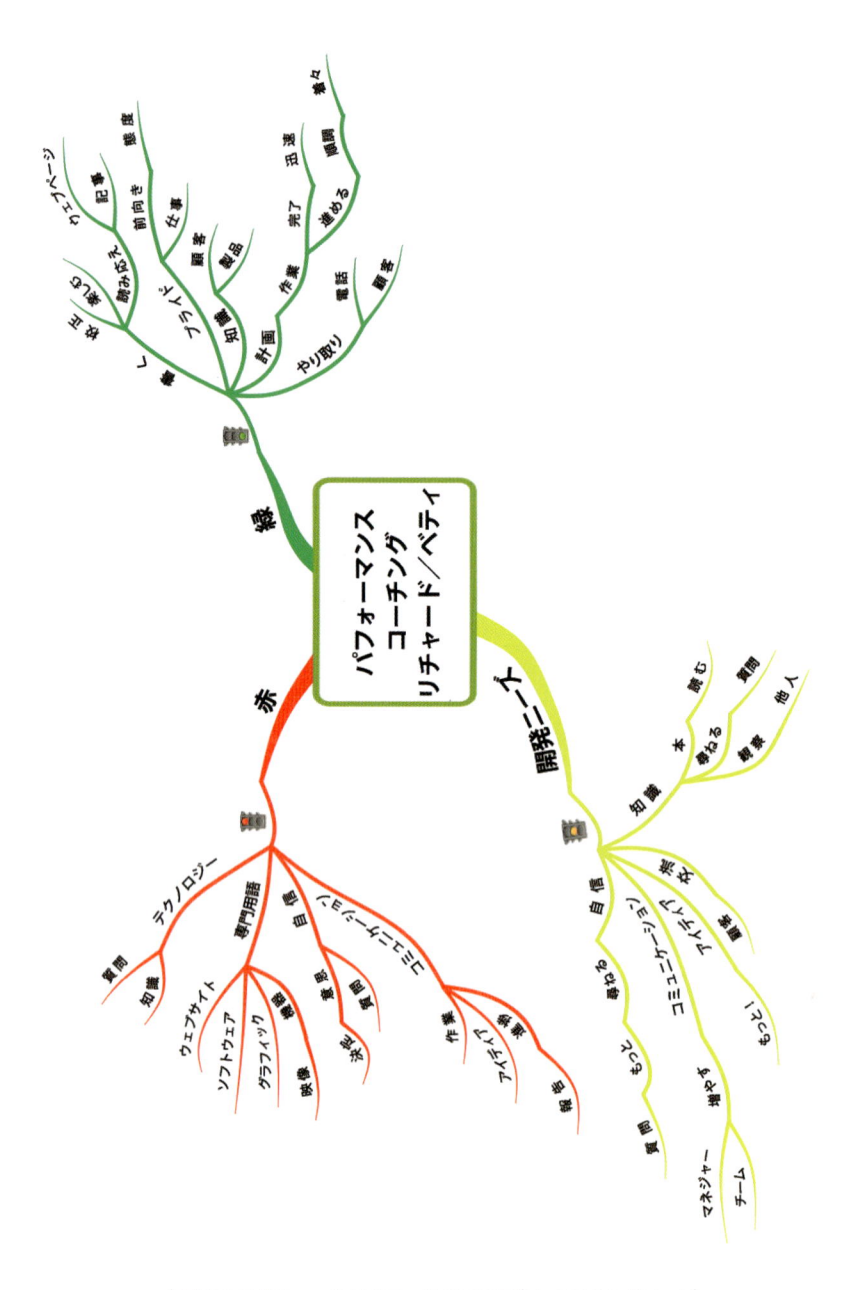

上司であるリチャードがベティについて作成したマインドマップ

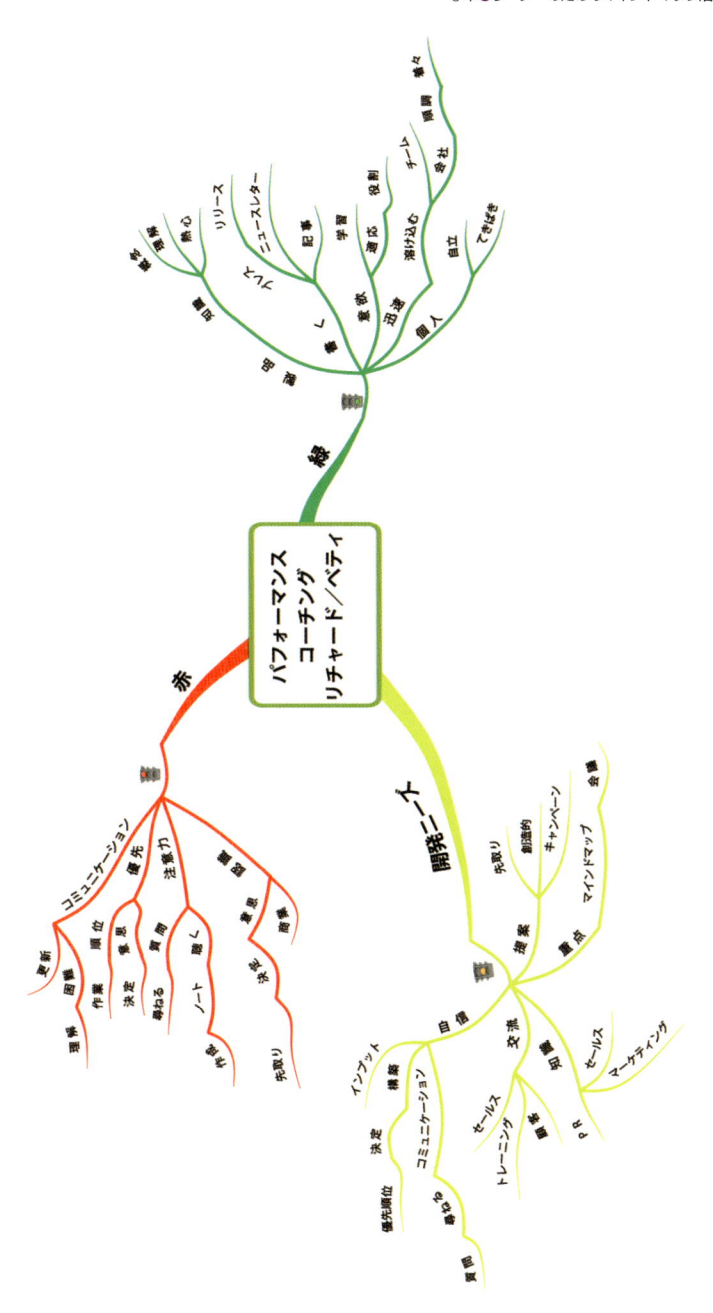

8章●リーダーのためのマインドマップ活用法　179

ベティが自分について作成したマインドマップ

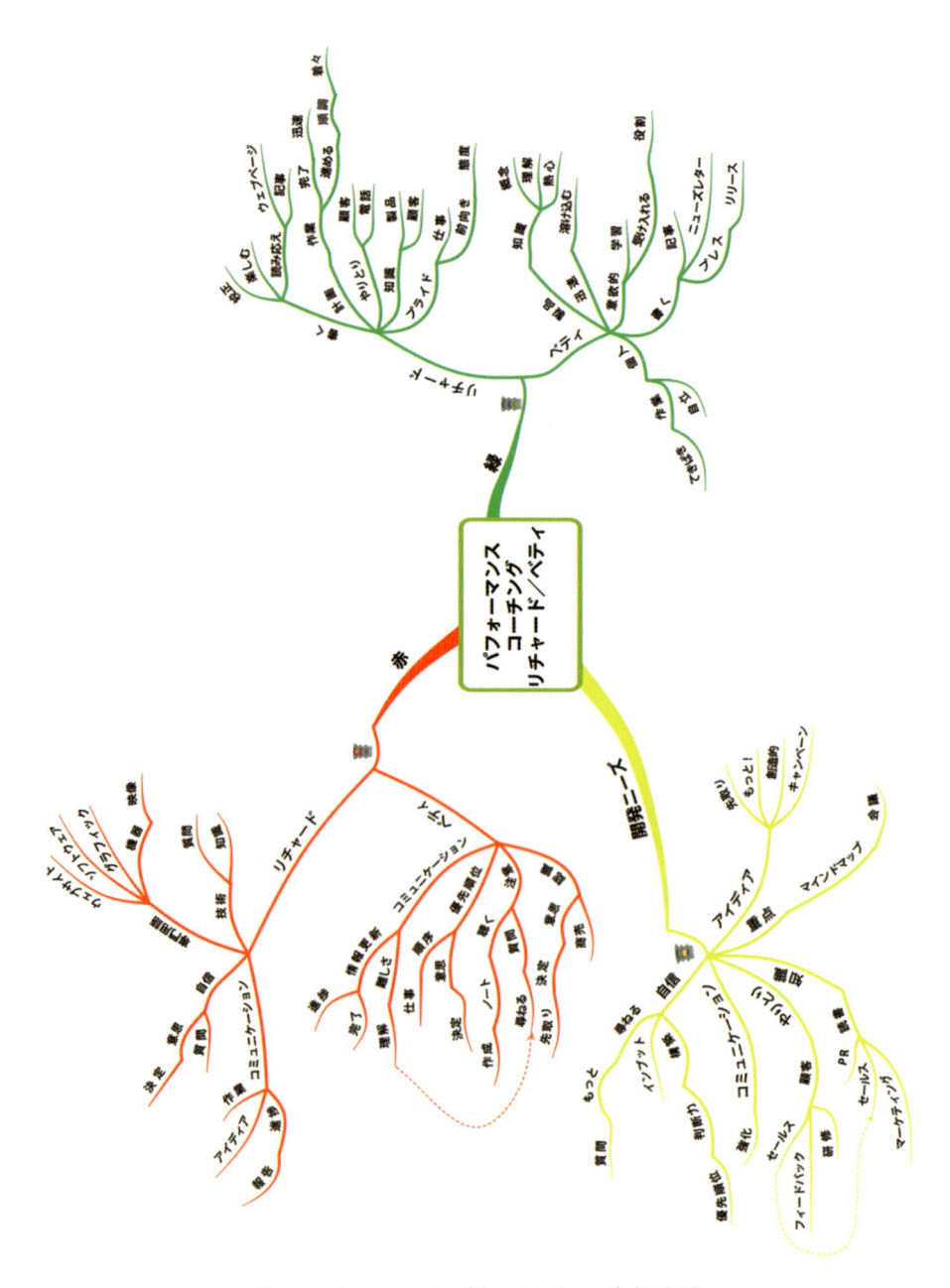

パフォーマンス・コーチングのマインドマップ（完成図）

チームワークを刺激するマインドマップ

チームワークはあらゆるビジネスの要なので、「チームが協力して働くこと」は優先課題である。

チーム内ではコミュニケーションが原因で問題が起きやすい。こうした問題は、他のメンバーの役割や機能を誤解する、あるいは知らないことによって生じることが多い。そうならないために、チーム内の誰もがお互いが何をしていて、何が得意かをわかるようにするには、マインドマップが有効だ。マインドマップをさっと見るだけで、チーム全体がどう組み合わされているか、そして各メンバーが何をしているかがわかるし、繰り返し参照して、変更があれば修正を加えて更新できる。

以下で紹介するのは、困難な事業環境の中で組織改編にマインドマップを活用した事例である。

組織改編にマインドマップを活用
「発想する組織」を創るには？

神田昌典は、日本で多くのファンを持つベストセラー著者。優れた経営者、起業家を多数育成してきたコンサルタントとしても知られている。

*　　　　　*

私たちが直面していた課題は、管理体制を整備しながら、社員ひとりひとりの創造性をどう発揮させられるのか、ということだった。株式公開に向けて会社が急成長するプロセスで、創業当時の文化を共有したことのない幹部社員が、経営をまかされるようになった。この結果、たしかに経営責任は明確になったのだが、私たちの会社の、そもそもの強みである「革新性」は急速に失われていった。そこで成長を維持するためにも、『発想する組織』の構築に向けての実験がはじめられた。

神田昌典
現在、株式会社ALMACREATIONS代表取締役社長。当時は、同社取締役

まずは組織の現状把握からはじめた。会社が大きくなるにつれ、いったい誰が、何の目的で、どんな仕事をやっているのか、わからなくなっていたからだ。現場の社員によって利益をだしているにもかかわらず、組織図上、現場社員は末端におかれる。紙の上に書かれた「組織図」と現実の仕事における「価値創造プロセス」との間に、大きなギャップが生まれていたのである。そこで各部門長は、メンバーとともに、マインドマップで自分たちが取り組んでいる仕事を整理、他部門に向けてプレゼンテーションすることにした。

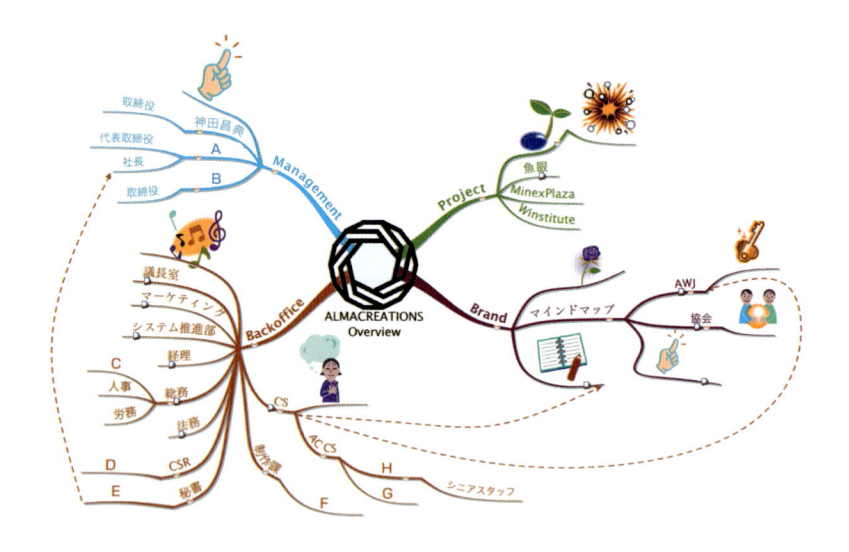

マインドマップを使い、業務を「見える化」するプロセスに全社員を巻き込んだ結果、社員は各自の仕事の内容や、会社のビジネスモデルを深く理解しただけではなく、他部門の同僚の役割や人となりにも共感。新しい組織を創るうえでの議論の土台を共有できるようになった。

とくに効果的だったのは、2日間のマインドマップ・キャンプだ。週末に家族を招き、ホテルに社員全員が寝泊まりすることにした。2日後には、自分が属する部署の役割、自分自身の仕事内容をマインドマップで説明。さらに仕事の合理化策や、新規商品・サービスについて、プレゼンテーションすることになる。聴衆は、同僚だけではなく家族も含まれるので、準備に熱がはいる。

前年にITシステムを整備したこともあり、キャンプ前には、社員コミュニケーションはある程度、改善していると考えていた。しかし、マインドマップをかきはじめて

程なく、これは大きな勘違いだと気づいた。キャンプに参加した社員は、驚くことに、隣の席の人が実際に何をしているかをほとんど知らなかったのだ。

　以前は、隣に座っている人が電話で話している内容をもれ聞くことができ、声の様子から何が起きているかの感触を得ることができた。しかし情報ネットワークが整備された今は、誰もがコンピューターに向かって静かに座っている。人によってはＭＰ３プレーヤーのヘッドフォンをしているので、今まわりで何が起きているのかがほとんどわからない。社員同士の会話が減少する中で、黙々と仕事をしている。隔離された環境の中では、社員がチームとして働くことに期待するのは困難になる一方だ。いったいどうすれば、高度なＷＥＢ環境により築かれた『見えない壁』を打ち砕くことができるのか？　この質問を２日間のマインドマップ・キャンプを通じて社員に投げかけた。

８つのチームが、８つのマップを——「アルマクリエイションズ美術館」へようこそ

　アルマクリエイションズの８部門を代表する８つのチームそれぞれが、大きな紙に当該部門のマインドマップをかいた。各チームは４～６人で編成された。

　現状分析といえば、通常は黒のマーカーで箇条書きに書きだすところだが、各チームは抽象的な仕事の内容を直感的に理解してもらえるように、色をふんだんに使い、イラストに力をいれた。すると、普段は口数も少なく、ぱっとしなかった社員が、突然、能力を発揮しはじめた。そのギャップに微笑みがこぼれ、硬直した空気がみるみる柔らかくなっていく。

　マインドマップができあがると、８つの巨大なマップを、四方の壁にはっていった。私たちは、これを「アルマクリエイションズ美術館」と呼び、作品を鑑賞してまわった。

　部屋の真ん中に立つと、会社全体が一望できた。その結果、数分も経たずに、結果を挙げるためには、何がボトルネックになっているかが見えはじめた。いままで自分の責任範囲でしか発言しなかった社員が、他部門にアドバイスしたり、会社の評価システムの矛盾があることを指摘したりした。経営者にとっては耳が痛いが、本音で熱く語り合うことは、ここしばらく見られなくなっていた光景だ。

　『見える化』により明らかになったのは、会社が新しい価値を創造する際に鍵になるのは、組織図に従った、縦割りのコミュニケーションではなく、連携した部門間のコミュニケーションであるということだ。その結果、大きな方針の変更がなされた——商品やサービスごとの部門単位ではなく、プロジェクト単位での組織図を社内で共有するようにしたのだ。こうすると誰がリーダーとならなければならないのか、そして誰が、

そのリーダーを支えなければならないのかが、自然に明らかになった。社員は、たまたま地位が上の人を上司として受け入れるのではなく、最適なリーダーを選べるようになる。結果的に、社員がお互いの仕事に気を配り、チームとして働く意欲が高まった。

このようにプロジェクト主導によるチームを考える際には、iMindMapが役立った。最適な業務の流れを考えるうえで、何度でも柔軟に書き直せる点や、チームをつくる際に考えた情報フローを、そのままガントチャートやプレゼンテーションに使える点はとくに重宝した。

プロジェクト主導に不可欠なマインドマップ

プロジェクト主導による組織を創ろうと考えた場合、マインドマップは欠かせないと思う。なぜなら、プロジェクトが結果を挙げていくためには、社員は、職能上の枠を超えたコミュニケーションを通じて情報を入手・交換し、部門を超えたチームメンバーとして働かなければならない。このように、ひとりひとりの社員が自律的な活動をしていくためには、やはりいままでの硬直した「組織図」では、限界がある。そもそも社員の脳に刷り込まれているイメージが、壁に囲われた「組織」であれば、無意識に硬直的なコミュニケーションを社員が始めてしまうのは当然の結果であろう。

時代が「情報社会」から「知識社会」へと急速に変化するなか、企業がふたたび創造性を取り戻すために、マインドマップは極めて重要な役割を果たすと思う。全方位に広がっていく価値創造のプロセスが、社員の共通イメージとなることで、部門間の連携が促されるし、ひとりひとりの仕事が、全体につながっていくプロセスを体験することで、有力なアイディアや問題解決策はもちろん、争いごとを和解する能力も生まれるだろう。

情報社会の下で築かれたITインフラにより、あらゆる情報を瞬時に目の前に取り出すことができるようになった。しかし、その情報を価値へと高めていくためには、異なる知識・経験をつないでいく人間的な活動が必要だ。こうした当たり前のコミュニケーションがマインドマップにより復活されたとき、企業は社員の可能性を最大限に引き出し、革新を生みつづける母体になると思っている。

偉大なリーダーはメンバーにひらめきを与え、素晴らしいチームが築かれる。会社とその運営方針に忠誠心を示すだけではなく、リーダーについて行って、その事業の究極的な目標を達成するために懸命に働きたいと部下が考え

るからだ。部下の業績管理は上司の重要な役割だが、忙しすぎて十分な時間をとれないこともあるだろう。マインドマップを使ったパフォーマンス・コーチングを取り入れれば、限られた時間の中でも効率的にチーム力を高めることができる。

次の章では…

次章では、斬新なアイディアを生み出すための
マインドマップ活用法を取り上げる。
一人一人の発想をマインドマップに書き入れると、
お互いの価値に気づきやすい。
誰もが創造性を発揮する機会を与えられて
チームでアイディアの創出に取り組むと、
1つのテーマを中心にして自由に発想し、
素晴らしいソリューションを思いつくことが多い。

斬新なアイディアを生み出すためのマインドマップ

9

ビジョンを持つためには、構想を練って、それをかき出せば十分だと考えがちだ。しかし、これは手始めにすぎない。たとえて言えば、たくさんの崖を見渡している段階だ。いずれも素晴らしい景色で、青々として見えるかもしれない。だが、一つとして同じものはないし、辿ることのできる道があるとも限らない。また、目的地に到達するには、自分の辿っている道を常に知っておかなければならないが、それには変わることのないビジョンが必要だ。そのビジョンを表したものがマインドマップである。

シェイク・ハマド・ビン・エブラハム・アル・カイファ　インテルナコム

9章のマインドマップ・サマリー

創造性はビジネスのあらゆる分野に生かせるし、そうすべきことは誰もが知っている。しかし、思考を鈍らせるような行動規範や規制の中で働かなければならないときには、創造性を発揮しにくい。そのような状況に陥ったときこそ、マインドマップを使って新たな視点を見出そう。

　当初は、あなたも同僚も「安心領域」の外に出ることになるかもしれないが、すぐに面白くなって、解放感を得られるだろう。会議、顧客管理、プロジェクト・マネジメント、新規事業戦略の立案など、さまざまな場面でマインドマップを活用しよう。

　頭の中にある既知のデータベースにアクセスして新しいアイディアを促すことは大切だ。マインドマップはまさにそのための思考ツールといえ、脳の力を解き放つ。直線的思考プロセスとは違い、マインドマップは頭の中の「思考の地図」を映し出す。目標を見失ったときや全体像がぼやけたときにマインドマップをかけば、大局的な観点に立って現状を明確に把握でき、可能性が見えてくる。

　マインドマップは創造性の原則に準拠しているので、アイディアを出したり、革新的に考えたりするための理想的なツールになる。前述のように、マインドマップをかくときには、確かな論理力と、自由に連想を広げる想像力の両方が使われるからだ。また、マインドマップは脳が機能する様子をそのまま表したものなので、誰もが生まれたときから活用しているともいえる。

　ただ、この新しい考え方を企業文化にしっかり根付かせるには、真剣に取り組んで、自らが実践して他の人の手本になる必要がある。

トニー・ブザンの創造性セミナーを記録したマインドマップ

キャッツ
ネコに学ぶイノベーションの9つの教え

　スティーヴン・ランディンは700万部を超えるベストセラー『フィッシュ！』シリーズで有名な著者である。また、教育家、映画制作者、起業家、そしてマインドマップの使い手としても知られている。以下は、マインドマップと創造性にまつわる彼の体験談である。

＊　　　　　＊　　　　　＊

　私は、創造性とイノベーションを学ぶ者として、長年情熱を注いできたこの分野に何かを提供したいと考えていました。そして、働く意欲、変革とイノベーションについての考え方をシンプルにした『フィッシュ！』と『フィッシュ！おかわり』（早川書房）の2冊がベストセラーとなった後に、アイディアが浮かびました。イノベーションの世界をシンプルに整理できないだろうか？　そう考えたのも、会社にひしめく事業戦略や分析の専門家にとっては特に、この分野は複雑で混乱することが多いからです。

　新しい本の構成を模索しているうちに2年が経過しました。ある日のこと、朝の散歩をしているときに、黒いネコが前を横切りました。そのとき、「運が悪い」という考えが頭をよぎり、「好奇心の旺盛なネコは命を落とす」という古い諺が口をつきました。その日の講演中に、「好奇心で命を落としたネコを見たことがあるか」と聴衆に尋ねると、車や犬が原因ではなく、好奇心で命を落としたネコは見たことがないとのこと。私は、はっとしました。この諺は、私たちに「同じ場所にいろ」と告げており、「余計なもめごとを起こすな」という意味が含まれていることに気づいたのです。

　一方で、「ネコは9つの命を持つ」という言い習わしもあります。新たに考案したビジネス・モデルは9つの要素で構成されているので、私は新しい本の題名を『キャッツ！　イノベーションの9つの命』（邦題：『キャッツ！　ネコに学ぶ組織を変える「9つの教え」』）に決めました。これで、本を書く準備が整いました。この本の執筆中、随所でマインドマップが何度も頭に浮かびました。以下で、同書で取り上げた9つのポイントを挙げ、一部についてマインドマップとの関係性を説明します。

1　キャッツ！はイノベーションに適した環境を作る　マインドマップはイノベーションを起こすための「携帯できる環境」として使える。想像力豊かに、色や絵を使ってかくマインドマップは、「携帯できる温室」のように、イノベーションに適した環境を作る。

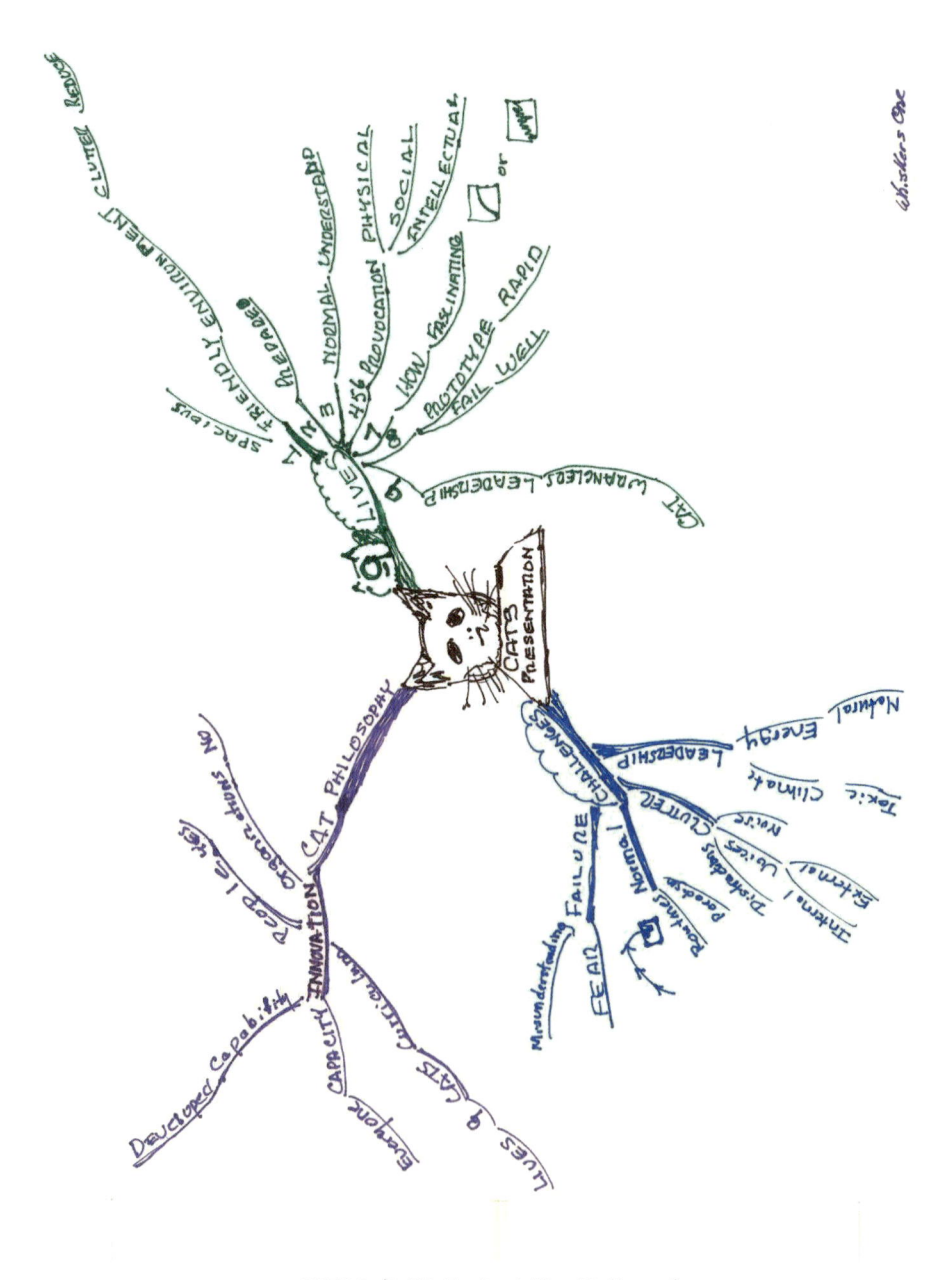

CATSのプレゼンテーション用マインドマップ

2 キャッツ！はイノベーションを起こす準備ができている　イノベーションの準備として理想的なのは、頭の中に蓄積された知識のデータベースにランダムにアクセスできるようにしておくことだ。マインドマップは知識を蓄えて、イノベーションの瞬間に、さっと引き出せるようにする方法として最適である。
3 キャッツ！はイノベーションが常識的ではないことを知っている　マインドマップは常識の枠を超えたノート法だ。
4 キャッツ！は身体的挑発を歓迎する　マインドマップのブランチを未記入のまま残しておくと、空白を埋めたくてたまらなくなる。
5 キャッツ！は社会的挑発を楽しむ
6 キャッツ！は知的挑発を促す
7 キャッツ！は「（それって）すごい！」と言う
8 キャッツ！は早めに、うまく失敗する
9 キャッツ！のリーダーは部下にもともと備わっている力がわかる　マインドマップには生まれながらに持っている脳の力を表すことができる。

　マインドマップをかくと、作成中に創造的な思考スキルのすべてが使われるだけでなく、目標に近づくにつれて心的エネルギーが高まる。また、マインドマップは形式張らないので、遊び心やユーモアを発揮して、新しいアイディアを思いつきやすい。

　仕事の問題に対処するときでも、型通りの考え方や手法に制約されず、常識の枠を大きく超えることができるので、本当に創造的なアイディアが生まれるのだ。

　マインドマップは、思い描いた概念をイメージ化し、そのイメージから放射状に広がる連想をブランチ上に記入したものだ。自然な曲線を描くそれぞれのブランチからもイメージを広げ、ブランチをさらに伸ばして、キーワードを1つずつ記入する。かき手はたくさんの要素を一目で見ることができるので、創造性豊かな連想を広げたり、アイディア同士を結びつけたりしやすく、通常は思考の果てに漠然としたまま放置されるアイディアも引き出すことができる。

　マインドマップには、色、形、次元、他とは異なる要素、概念的な位置の

調整、感情に訴えるものへの反応など、創造的に思考するための要素(心理学の研究によって特定された)がすべて含まれている。

創造的思考の仕組みとしてのマインドマップ

　創造性を発揮して課題に取り組みたいときは、その状況をマインドマップにかくのが一番だ。ブレインストーミングはもちろん、販売促進キャンペーンやマーケティングのアイディアを出す、商談を成立させる、あるいは斬新な解決策が必要な社内の問題について話し合うなど、創造性を生かしたい場面でマインドマップを使う効果は大きい。

　以下で、ブレインストーミング用のマインドマップを作成する簡単な手順を5段階に分けて説明する。2章で説明した基本ルールに従ってかいてみよう。

1　アイディアを一気にかき出す

　関心のあるトピックを表すセントラル・イメージを描く。思考を刺激し、何を達成したいかを要約するようなイメージにしよう。大き目の紙の中心にセントラル・イメージを描いたら、そこから放射状にブランチを伸ばして、そのトピックについて思い浮かぶアイディアを一つ残らずかき出す。20分程度かけて、できるかぎり素早くアイディアを溢れ出させる。

　スピード重視で作業すると、脳が常日頃の思考パターンから解放され、新しいアイディアが生まれやすくなる。その多くは当初、ばかげているように見えるかもしれないが、棄却せずにかき出そう。一見ばかげているアイディアが、新しい見解を生み出したり、古い習慣を断ち切ったりするカギを握っていることが少なくないからだ。最高の解決策は「アイディアの芽」から生まれるので、この段階では新たな見解や独創的なアイディアを抑制せず、できる限りたくさん出しておきたい。

2　1回目の再構築と修正

　短い休憩を取って脳を休めてから、それまでに出たアイディアの整理・統

合に着手する。それができたら新しいマインドマップを作成し、メイン・ブランチを使ってアイディアをカテゴリー別に分け、階層化する。また、アイディア同士の新しいつながりを探す。この作業中に、マインドマップの数カ所に、似たようなアイディアや全く同じ言葉がかき出されているのに気づくかもしれない。それを意味のない重複として棄却しないことが肝心だ。それぞれが異なるブランチに属しているので、それらは基本的に「別のもの」として扱おう。こうした末梢部分での重複は、そのアイディアが重要であることの表れである。それまで、大量の知識の中に深く埋もれていたが、実は思考のあらゆる側面に影響を与えている考えが表面化したのだ。

　脳の自由な動きに従って、マインドマップの中心は古いものから新しいものへと移行し、その新しい中心から思考が広がる。やがて、この新しい中心は、さらに進歩した新しい概念に置き換えられる。このようにして、マインドマップは知的な探索と成長を促し、それを反映する。

3　アイディアの孵化（インキュベーション）

　ステップ1と2が完了したら休憩する。創造的な気づきは、眠っているときや、ぼんやりしているとき、走っているときなど、脳がリラックスした状態のときに突然訪れることが多い。ゆったりしていると、放射思考が最大限に広がって、知的なブレイクスルーが起きる可能性が高まるからだ。アイディアを生むための、「的を絞った空想」の可能性を過小評価しないようにしよう。アルバート・アインシュタインは空想の助けを借りて相対性理論を打ち立てている。

4　2回目の再構築と修正

　インキュベーションの後、これまでに作成した2つのマインドマップは脳に新鮮に映るだろう。さらにアイディアが浮かんだら、それを一気にかき加えておこう。2回目の再構築では、ステップ1から3で収集・統合したすべての情報を検討し、包括的なマインドマップの最終版を新しい紙にかく。

5　最終段階

最終版のマインドマップを使って、当初の課題への認識を深め、解決策を打ち出して意思決定する。たいていは、マインドマップを使ってさらに作業することになり、ブランチ間の関連性を示したり、サブ・ブランチを加えたりする。すぐに答えが出ないかもしれないので忍耐強く取り組み、必要に応じて、アイディアを孵化させるための休憩をもう一度取る。

ビジネス・ブレインストーミング

マインドマップは、脳の力を最大限に発揮するための「起爆装置」といえ、設計通りに使えば、脳の可能性を十分に引き出すことができる。この点を、従来のブレインストーミング手法（直線的で言葉とリストが中心）と比較評価してみよう。従来のやり方は脳が求めている方法ではなく、「反」創造的である。書き出したアイディアは即座に、それ以外の全てのアイディアから隔離される。これは、ハサミを持って脳の中に入り込み、数百万の脳細胞間の結びつきをぶつぶつと切るようなやり方だ。

一方、マインドマップを使うと、思考停止やアイディア不足など、ブレインストーミング中の問題を克服しやすい。創造的なアイディアが次々に「溢れ出す」ので、心配しなくて済む。たとえて言えば、ティーカップを手にナイヤガラの滝の真下に立ったとき、水が一滴も入らないことを心配することがないのと同じである。

また、マインドマップを使うとアイディアが自由に広がると同時に、思考が構造化されるので、グループでブレインストーミングを行うときのたたき台になる。

ブレインストーミング用のマインドマップを作成する２つのステップ

1 マインドマップの中心にブレインストーミングのテーマを表すイメージを描く。

2 想像と連想を働かせ、セントラル・イメージからブランチを放射状に伸ばして思いつくことすべてをかき出す。

「してはいけない」ブレインストーミングのやり方

　次のような体験はないだろうか？　あなたは、新しい方向性、新規の事業機会、あるいは新製品の開発について話し合うグループのメンバーとして会議に参加する。会議室は満席で、誰もがアイディアを出し、フリップチャートに書き出すことが期待されている。ところが、誰かが大きな声でアイディアを出した途端に、ブレインストーミング・セッションが終了してしまう。なぜなら、その瞬間から、他の参加者がそのアイディアをもとにして事を進めようとするからだ。

　これは人が何かを思いつくときの一般的なパターンで、1行書き終えたら次へとノートを書くのに似ている。自分に創造的なアイディアがあっても、他の人が何をしているかを見ると、その影響を受け始める。これでは他の誰かが言ったことに「反応」しているだけで、ブレインストーミングではない。そうなると、たいていは強引な人が牛耳る小グループが自分たちのアイディアを「伝える」だけの結果に終わる。これは、グループのブレインストーミング・セッションとはいえず、革新的なアイディアはほとんど出ない。

マインドマップを使ったブレインストーミング

　斬新なアイディアを出すためのブレインストーミングを常にグループで行う必要はない。前述のように、いきなりグループで話し合うと創造性の妨げになることもあるからだ。そうならないように、まず個人でブレインストーミングをしてマインドマップを作成し、たくさんのアイディアが既にかかれている状態で会議に参加できるようにメンバーに準備させよう。以下は、その具体的な手順である。

　テーマを明快に定義し、目標を設定したら、グループのメンバーに検討中の課題と関係のある情報をすべて与え、部屋を出て一人でそれについて考える時間を設ける。最低でも1時間はかけて、アイディアを一気に出すためのマインドマップと、それを見直してメイン・ブランチを使って再構築したマインドマップを作成するように指示する。

　個人のアイディアがいくつか出たら、メンバー全員を部屋に集めて3～5

ブレインストーミング

グループ・ブレインストーミングのマインドマップ

人編成の小グループで作業する。1時間程度かけて各グループ内でアイディアを交換し、他のメンバーの考えを自分の作成したマインドマップにかき足していく。既に個々のマインドマップを作成してあるので、いきなりグループ全員でブレインストーミングをするときと比べ、各人の思考が他人の影響を受けずに済む。

　誰もが他の人全員のマインドマップを見ることができるようにし、お互いを受け入れる前向きな姿勢を維持しよう。そうすれば、どれほど弁が立つ人であっても意見を強引に押し通すことはないだろう。誰がどのようなアイディアを出しても、それを支持して他のメンバー全員が受け入れるようにする。こうすると、そのアイディアを思いついた人の脳は、さらに連想を広げるように促される。その結果、当初は「ばからしい」、「説得力がない」、あるいは「関係ない」ように見えたアイディアの次の連鎖から深い洞察を得るかもしれない。

グループ・マインドマップ

　各人のマインドマップを使って少人数グループの話し合いを終えると、最初のグループ・マインドマップを作成する準備が整う。このマインドマップは、全員がそれぞれかいてもいいし、各小グループの中でマインドマップが上手な人が代表で担当してもいい。あるいは、大きなスクリーン（PCソフトで作成する場合）か模造紙大の紙を使い、全員を代表して一人が書記を務める方法もある。グループ・マインドマップをかくときには、色や記号の使い分けを事前に決めておくと、アイディアが明確になり、焦点がぶれない。この段階では、すべてのアイディアを受け入れる姿勢を維持し、メイン・ブランチ上に記入する基本アイディア（ＢＯＩ）を選んで組み込んでいく。このテクニックを使うと、メンバーが共通のビジョンに参加することができる。その部屋にいる誰もがマインドマップを共同で作成し、最初から他人の思考に過度の影響を及ぼす人はいなかったことを認識しているからだ。

　グループ・マインドマップを作成するときも、休憩の時間を設けることが大切だ。ここで、マインドマップを使ったブレインストーミングのプロセスが従来のやり方と大きく異なることをもう一度確認しておこう。従来のプロセスは、結果が出るまで休みなしに、言葉と分析でアイディアを追い求める傾向がある。このやり方では、脳の機能のごく一部しか使われない。これでは、脳本来の思考スキルの多くを取り除くことによって、使われているわずかな機能間の相乗的な関係も失われてしまう。

　アイディアを孵化させるために休憩した後、再び個人で作業し、マインドマップにアイディアを一気にかき出す。それを整理し、仕分けて構造化したマインドマップを作成し、小グループ内でアイディアを交換して、修正を加える。それを終えたら、２つ目のグループ・マインドマップを作成し、完成したら２つのグループ・マインドマップを比較する。最終段階では、重要な意思決定をし、目標を設定して計画を立て、アイディアを編集して最終的な行動計画のマインドマップに落とし込むので、その準備をしておこう。

　行動計画のマインドマップは、グループで共有しやすいように、コンピュー

タで作成するのも一案だ（それまでのマインドマップは短時間でのびのびとかくために手がきで作成）。

ブレインストーミング以外のグループ・マインドマップ活用法

アイディアのブレインストーミングにマインドマップを使うと、グループがその構成メンバー一人一人の創造力を相乗的に生かす素晴らしい可能性が生まれる。ただ、これはグループ・マインドマップの活用法の一例にすぎず、これ以外のビジネス分野でも活用すると、グループ全体の記憶力が向上するなど、効果が得られる。結果的にチームの創造性が高まり、問題の分析と解決、意思決定、プロジェクト管理、教育研修などにも役立つ（詳細は他章を参照）。グループ内では、マインドマップは、生まれつつあるグループ・コンセンサスを反映したハードコピーになり、後にそれがグループの記録、そして記憶になる。このプロセスを通じて、各人の脳の力を結集して、独立した「グループ脳」が生み出されると同時に、グループの進化の過程と話し合いの内容がマインドマップに記録されるからだ。偉大な思考家一人がかいたマインドマップと個人の力を結集したグループ・マインドマップの見分けがつかなくなれば理想的である。

自分の既知や質問をマインドマップにかいておくと、読む資料の理解力が大幅に高まることが多くの研究で裏付けられているが、これを共同作業で行うのも面白い。グループ・マインドマップに貢献する各メンバーのユニークな視点や連想が生かされ、個人で取り組むよりもはるかに総合的な学習になるはずだ。この目的でグループ・マインドマップを作るときのプロセスは、ブレインストーミングのやり方と同じである。

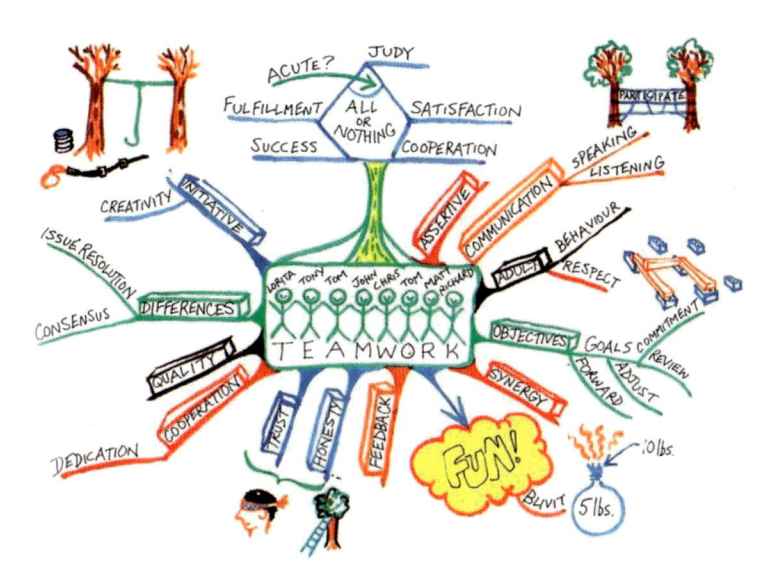

このグループ・マインドマップはデジタル・イクイップメント・コーポレーション（現在はヒューレット・パッカードの一部門）の8名の経営チームが、チームワークの開発をテーマに作成したもので、非常に前向きな結論に達したことが読みとれる。

創造性と想像力を高めるためにマインドマップを作成した宮城県登米市役所
「マニュアル通り」から「自律・行動型人材」へ

　マインドマップは企業ばかりではなく、公共団体の職員の研修にも活用され成果を上げている。以下は、宮城県登米市役所からのマインドマップ活用の報告だ。

＊　　　　　＊　　　　　＊

　登米市は2005年に市町村合併により9町から市になったという背景があります。そのため、出身町ごとにマニュアルが異なり、組織の統合性が全く取れない状態でした。さらに、団塊世代の定年退職によって職員数が激減し、少人数での業務を余儀なくされる事態が予想されました。それらの問題に直面した布施市長が、今までマニュアルに頼った体制を改善するため、マニュアルに頼らない"自律・行動型人材〜表現力豊かな人材"を育てるべく、創造性・発想力・協調性向上の効果を期待してマインドマップ導入を決めたことが始まりでした。

マインドマップの導入結果

　研修が始まると次第に職員らの表情が柔らかくなり、「理想の登米市とは」を題材にディスカッションをした際は活気に溢れるようになりました。今回のたった一度の受講により、9町出身者それぞれの意見や価値観がマインドマップ上に"見える化"し共有できたことで、職員同士の理解も深まり、目標の第一段階である「意思統一」が成されたそうです。また、同市総務部の担当者は、「マインドマップ」が創造性を引き出す手立てだと確信し、今後も"自律・行動型人材"育成を目指し、研修を継続的に受講させたいとのことです。

グループ・マインドマップ作成の利点

　扱い方を間違えず、個人全員がアイディアを発表する機会を与えられれば、グループ・マインドマップの作成はとても有効な作業となる。グループ・マインドマップを使って考え、学ぶことは、人間の脳にとって自然であり、作業中一貫して個人とグループの両方に同じ重点が置かれるので、プロセスを楽しめる。個々人がより頻繁に「脳の宇宙」を探検する機会を得られるほど、その経験から多くを持ち帰ってグループに貢献できるし、自分のためにもな

る。こうすることで、役職や序列に関係なく、社員が共に働くことのメリットを享受できる。すべてのチームメンバーがアイディアを述べる平等な機会があることがわかると、事業のありとあらゆる角度から、刺激的で革新的なソリューションが生み出される。創造性と最もかけ離れた仕事をしている人が、最も斬新な解決策を思いつくかもしれない。

　グループ・マインドマップを作成するプロセスの最初の段階でも、従来のブレインストーミング手法より有益で創造的なアイディアをはるかに多く生み出すことができる。そして、プロセスが進むにつれ、誰かがアイディアを提供すれば、すぐにそれがグループ・マインドマップに記入され、それを見てアイディアが浮かんだメンバーが発言するという好循環が生まれる。

　グループ・マインドマップを使うと創造性が向上するだけでなく、団結心も高まる。共同作業でマインドマップをかくとコンセンサスが生まれ、グループ全員の脳が目標と目的に集中するからだ。そして、全員の見解が取り込まれるので、メンバーは徐々に彼らが最終決定を「握っている」と感じるようになる。

　完成したグループ・マインドマップは、グループの記憶のハードコピーになり、終了時にはその会議で達成されたことを全員が同じように総合的に理

グループ・マインドマップの作成風景

解することが保証される（この点も従来の手法と大きく異なる。従来のやり方では、理解したつもりで会議を終え、後になって他のメンバーの見解と大きく異なることに気付くことが少なくない）。

マインドマップで創造性を飛躍的に高める

　ジョン・リアルはアイルランドのリアル・ディベロップメント・トレーニングのマネジング・ディレクターと研修コンサルタントを兼任し、管理者養成、営業、戦略構築分野の研修を手掛けている。彼は問題解決や戦略プランの策定、あるいはコーチング・セッション中に能力開発プランについて話し合うときなど、顧客と共にマインドマップを頻繁に使っていた。こうした経験があれば、顧客のいないときにも彼自身の人生にマインドマップを当然生かしているように思えるが、実はそうではなかった。ジョンの話を聴いてみよう。

　「マインドマップは非常に有益なツールだと常々思っていました。そして、顧客にも奨めていたのですが、なぜか自分の人生とは結びつけていませんでした。先週、ありがたいことに、それが一変したのです。
　金曜の夜、同僚の1人と、市場に投入する予定の新商品について話し合っていました。この製品は厳しい環境にある中小企業を対象にしたものです。私たちは、共同経営者の1人から、ある見込み客が会員企業にその商品を販売することに非常に関心があると聞いたばかりでした。時間の余裕がなく、数日中にパッケージを提供しなければならないものの、プレゼンテーションのやり方さえ間違わなければ、商談が成立すると共同経営者は確信していました。
　それで、金曜夜に、この製品をどのように売り込むか、国営企業庁にどのように話を持ちかけるかを思案していたのです。また、製品説明書の内容、それが顧客にどう役立つか、顧客がニーズを満たすには各社とどの程度時間を共にする必要があるかについても考えていました。
　話し合えば話し合うほど、そのプロセスが複雑になって頭が混乱し、夜が更け、忙しい一週間を終えた後で2人とも疲れ果てて、収拾がつかなくなっていました。私たちの構想を文書で記録するための紙に何も書かれていないのを見ると、その白紙が私たちの創造力のなさを反映しているように思え……とにかく、いいアイディアが湧いてこないのです。

顧客に何を伝えたいかはわかっていたものの、それをうまくまとめて、簡潔に伝えることができず……沈黙が訪れ、それによって1分ほど考える余裕ができました。すると、まるで誰かが明かりをつけたかのように、2人が同時に「マインドマップをかいてみよう」と口にしました。そして、それまでの状況があまりにもばからしかったことに気付き、大笑いしました。2人とも、顧客との間では、仕事のツールとしてマインドマップを常に使っていたのに、自分自身とはなぜか切り離して考えていたようです。

　とりあえず、その新商品（戦略開発プロダクト）を表すセントラル・イメージを私が描きました。上向きの矢印を立体的に描き、そこから最初のメイン・ブランチを伸ばして、その上に「経営陣」と記入しました。

　その途端に、独創的なアイディアやひらめきが溢れだし、次々にメイン・ブランチを伸ばして、その先からサブ・ブランチを広げていきました。見栄えを良くし、連想を刺激するために、面白い絵を加え……マインドマップをかき始めると、精神的プレッシャーが弱まり、活力が戻ってきました。あっという間に、A4の紙がアイディアで一杯になり、紙がさらに必要になりました。ほんの1時間前には、プレゼンの資料が完成するのは遠い先のことで、もどかしく、退屈なプロセスになるに違いないと思っていたのですが、最初のプレゼンテーション用の書類は、その後30分で作成できました。

　その日、私たちはマインドマップについて非常に大きな気づきを得ました。今や、マインドマップは私生活も仕事も、人生のあらゆる側面の一部になっています。紺屋の白袴といわれますが、本当にそうで、私たちがいい例です。これからは、マインドマップを最大限に活用していきます」

マインドマップを使って2人のアイディアを統合

　マインドマップを使って2人のアイディアを統合するやり方は、グループ・マインドマップ作成の最も基本的な形である。上の例では、具体的なプロジェクトの構想を練るために、パートナーとして2人がアイディアを出し合って、1つのマインドマップに仕上げた。しかし、通常は、大人数でグループ・マインドマップを作成するときと同様、目標を定義したら、参加メンバーはまず、個別に2つのマインドマップを作成する（1つはブレインストーミング用、もう1つはそれを整理して仕上げたもの）。その後で話し合いの場

に集合し、アイディアを交換して最初のグループ・マインドマップを共同で作る。前述のように、アイディアを孵化するための時間が大切なので休憩を取り、休憩の後で再構築して修正を加えたグループ・マインドマップを作成する。このマインドマップを基に、分析と議論を進める。

　長期のプロジェクトにおいても、マインドマップを共同で作ると有効だ。会議を重ねて打ち合わせた内容を整理して記録できるし、会話を刺激する効果もある。また、長期にわたり、何度も行われる会議を、継続的な流れを失うことなく運営できる。
　脳が放射状に思考を広げるためのツールとして、マインドマップの右に出るものはないだろう。脳の邪魔をせず、脳と共に働くように設計されているからだ。また、脳をうまく使うための、わかりやすく自然な方法なので、創造性が存分に発揮され、斬新なアイディアが生まれる。

次の章では…

次章では、長期と短期、両方の目標を達成するために必要な戦略の構築にマインドマップを使う方法を説明する。

戦略思考のための活用法 10

10章●戦略思考のための活用法　205

マインドマップは弊社にとって重要なツールになりました。マインドマップはシンプルな手法で、使うほどに大きな効果を発揮します。なぜなら、マインドマップをかくと、戦略を実行に移せるからです。

　　　　　　　　ラム・ガングラーニ　ライト・セレクションLLCグループ会長
　　　　ゴータム・ガングラーニ　ライト・セレクションLLCグループ　マネジング・ディレクター
　　　　　　　　アラブ首長国連邦ドバイ首長国

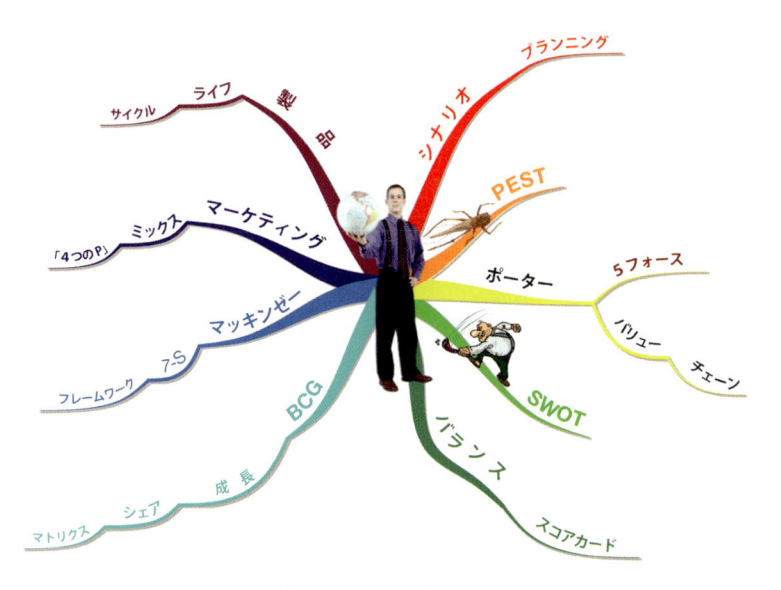

10章のマインドマップ・サマリー

ビジネスにおいて、「戦略思考」は「大局的思考」とほぼ同義で使われ、自社の将来性について社員が考え、それを評価・検討して、全社的な方向性を生み出すことを意味する。戦略思考の重点は、その事業にとって最大の推進力を理解することと、価値を創造するためのユニークな機会を発掘することに置かれる。企業戦略を立てるための重要な情報として、競争力、製品、環境、業界、市場、顧客、競争会社など計算に入れる。

マインドマップを使うと、戦略思考に取り組みやすく、戦略レベルのアイディアと情報を収集、分類、精密化、掲示、共有するための最適なツールになる。シンプルなSWOT分析からテクニカルなバリューチェーン分析まで、一般的な戦略思考ツールやビジネス・テクニックを使うときに、マインドマップの柔軟性と網羅性が役立ち、付加価値が高まる。

現在使われている多数の戦略思考フレームワークと意思決定プロセスの中で多用されているのは、次の10種類である。

1 シナリオ・プランニング
2 PEST（政治、経済、社会、テクノロジカル）分析
3 ポーターのファイブ・フォース（業界分析）
4 SWOT（強み、弱み、機会、脅威）分析
5 バランススコアカード
6 BCG成長シェア・マトリクス（ポートフォリオ分析）
7 ポーターのバリューチェーン（競争優位の源泉を明らかにする）
8 マッキンゼーの7つのS
9 4つのP（マーケティング・ミックス）
10 プロダクト・ライフサイクル

本章では、このそれぞれについて説明し、戦略思考のプロセスをマインドマップに映し出して効果を高める方法を具体的に示す。公認ソフトのiMindMapなど、PCソフトを使うと、各種ビジネス・ツールとスムーズに統合したり、パワーポイント、PDFファイル、画像ファイルなどのさまざ

まなフォーマットにエクスポートしたりできるので、グループ内外で情報を共有しやすくなる。

シナリオ・プランニング

シナリオ・プランニングとは？
　シナリオ・プランニングは戦略策定手法として広く使われている。シナリオを想定し、仮説を立てるプロセスを通じて「本物」の戦略思考に取り組むために、通常は他のモデルと組み合わせて使われる。シナリオ・プランニングは、企業が自社の重要な戦略課題と目標を絞り込めるように、事業の将来について可能性のあるさまざまな見通しを立てるためのテクニックだ。

活用法
　シナリオ・プランニングは、全社的、あるいは事業部門単位の戦略を策定するための、戦略管理ツールとして普及している。また、戦略策定のあらゆる段階で、共通の未来についてのグループ討議を促進するためにも使われる。シナリオ・プランニングは、将来の展望についていくつかのシナリオと粗筋を描き、それを基に今後生じる可能性のある問題への対処法を検討することから着手する。こうすると、お互いに知識を出し合って、その事業の将来にとって最も重要な課題について理解を深める意欲が高まる。また、策定したシナリオは、将来についての不透明感と今日必要な意思決定を結びつける手掛かりにもなる。

シナリオ・プランニングにマインドマップを役立てる方法
　マインドマップを使うと、シナリオを可視化して課題を徹底的に掘り下げ、将来の潜在的なリスクや隠れた機会を特定しやすい。また、機会を最大限に生かすと同時にリスクを最小化するためのアイディアや戦略を生み出す手掛かりにもなる。
　まず、シナリオ・プランニングのテーマをマインドマップの中心に描く。テーマは、ごく一般的なものでもいいし、特定の課題に焦点を絞ることもある。

次に、セントラル・イメージからメイン・ブランチを伸ばして、重要な変化、シナリオ、可能性のある戦略を探る。メイン・ブランチは次のような枠組みにすると、アイディアや事実を思いつき、それを論理的な方法で整理しやすい。

- **外力** ビジネスに影響を与える可能性のある外力について考え、それに関連した変化を思い描く。例えば、経済変化、技術革新、規制の変更、人口動態などについて検討する。新聞の見出しをざっと見ると、自社に影響を及ぼす潜在的変化に気付くことが多い。それをマインドマップにかき出して、数字や記号を使って優先順位をつけ、自社と最も関連性が高いものを明確にする。
- **シナリオ** 予想される大きな変化のそれぞれについて、将来どのような影響を与えるかを考慮し、結果的に社内で生じ得る3つのシナリオ（最高、最低、普通など）を探る。その中で自社に影響を及ぼす可能性が最も高いものを蛍光ペンなどで目立たせておく。
- **パターン** この段階までくると、すべてのシナリオに共通する検討課題が簡単に見つかるはずだ。こうした課題に対処すれば、潜在的な外部変化に対応するための最も有利な位置につくことができる。3つのシナリオに共通するパターンを探し出してマインドマップにかき出す。
- **戦略** 最も可能性の高いシナリオのそれぞれについて、会社がそれに対して何ができるか（戦略の候補）を提案する。シナリオごとに、着手できる最も妥当な戦略を囲むか、蛍光ペンなどで目立たせる。
- **シグナル** 早期の警戒信号に気づけるように、可能性が最も高いシナリオのそれぞれについて、それが繰り広げられる兆候を特定する。

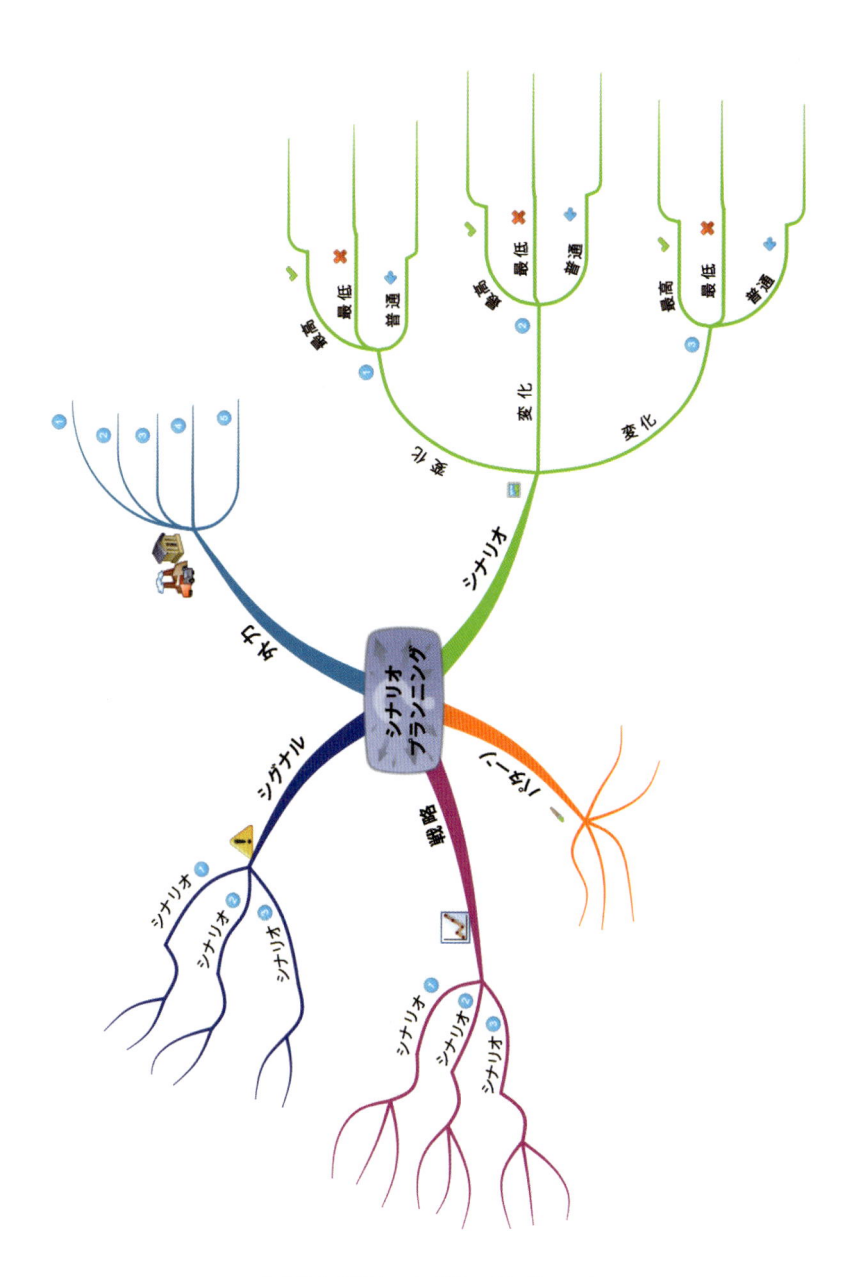

10章●戦略思考のための活用法 209

シナリオ・プランニングのマインドマップ

PEST（マクロ経済分析）

PESTとは？

　PEST 分析は、企業を取り巻くマクロ的外部環境を見通し、自社への影響を理解するために使われる。その際、外的影響を政治的（Political）、経済的（Economic）、社会的（Social）、技術的（Technological）要因に分類して簡潔に整理する（4つの要因の頭文字を取って PEST と呼ばれる）。通常、マクロ的な外的要因はコントロールしようがなく、事業にとって脅威、あるいは機会になる。

政治的	経済的
政治構造	経済成長
環境保護規制	インフレ率
税制方針	可処分所得
貿易規制	政府歳出
消費者保護法	失業率
競争規制	税金
労働法	金利
圧力団体	景気
政治的安定	エネルギー・コスト
安全規制	為替
	消費者信頼感

社会的	技術的
所得分布	政府の研究開発支出
人口動態	産業の研究開発支出
人口増加率	新たな発明
ライフスタイルの傾向	技術移転（速度と方向）
家族構成	製品のライフサイクル
労働、あるいは社会的モビリティ	オートメーション
教育水準	生産技術
態度と価値観	技術コスト（およびその変動）

社会的	技術的
消費者運動	技術の陳腐化
健康への意識	インターネットとモバイル技術の影響
生活環境	

活用法

　PEST分析は監査に不可欠なツールで、外部環境で生じつつある主要な傾向や変化を予測し、それが自社に及ぼす影響を理解する手掛かりになる。PEST分析の結果が出たら、それを戦略的計画プロセスに取り込んで、事業の将来の方向性を決めるための参考にする。その際、最も強力な環境的影響力に自社の業績が沿うようにする。また、PEST分析の範囲を広げて、マーケティング計画、事業開発、製品開発、調査報告なども対象にできる。

PEST分析にマインドマップを役立てる方法

　PEST分析は極めてシンプルなので、ブレインストーミングで簡単に済ませることもできるが、マインドマップを使うと、はるかに円滑で建設的なプロセスになる。分析がどの程度単純か複雑かにかかわらず、ビジネス環境で起きていることが一目でわかる絵をマインドマップが提供するので、主要トレンドと展開に気付きやすくなるからだ。

　セントラル・イメージを描いたら、政治、経済、社会、技術それぞれをメイン・ブランチにして、その影響を探る。次に、210ページの表に一覧したPESTを構成する要因を参考にしてサブ・ブランチの見出しを決める。

　あらゆる角度から検討したと納得できるまで、当てはまる要素のそれぞれを深く掘り下げる。これを終えたら、どの要素が自社に最大の影響を及ぼすかについて時間をかけて分析し、特定できたらそれを蛍光ペンなどを使って目立たせておく。また、各要素間の直接的な相互影響について考え、それをマインドマップ上で矢印を使って示す。

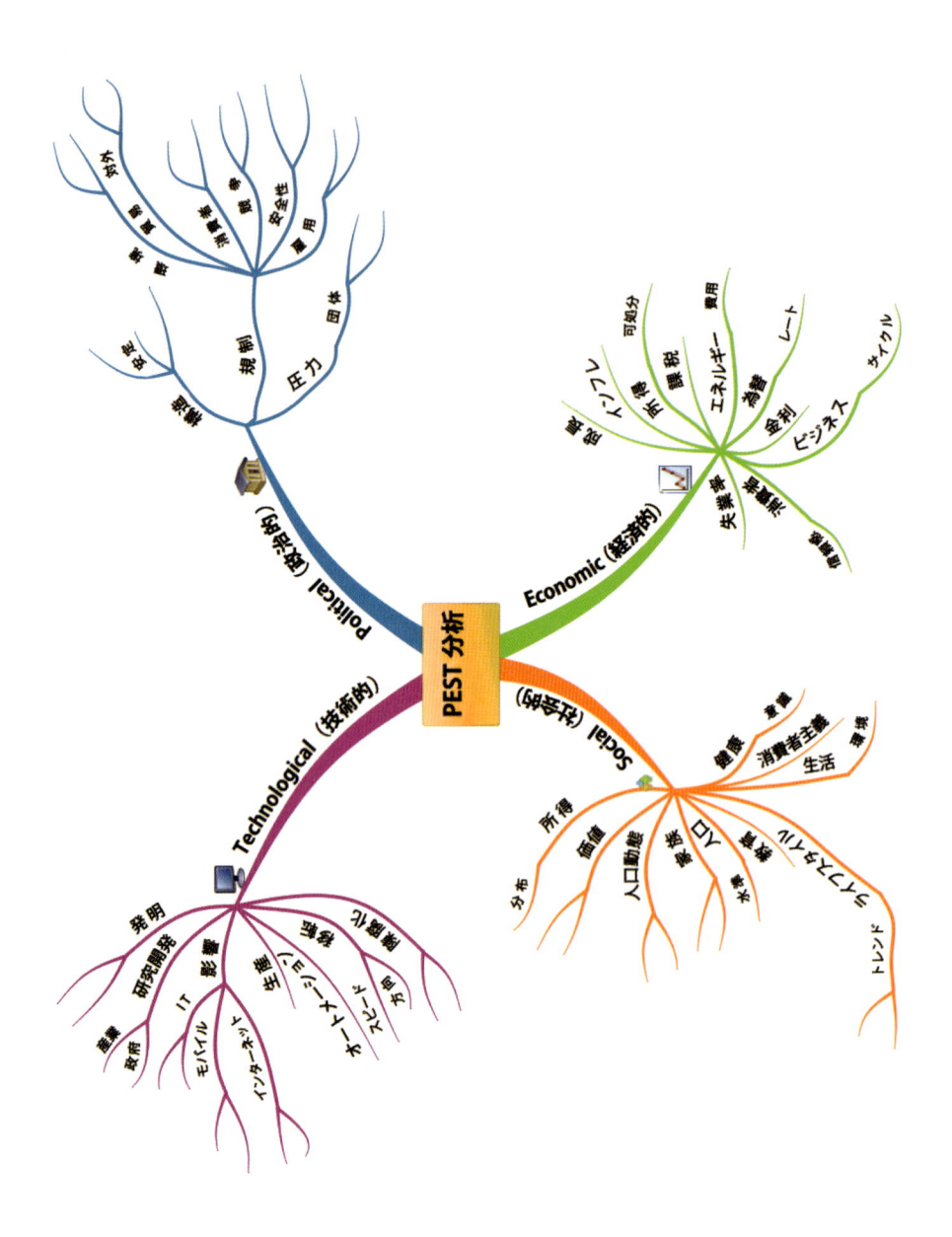

PEST分析のマインドマップ

ポーターのファイブ・フォース（業界分析）

ファイブ・フォースとは？

　マイケル・ポーターが開発したファイブ・フォース分析は、自社の属する業界の構造分析を行う手法で、その業界を牽引している5つの競争要因──供給業者、買い手、競争業者、新規参入業者、代替品──に焦点を当てる。この5つの要因が重なり合って業界の競争関係と収益性が左右される。

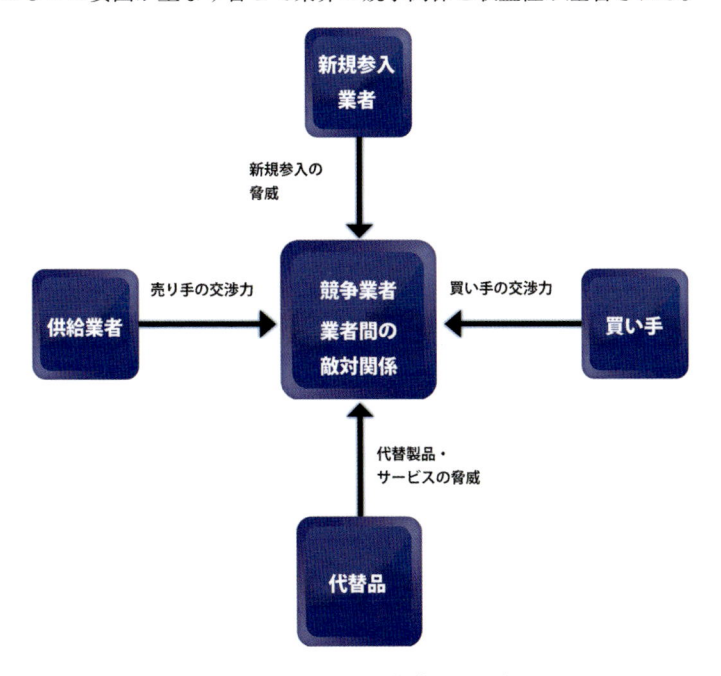

```
                  ┌─────────┐
                  │ 新規参入 │
                  │  業者   │
                  └────┬────┘
                 新規参入の
                    脅威
                       ↓
┌─────────┐ 売り手の交渉力 ┌─────────┐ 買い手の交渉力 ┌─────────┐
│ 供給業者 │ ─────────→    │ 競争業者 │ ←─────────    │ 買い手  │
│         │               │業者間の  │              │         │
└─────────┘               │敵対関係  │              └─────────┘
                          └────┬────┘
                               ↑
                         代替製品・
                       サービスの脅威
                  ┌─────────┐
                  │ 代替品  │
                  └─────────┘
```

出典：マイケル・E・ポーター著『新訂　競争の戦略』

使用法

　このモデルの主目的は、競争環境から生じる機会と脅威を予期しやすくすることだ。この分析で得た情報を使えば、主な影響を予想し、先手を打って競争圧力を緩和するための戦略を構築できる。

ファイブ・フォースにマインドマップを役立てる方法

　セントラル・イメージからメイン・ブランチを放射状に伸ばし、それぞれにファイブ・フォースを構成する要因を割り当てる。次に、サブ・ブランチを展開して詳細な分析を行う。一般のフォーマットより柔軟性が高く、以下のようなサブ・ブランチを使って将来の出来事や今後の可能性を幅広く検討できることが、マインドマップを使う利点である。

1　供給業者

　製品やサービスの原材料供給業者の交渉力が強いと、価格も量も相手の言いなりになることが多い。このメイン・ブランチでは、部品や原材料の供給業者に対して自社がどの程度強い立場にあるかを分析する。業界内の供給業者の多寡や切り替え費用の大小、川上統合によって供給業者が直接の競争会社になる可能性などを検討する。自社にとって最高の供給業者を特定すれば、相手と連携して顧客価値を高め、競争優位性を高めることができる。

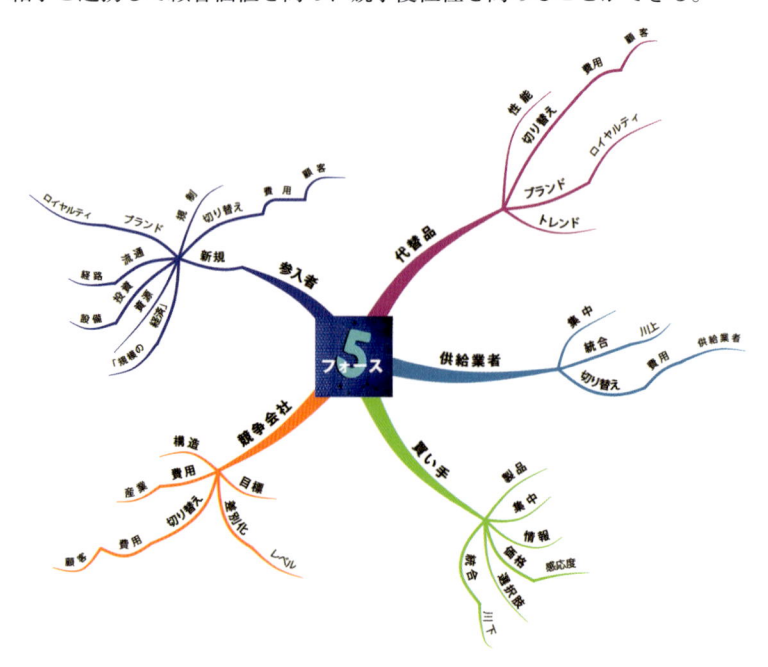

ファイブ・フォースのマインドマップ

2　買い手

買い手はその業界内で需要を創造する人や会社を指す。サブ・ブランチを使って次の要因を検討すると、買い手の相対的な交渉力を判断する手掛かりになる。

- **製品**　高い値段を払っても手に入れたいユニークな製品や人気商品であれば、顧客の交渉力が弱まる。一方、トイレット・ペーパーのような規格品の場合は、顧客の影響力が大きい傾向がある。
- **集中**　一顧客の集中比率が極端に高いと、その顧客が大きな力を持つ。
- **情報**　比較情報を入手しやすいと買い手の自信がついて、顧客の影響力が強まりやすい。
- **価格感応度**　価格に敏感なときは、顧客の交渉力が高い傾向がある。
- **選択肢**　製品の選択肢が多く、供給業者の切り替えが簡単なときには買い手の力が増す。逆に、代替品が少ないと買い手の影響力が制限される。
- **統合**　買い手が企業の場合、川下統合によって直接の競争業者となる可能性の有無。

3　競争会社

ライバル企業間の競争の強弱について検討する。競争の度合いはいくつかの要因に左右されるので、メイン・ブランチの先から放射状に展開するサブ・ブランチを使ってそれを吟味する。構造（寡占、あるいは競争が激しいなど）、産業の生産コスト、市場成長率、差別化、顧客にとっての切り替え費用、競争会社の目標（市場占有率の拡大、収益性の向上など）。通常、切り替え費用が低く、差別化されていない製品は、競争が熾烈だ。

4　新規参入業者

参入障壁の高低が競争の度合いを左右する。参入障壁が低いほど競争が激しく、参入障壁の高い業界は利益率が高い傾向がある。潜在的な新規参入業者の脅威を解明するために、以下の参入障壁を検討する。設備投資、規模の経済、ブランド・ロイヤルティ、規制、顧客にとっての切り替え費用、販路、資源。

5　代替品

　新製品や新たな代替品によって競争力は変化する。顧客が簡単に代用できる場合には代替品への切り替えがおこり、特定の種類の製品に対する需要が減少する。サブ・ブランチを使ってブランド・ロイヤルティ、顧客にとっての切り替え費用、業績、トレンドを検討し、代替品が業界に与える影響を判断する。

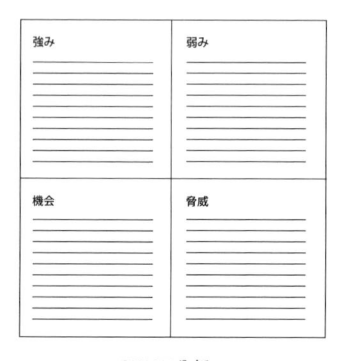

SWOT 分析

SWOT分析

SWOT 分析とは？

　SWOT 分析は最も一般的な戦略計画ツールで、S（強み）、W（弱み）、O（機会）、T（脅威）を基準にして、事業（あるいはプロジェクトやベンチャー）の現状を分析する。この 4 つの要因は、内的要因（強みと弱み）と外的要因（機会と脅威）に分けられる。

活用法

　SWOT 分析の結果を使って戦略計画を策定する。その際、「強み」を最大限に生かすこと、「弱み」を最小化すること、新たな「機会」を活用すること、「脅威」の影響を避けるか最小化すること、に重点を置く。SWOT 分析は計画の策定だけでなく、定期的な戦略見直しや事前準備（資金調達、コンサルタントの登用、具体的な意思決定などの準備）にも使うことができる。SWOT 分析を実施するときには、職能上の枠を超えたチームやさまざまな

部門や視点を代表するタスクフォースが参加するのが理想的だ。例えば、会計士、営業担当者、経営幹部、エンジニアが1名ずつ参加してSWOTチームを編成してもいい。

SWOT分析にマインドマップを役立てる方法

　マインドマップはSWOT分析を実施し、その結果を可視化するためのツールとしてとくに優れている。コンパクトなスペースに大量の情報を記録できるので、対照的な事実や情報の間に関連性を見出しやすい。

　まず、分析のテーマをマインドマップのセントラル・イメージに描き、メイン・ブランチを広げて「強み」、「弱み」、「機会」、「脅威」を割り当てる。それぞれのメイン・ブランチの先からサブ・ブランチを展開し、資源、機能、評判、差別化、顧客サービス、効率、競争優位性、ポジショニング、品質、業務提携など、ビジネスの現状を記述する。
「機会」と「脅威」を例に取ると、業務提携、新製品、販路、成長の見込まれる市場、新しい市場セグメント、収入（新たな収入源を探す）、規制などの要因が挙げられる。

　このような要因の多くは、SWOTの複数の分野に当てはまる可能性がある。この点を認識しておくことは重要だが、マインドマップを使うと、そうした要因を自由自在に、さまざまな角度と視点で検討できる。例えば、「機会」と「脅威」のいずれにもなり得る要因として、新しい市場セグメントが挙げられる。それを「機会」に分類した場合でも、その市場セグメントが競争会社に独占され、自社の市場地位が下がる可能性がある。逆に、「脅威」として挙げた新しい市場セグメントが「機会」になり、自社製品やサービスと競合する市場セグメントが新たに設けられたことによって市場全体が拡大することもある。このような点をマインドマップにかき出し、矢印を使って重要な関連性を明確に示そう。

　最後に、蛍光ペンや強力なイメージを使って、特に重要な要素や差し迫った要因が目立つようにする。

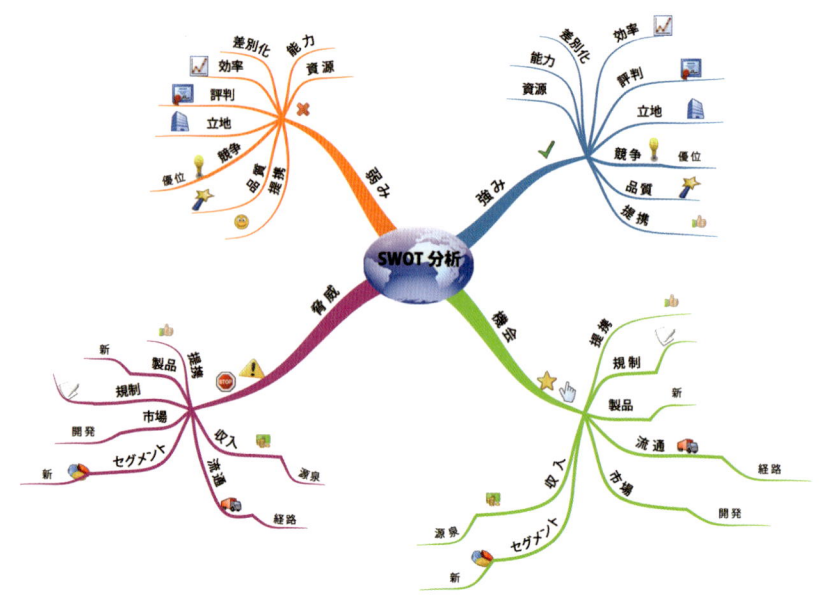

SWOT分析のマインドマップ

バランススコアカード

バランススコアカードとは？

　バランススコアカードは戦略経営のための業績評価手法の一つで、組織がビジョンと戦略を明確化して、それを行動に移すためのフレームワークとして広く使われている。財務的指標だけで業績を評価しないことが特徴で、4つの指標を使って会社の目標をあらゆる階層にしっかりと浸透させる。各社員の活動が会社の戦略目標とどのように結びつくかを示せれば、経営者は戦略を完全に遂行し、組織の業績をモニターできる。

活用法

　バランススコアカードは、「財務」、「顧客」、「業務プロセス」、「学習と成長」の4つの視点に立って組織とその目標を管理する。財務的指標を偏重せずに、情報の時代を勝ち抜くために必要な投資（顧客、供給業者、社員、プロセス、

技術、イノベーションへの投資）を戦略に組み込むことが、このフレームワークの狙いである。だからこそ、自社の業績評価指標を開発し、データを収集してそれを4つの視点のそれぞれに照らして分析することが重要だ。

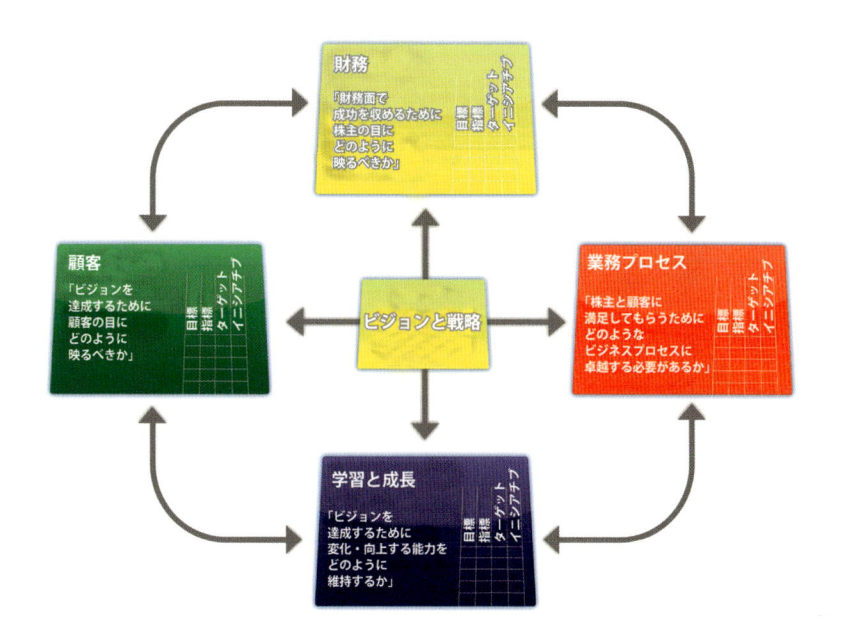

バランススコアカード
出典：『ハーバード・ビジネス・レビュー』の許可を得て再掲載。Harvard Business Review January - February1996, P75 - 85

バランススコアカードにマインドマップを役立てる方法

マインドマップを使うと、全社的ビジョン、つまり大局を見失うことがない。このことが、バランススコアカードの評価指標を設定するプロセスに役立つ。全社的な視点に立つと、個々のデータを有効な情報と知識に転換しやすい。また、マインドマップで作成したバランススコアカードは関心を引くので、コミュニケーション効果も高まる。

最初に、主なテーマ（ビジョンと戦略）をセントラル・イメージに描く。そこから4つのメイン・ブランチを伸ばし、それぞれに「学習と成長」、「業務プロセス」、「顧客」、「財務」と記入する。

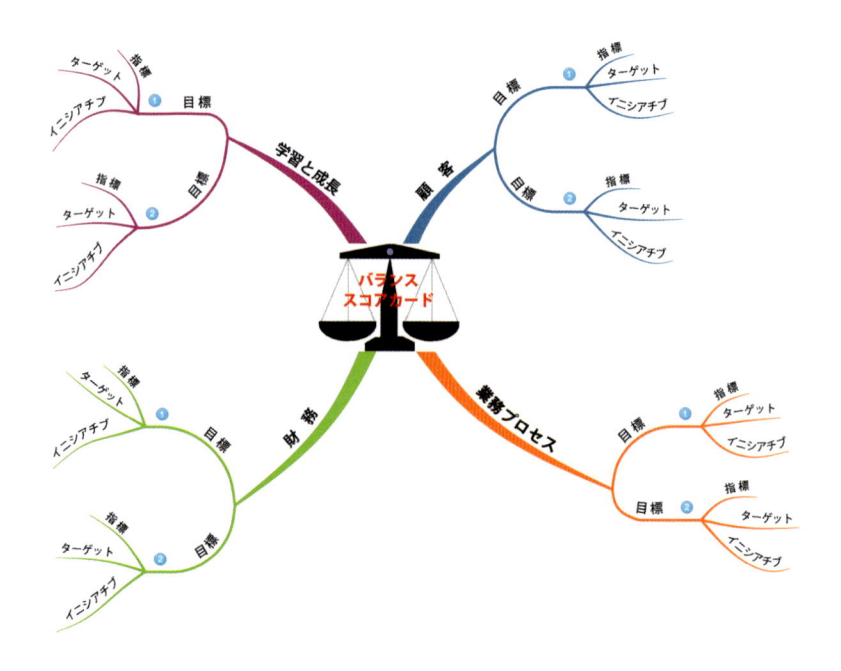

バランススコアカードのマインドマップ

　次に挙げる要因と質問を参考にして、戦略目標とゴールを、この部類に属すると思うメイン・ブランチからサブ・ブランチを伸ばしてかき入れる。

- **学習と成長**　会社のビジョンを達成するために、どのような方法で自己変革力と向上心を維持できるか？　これには、個人と組織の自己開発のための社員研修と企業文化が含まれる。具体的には、社内のメンターやチューター、労働システム、同僚とのコミュニケーションのしやすさなどを検討する。

- **業務プロセス**　株主と顧客の満足度を高めるには、どのような業務プロセスに優れる必要があるか？　社内の業務プロセスと製品・サービス開発プロセスについて検討する。

- **顧客**　ビジョンを達成するには、顧客に対してどのように自分をアピールすればいいか？　顧客が他の供給業者に切り替えないように、ニーズを満たし、顧客満足を提供する方法に焦点を当てる。

- **財務** 財務的な成功を収めるには、株主に対してどのように訴求する必要があるか？ これには、一般的な資金調達データや、リスク査定、費用対効果分析などのデータが含まれる。

それぞれの目的についてサブ・ブランチをさらに伸ばし、目標達成法の工夫とその成果を記録する。また、個々の目標について成果の測定法と評価基準を定め、それぞれの数値目標も記入しておく。こうすると、「学習と成長」のブランチのどこに研修資金を集中させるか、顧客満足を高めるために「顧客」のブランチのどこを改善する必要があるかなど、集中して取り組むべき部分を経営者が判断する目安になる。最後に、問題解決に向けた取り組みを加えて、目標達成のために取る行動をかき出す。

マインドマップをコミュニケーション・ツールとして有効に使えるように、戦略目標間の因果関係を矢印で示しておこう。例えば、「学習と成長」の視点で挙げた改善目標の達成によって得た能力を発揮し、「業務プロセス」の視点に含まれる目標を満たせるかもしれない。

BCG成長シェア・マトリクス（ポートフォリオ分析）

ポートフォリオ分析とは？

ボストン・コンサルティング・グループ（BCG）の成長シェア・マトリクスは最も有名な事業ポートフォリオ計画手法の一つである。事業ポートフォリオは、企業を構成する複数のビジネス・ユニット（事業単位）を総合したものだ。ビジネス・ユニットは事業部門に限定されず、製品ライン、あるいは個別の製品の場合もあり、事業構成や実施したい分析の度合いに応じて決定される。

BCG成長シェア・マトリクスは、収益性の決め手となる二大要因の「市場成長率」と「相対的マーケットシェア」に基づいて、企業のビジネス・ユニットを「負け犬」、「問題児」、「花形商品」、「金のなる木」の4つのカテゴリーに分類する。それぞれのカテゴリーは各ビジネス・ユニットの資金需要と資

金創出力を反映している。

相対的マーケットシェア
(資金創出力)

	高	低
高	花形商品 ★	問題児 ???
低	金のなる木	負け犬

市場成長率
(資金需要)

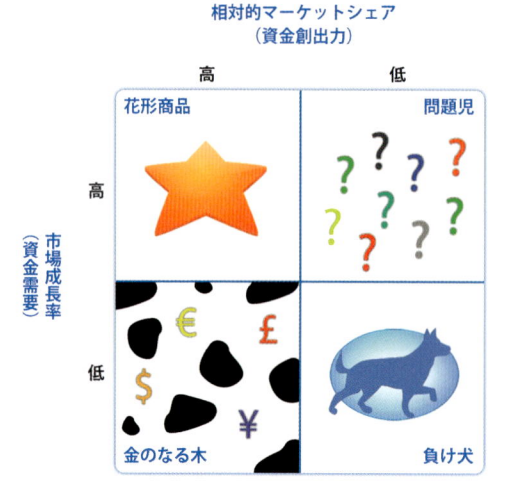

BCG成長シェア・マトリクス
©1970、ボストン・コンサルティング・グループ

活用法

　BCGマトリクスは、企業が現在のポートフォリオを分析し、どのビジネス・ユニットへの投資を増やす、あるいは減らすべきかを決定するヒントとなるように設計されている。この副次的な利点として、新製品を投入して魅力のある市場機会をとらえるための成長戦略の立案に役立つことが挙げられる。また、不採算、あるいは管理不可能なビジネス・ユニットを処分する時期を判断する手掛かりにもなる。

ポートフォリオ分析にマインドマップを役立てる方法

　BCGマトリクスは企業の事業ポートフォリオを一目で把握するための強力なツールだが、マインドマップで作成するとその効果がさらに高まる。マトリクスの箱の中に閉じ込められていないほうが、さまざまなビジネス・ユニットや製品の間に資源を配分する選択肢について、はるかに自由、かつ容易に議論できるからだ。また、マインドマップを使えば、各ビジネス・ユニットが独立していると想定せずに、異なるカテゴリーに属するビジネス・ユ

ニット間の関係の有無をはっきりと特定し、表示できるので、BCG成長シェア・マトリクスの制約がある程度克服される。

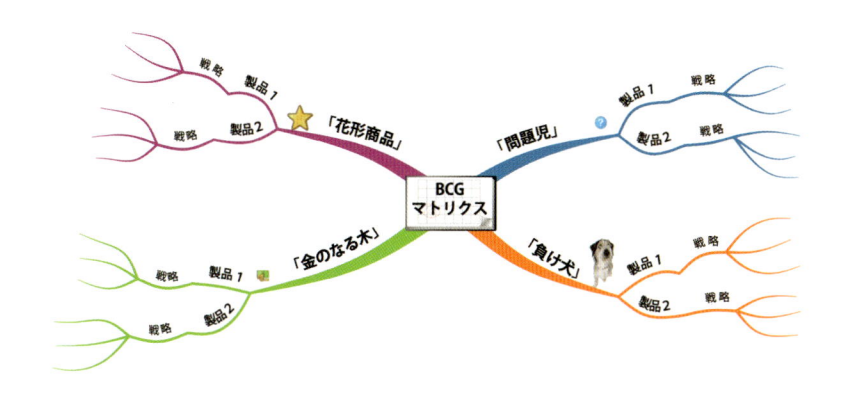

BCG成長シェア・マトリクスのマインドマップ

　ポートフォリオ分析のセントラル・イメージを描いたら、4つのメイン・ブランチを伸ばし、それぞれに「負け犬」、「問題児」、「花形商品」、「金のなる木」と記入する。イメージを使ってそれぞれの特徴を誇張してもいい。

　メイン・ブランチの先からサブ・ブランチを展開し、各カテゴリーに該当する部門や製品（ビジネス・ユニット）をすべて記入する。
「負け犬」は市場シェア、成長率共に低いので、多額のキャッシュフローを生み出すことも消費することもない。「問題児」は急成長中で多額の資金がかかる一方、市場シェアが低いためキャッシュフローをあまり生み出さない。「花形商品」は相対的な市場シェアが高いために多額のキャッシュフローを生み出すが、成長率も高いのでキャッシュの消費量も多い。最後に、「金のなる木」は成熟市場のリーダーで、消費する以上のキャッシュフローをかなり安定的に生み出す。

　各ビジネス・ユニットを掘り下げて調査し、サブ・ブランチをさらに伸ばして戦略的アイディアを記録する。その際、それぞれのビジネス・ユニットの特徴をいくつか頭に入れておこう。例えば、「負け犬」はキャッシュフロー

を生む可能性がほとんどない事業や製品に資金を投資したままになるので、処分を検討する。「問題児」は注意深く分析する必要がある。市場シェアを拡大して「花形商品」にするために投資を増やす価値があるかを判断しなければならないからだ。放置しておくと、市場の成長率が下がったときに「負け犬」に堕落しかねない。「花形商品」は、大きなマーケットシェアを維持できそうであれば、市場の成長率が低下したときに「金のなる木」になる。将来にわたってキャッシュフローを確実に生み出すために、市場シェアの維持または拡大のための選択肢を検討する必要がある。「金のなる木」はキャッシュを「絞り出す」、つまり投資資金をできる限り少なくして利益を絞りださなければならない。この利益は、「問題児」を市場リーダーにするための投資資金にしたり、研究開発費や会社の管理費に充当したりできる。

　各ビジネス・ユニットが完全に独立していないので、矢印を使って相互関係を示す。例えば、「負け犬」が他のビジネス・ユニットの競争優位性の向上に役立っている可能性もあり、処分が得策ではないこともあるからだ。

ポーターのバリューチェーン（競争優位の源泉を明らかにする）

バリューチェーンとは？

　マイケル・ポーターが提唱したバリューチェーン・フレームワークは、企業の価値と競争優位を生み出す個々の活動の分析に役立つ。自社が顧客にとっての価値を創造する方法を分析することは、そもそも「自社がなぜ存在するのか」という経済的論理を考えることになるので非常に重要である。企業が顧客に対してその活動のコストを上回る水準の価値を提供することによって価値を付加すれば収益性が高まり、顧客に提供する価値が高まれば競争上、優位になる。

活用法

　企業が競争優位と付加価値を生み出すための活動を深く理解するために、このフレームワークはビジネスシステムを、バリューチェーンと呼ばれる一連の価値創造活動に分割し、「主活動」と「支援活動」に二分する。個々の

活動を細分化することによって、それぞれの活動が価値を創造する可能性を特定しやすくなるため、このモデルは企業の間で人気が高い。また、一連の活動を実施する方法の調整と最適化によって競争上優位に立つ方法を判断する有効な手段としても認められている。

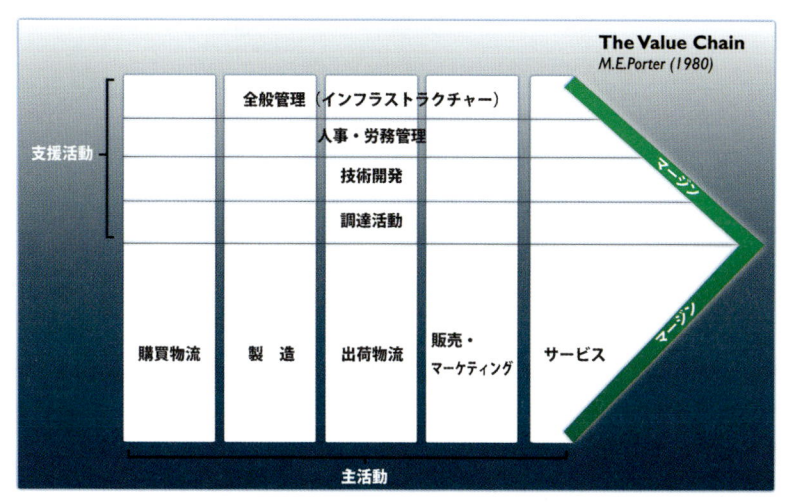

バリューチェーン
出典：マイケル・E・ポーター著『競争優位の戦略──いかに高業績を持続させるか』

バリューチェーンにマインドマップを役立てる方法

マインドマップを使ってバリューチェーンを分析すると、順次に行われる価値活動それぞれが価値を生み出す、あるいは高める方法を考えるプロセスが明確になる。それぞれの主活動に関する事実と情報を1カ所で管理できるし、複数の事業分野にまたがる重要な関係をはっきり特定しやすいことがマインドマップの強味だ。活動間の関連性を完全に理解できると、意思決定を最適化する手掛かりになり、とくに、競争優位を左右するコストや差別化について的確に判断しやすくなる。

まず、バリューチェーン分析を表すセントラル・イメージを描く（次ページのようにタイトルを併記してもいい）。そこから、メイン・ブランチを左右に1つずつ伸ばしてマインドマップを二分する。片方のメイン・ブランチ上に「主活動」、もう一方に「支援活動」と記入する。

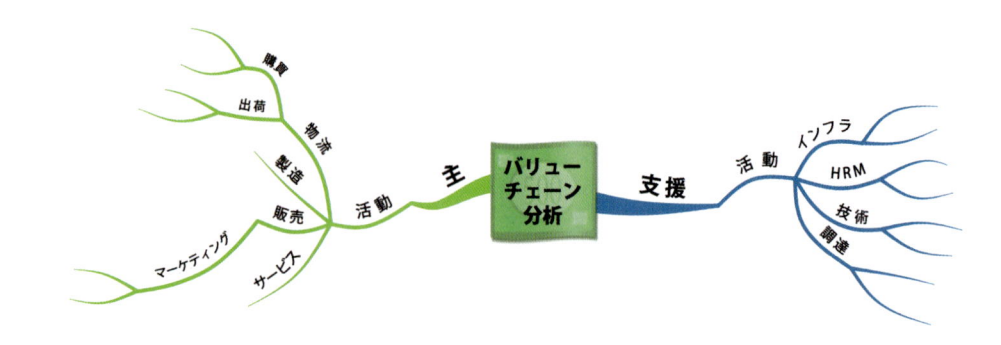

バリューチェーンのマインドマップ

　次に、各メイン・ブランチの先からサブ・ブランチを伸ばし、現在の価値創造の取り組みを簡単に見直せるようにし、事業の全部門で価値を最大化できる方法についてアイディアを出した戦略を立てる。主活動のブランチでは、次の5つの見出しを使ってサブ・ブランチを展開する。

- 購買物流　原材料の受け取りと保管、在庫管理、そして必要に応じた工場への輸送。
- 製造　原材料を完成品やサービスにするプロセス（機械加工、包装、組み立て、機器のメンテナンスとテストなど）。
- 出荷物流　顧客に完成品を届けるために必要な活動で、倉庫、受注から入金管理に至るまでの一連の作業（フルフィルメント）、輸送、物流管理が含まれる。
- 販売・マーケティング　顧客ニーズを特定し、顧客に製品を購入してもらうことに関連した活動（販路の選択、広告、宣伝、販売、価格設定、店舗管理などが含まれる）。
- サービス　製品やサービスが顧客に販売された後の顧客支援活動（カスタマーサポート、修理サービス、設置、研修、取り換え部品管理、アップグレードなど）。

「支援活動」のサブ・ブランチを分岐して、次の項目を検討する。
- **インフラ** 総合管理、計画管理、財務、会計などの組織構造、品質管理や企業文化などの管理システムを網羅する。
- **人事・労務管理（HRM）** 社員の採用、研修、開発と報酬に関する活動。
- **技術** 研究開発、プロセス自動化、設計デザインなど、価値活動を支援する技術の開発。
- **調達** 原材料、サプライ、機器、建物などの購入・調達。

これで、主要な活動のそれぞれについて競争優位を判断するためのアイディアと戦略についてブレインストーミングする準備が整った。バリューチェーンの再構築によって価値を創造する主な方法は、コスト引き下げと差別化である。

コスト面で優位に立つには、規模の経済、垂直統合の度合い、設備稼働率、生産工程、活動間の連鎖、販路、販売手法など、コストを左右する要因をどのように調整できるかを考える。

差別化で優位に立つには、ポリシー、立地、規模（規模の大きさによるサービス向上など）、新しいプロセス技術、学習、新しい販路など、「ユニークさ」を生かす方法を考える。

バリューチェーンを構成する活動はお互いが隔離されていないので、一つの活動が他の活動のコストや実績に影響することが少なくない。こうした活動間の関係性を、マインドマップ上で矢印を使って示し、好影響か悪影響かを表すためにシンボルやイメージを使おう。

マッキンゼーの7つのS

7つのSとは？

マッキンゼー＆カンパニーが開発した7つのSフレームワークは、戦略を遂行するときに重点を置くべき企業の7分野を説き明かす。そのすべてが組み合わさって事業全体の運営法が決まる7つの分野は、Strategy（戦略）、Structure（組織構造）、System（システム）、Shared Value（共通の価値）、Skill（スキル）、Style（スタイル）、そしてStaff（人材）で構成される。

活用法

　7つのSは、業績改善、今後予想される社内の変化が及ぼす影響の検討、合併・買収に伴う調整（部門、プロセスなど）、戦略を遂行する最良の方法の決定など、さまざまな目的に使える。

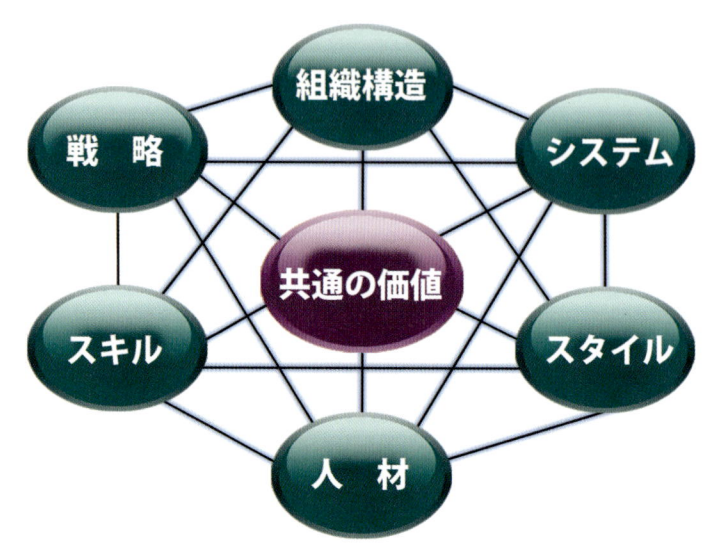

マッキンゼーの7つのS
©マッキンゼー＆カンパニー

7つのSにマインドマップを役立てる方法

　マインドマップを使って7つのSを構成する要因を検討すると理解が深まり、戦略の遂行や組織の調整に必要な意思決定を総合的、かつ効果的に行える。リストや表よりもはるかにわかりやすい形で、各要因についての考えをすべて捉えることができるからだ。

　また、見やすく理解しやすいフォーマットで情報を提供して、専門的な印象を与えることも利点である。

　まず、7つのS分析を実施する目的を表すセントラル・イメージを描き、議論とマインドマップの作成に集中できるようにする。

マインドマップを使うと相互関係がはっきりわかる

　7つのS（共通価値、戦略、組織構造、システム、スキル、スタイル、人材）のそれぞれを、セントラル・イメージから放射状に広がるメイン・ブランチ上に記入する。次の説明と検討事項も参考にして、この7つの要因を掘り下げる。

- **共通価値**　企業文化や勤労意欲に表れている自社のコア・バリュー。企業がそれに基づいて設立された基本的価値観とその強弱について考える。
- **戦略**　特定の目標を達成するために立てた戦略と一連の行動を定義する。また、競争圧力、消費需要の変化、環境問題にどのように対処するかについても考える。
- **組織構造**　中央集権型、職能分類（トップダウン）、分散型、マトリクス、ネットワーク、持ち株会社など、組織図の構造はどのようになっているか、連絡手段と報告関係が明示的か、暗黙的か？
- **システム**　財務システム、採用、昇進、業績評価システム、コミュニケーション・システム、情報システムなど、組織運営法を特徴づける主な手続きやプロセス。その管理とモニターの方法は？
- **スキル**　組織全体の傑出した能力。自社の最も強いスキルは何か、技能格

差があるか、スキルがどのように測定・評価されているかを検討する。
- **スタイル** 企業文化や、主なマネジャーが組織の目標を達成するためにどのように行動するかについて考える。また、社員や同じチーム内のメンバーが競争的か協力的か、どの程度参加型の経営スタイルが取られているかを考慮する。
- **人材** 社員数と種別を特定する。求められている能力との間にギャップがないか、補充する必要のあるポジションがないかを検討する。

マインドマップの1つのブランチにかかれた情報が他のブランチのそれと関連していることがある。関係のある要素は矢印で示し、重要なパターンを見つけたら、それを記号などを使って目立たせておこう。

4つのP（マーケティング・ミックス）

4つのPとは？

4つのPはマーケティング戦略の4つの主要な側面を評価するためのフレームワークである。マーケティング・ミックスとも呼ばれる4つのPは、以下の要因で構成される。
- Products（製品）　提供する製品とサービス、その中心的、あるいは周辺の有形無形の特性。
- Price（価格）　製品やサービスの価格設定。例えば、ペネトレーション（市場浸透価格設定）、スキミング（上澄吸収価格設定）など。
- Place（流通）　消費者に製品やサービスを届ける方法。販路の選択（直販か間接販売か、卸売りか小売りかなど）。
- Promotion（販促）　広告、ダイレクト・マーケティング、PRなど、マーケティング・コミュニケーションの設計。顧客が反応し、購入してもらうための販促を検討する。

活用法

4つのPは、マーケティング環境に応じて、マーケティング・マネジャー

が社内外の制約を計算に入れた上で操作する変数だ。この4つの構成要素の組み合わせに変化をつけることによって、ターゲット市場内の複数の顧客に到達することができる。従って、4つのPそれぞれについて意思決定することがこの分析のゴールになる。焦点を絞った一貫性のあるメッセージがターゲット市場と消費者に伝わり、非常に良い反応を得られるようにすることが大切だ。

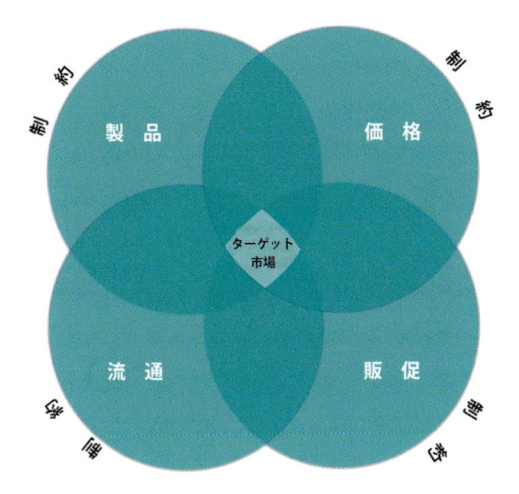

制約 制約
製品 価格
ターゲット市場
流通 販促
制約 制約

4つのPにマインドマップを役立てる方法

マインドマップを使ってマーケティング・ミックスについてのアイディアを出し、戦略を考えると、非常に優れた「戦略ブレンド」が見つかる可能性が高まる。これは、マインドマップをかくと、創造的なプロセスが促進されると同時に、焦点が明確になるからだ。マーケティング手法に創意工夫を凝らす意欲が高まるだけでなく、マーケティングの要素を統合して顧客の的を絞り込む効果的な方法を見出すヒントになる。

マーケティング・ミックスを表すセントラル・イメージを描き、そこからメイン・ブランチを放射状に4つ伸ばして、それぞれの上に製品、価格、流通、プロモーションと記入する。次に、各メイン・ブランチの先からサブ・ブランチを展開して、マーケティング・ミックスの各分野についてのアイディア、意思決定について議論する。次の例を参考にして包括的に考え、ア

イディアが出つくすまで連想を広げよう。

- Products（製品）　ブランディング、機能性、デザイン、品質、安全性、技術、価値、利便性、包装、修理、サポート、保証、アクセサリー（付属品）、サービスなど。
- Price（価格）　価格戦略（スキミング、ペネトレーション、心理価格、原価加算方式、特売など）、推奨小売価格、大量購入の割引、卸売り価格、季節的価格、抱き合わせ、価格柔軟性と価格差別化について検討する。
- Place（流通）　販路（小売り、卸売り、メールオーダー、インターネット、直販、ピア・ツー・ピア、マルチチャネル）、在庫管理、倉庫、受注処理、輸送など。
- Promotion（販促）　販促戦略（プッシュ、プルなど）、広告、対面販売、営業部隊、ダイレクトメール、チラシまたはポスター、お試し価格、推薦の言葉、販売促進（特別売り出し、景品やおまけ、コンテストなど）、PR（広報活動）、ジョイント・ベンチャー、マーケティング・コミュニケーション、予算など。

魅力を感じるアイディアや決断が目を引くように、蛍光ペンを使って目立たせたり、インパクトのあるイメージを使ったりしよう。各分野について、十分な数のアイディアを生み出したと感じたら、数字を使って優先順位をつけ、その中で効果的なリソース配分ができるようにする。1つの戦略、あるいは行動計画に統合できそうな関係があれば、異なるブランチに記入したアイディアや決定事項を矢印で結ぶ。

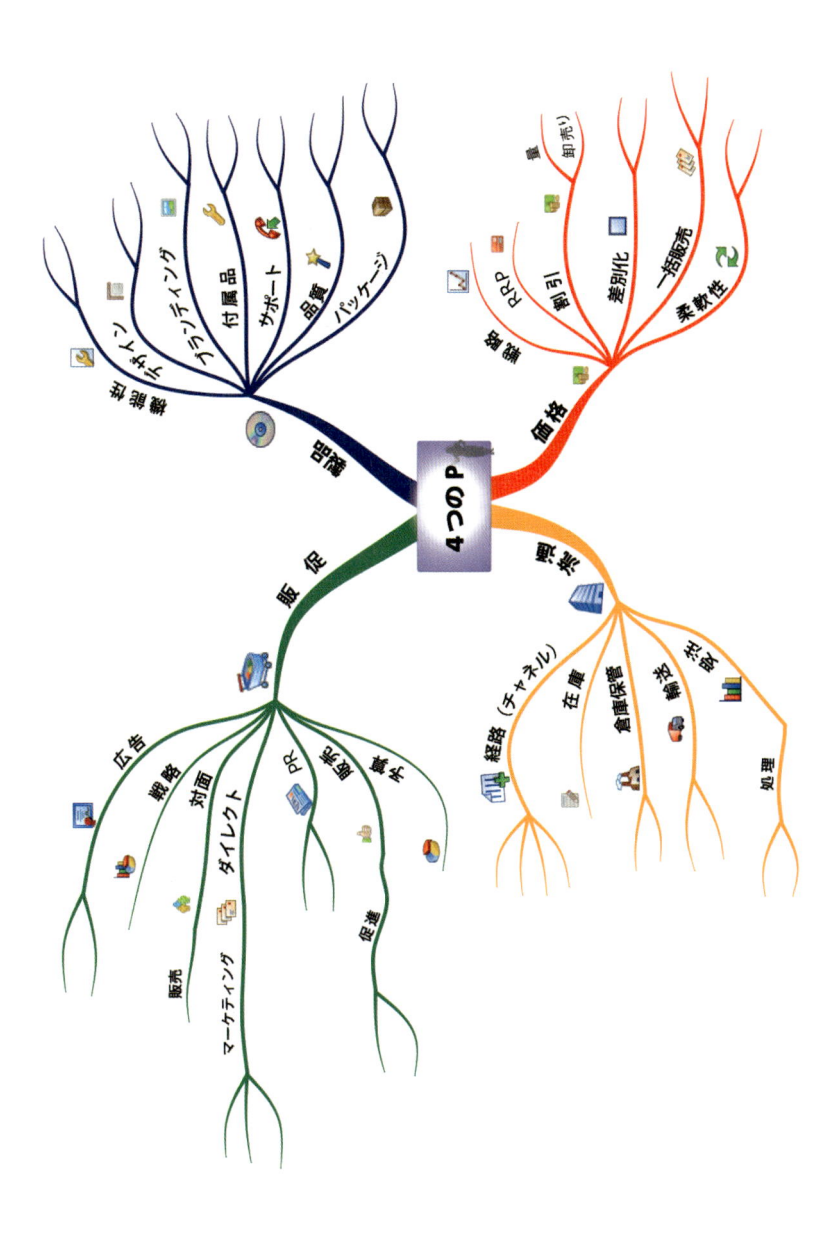

10章●戦略思考のための活用法　233

4Pのマインドマップ

プロダクト・ライフサイクル

プロダクト・ライフサイクルとは？

　プロダクト・ライフサイクル分析は、製品のライフサイクルは、「導入」、「成長」、「成熟」、「衰退」という４つの主要な段階を経るという前提に基づいている。各段階の特徴はその製品や製品ラインが生み出す収益によって決まり、その継続期間は、一過性の人気商品なら数カ月の短さ、自動車などの製品カテゴリーの場合は１世紀以上の長さまで幅がある。

活用法

　製品や製品ラインがライフサイクルの段階を進むにつれ、マーケティング環境に変化が生じる。企業は通常、プロダクト・ライフサイクルを使って、段階を追うごとに進化していく課題や機会を見抜こうとする。そして、その知識を使って、マーケティング戦略とマーケティング・ミックスを調整する。一般に、各段階の主な目標は次のようになる。

- 導入　製品についての認識を高め、その製品の市場を開拓する。
- 成長　選好されるブランドにして市場シェアを拡大する。
- 成熟　売上の伸びが鈍化し、競争圧力が強まるので、市場シェアを守って利益を最大化することが主な目標になる。
- 衰退　売上が下向く中で、企業は製品や製品ラインを維持するか、売却するか、あるいは打ち切るかを選択する。

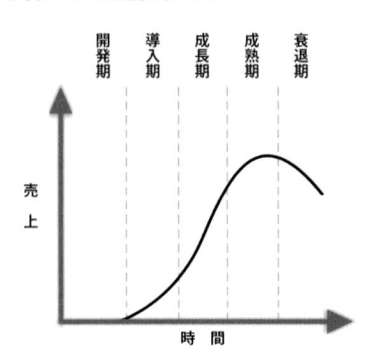

プロダクト・ライフサイクル

プロダクト・ライフサイクルにマインドマップを役立てる方法

　ライフサイクル分析にマインドマップを使うと、ライフサイクルの各段階で変化する状況に対応して、戦略的、かつ戦術的に計画する能力が向上する。マーケティング・ミックスの各要素をライフサイクルの各段階と視覚的に結びつけることによって、生じつつある機会を捉え、問題を最小限に抑えるためのアイディアを効率よく生み出せる。

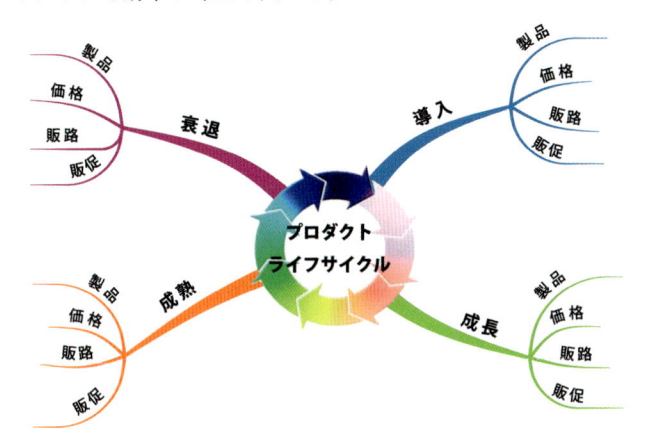

プロダクト・ライフサイクルのマインドマップ

　まずセントラル・イメージを描き、そこから4つのメイン・ブランチを伸ばして、その上に「導入」、「成長」、「成熟」、「衰退」とそれぞれ記入する。各メイン・ブランチの先からサブ・ブランチを伸ばして、マーケティング・ミックスの構成要素（製品、価格、販路、販促）をかき入れる。

　次に、以下の要因を参考にしてブレインストーミングする。製品や製品ラインのそれぞれがライフスタイルの各段階で新たに生じる機会や課題に適応できるように、戦略を調整することが目的だ。

導入

製品　ブランディングと品質レベル、知的所有権の保護。
価格　市場シェアを築くためのペネトレーション価格か開発費を回収するためのスキミング価格など。
販路　消費者がその製品を受け入れるまでは選別的な販路を使うのが賢明だ。

販促　認知度を高め、潜在顧客を教育するための最良の選択肢について考える。サンプルやお試しサイズなど、導入時に販促活動を実施できるかを検討する。

成長
製品　品質を維持・向上するために何ができるか、どのような新仕様、パッケージのオプション、サポート・サービスなどを加えることができるかを考える。
価格　需要が上向いていれば価格を維持することも、さらなる顧客獲得のために値下げすることも可能だ。
販路　需要の増加と顧客の製品の受け入れ増加につれて、どのような販路を加えることができるかを考える。
販促　より幅広い層にマーケティング・コミュニケーションを伝える方法について考える。広告費の引き上げも考慮に入れる。

成熟
製品　競合商品と差別化するために、どの仕様を強化したり、修正したりできるかを検討する。
価格　新たな競争が原因で価格を下げる必要の有無。
販路　競合製品より再販業者が選好するのを促すようにインセンティブを提供できるかを検討する。
販促　製品の差別化をどのように強調し、マーケティング・コミュニケーションを通じてブランド・ロイヤルティを構築できるかを考える。

衰退
製品　製品ラインの製品数を減らすことの可否と、継続する製品を活性化する方法について考える。
価格　生産中止製品の在庫一掃のために値下げすることが可能か、継続する製品の価格を維持できるかを検討する。
販路　販路をより選別的にして、利益を上げていない販路から徐々に撤退す

ることができるかもしれない。

販促 何らかの販促を計画する。支出の削減方法を工夫し、継続製品のブランドイメージを強化するためのマーケティング・コミュニケーションに照準を合わせる。

実施する可能性が最も高い戦略を蛍光ペンなどで目立たせ、その戦略を要約する刺激的なイメージ（絵）を加えてマインドマップを完成させる。

マインドマップで戦略を構築
シェイク・ハマドの事例

シェイク・ハマド・ビン・エブラハム・アル・カイファはアイディアと知的資産の商業化で最先端を行くクリアリングハウス、インテルナコムの設立者である。同氏は、バーレーン軍の前最高司令官で戦闘機パイロットとして空軍の設立を担当した後、航空宇宙エンジニアとして航空宇宙サービス分野で会社を設立した。現在、彼は設立20年のベンチャー企業、バナガス（カルテックス、アピコープ、バーレーン王国が共同所有）の会長を務めている。以前は、バーレーン王国の石油ガス最高委員会のメンバーを務めたこともあり、海外のエネルギーとテクノロジーセクターに民間投資している。

シェイク・ハマドはマインドマップを使った戦略策定について次のように語っている。

　　　　　　　　　＊　　　　　　＊　　　　　　＊

マインドマップは、脳が奏でる音楽のための"楽譜"ともいえる。

中央のシンボルは、滴と炎の両方を表し、エネルギーの源泉と表れ方を象徴したものだ。炎と滴は回転する輪のシンボルで囲まれている。

このマインドマップに描いた設計図は現実になり、アラビア湾から広がって中国とアフリカに達している。このマインドマップは数十億ドルのソリューション領域を築くための知的な"シード・キャピタル"といえる。

COMPONENTS（部品）のメイン・ブランチは、枝先から分岐して、それぞれVISIBLE（目に見えるもの＝地上）、INVISIBLE（目に見えないもの）とした。"目

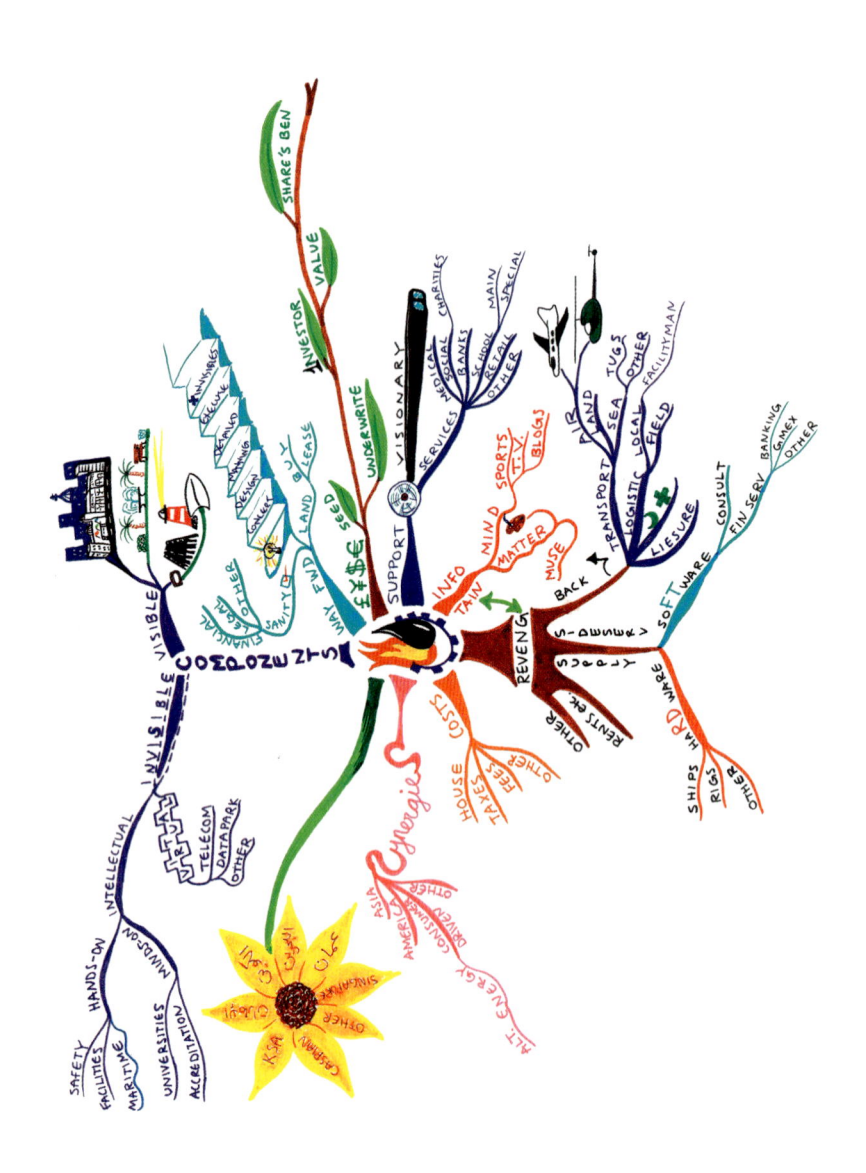

シェイク・ハマドのマインドマップ（大型エネルギー・ハブの計画戦略の概要）

に見えるもの"には、地上の要素を表す3つの美しいイメージを描いた。宮殿やモスクが背景にある都市の概要、2番目のブランチには、自然の要素をヤシの木で象徴した。そして3番目のブランチには経済基盤のシンボルとして灯台、滑走路、鍬を描いた。"見えないもの"のメイン・ブランチでは、データ、買収、貯蔵、フィルタリング（選別）、更新、商業化、さらには技術研修、カリキュラム、シミュレーション、安全モデリング、施設管理分野のあらゆる要素を格納するデータパークをイメージした。その先のHANDS-ON（手をかける）と記入したブランチは、人に教えて、他の人の世話をすることに関連する作業のすべてを誰が担当するかを示している。MINDS-ON（頭を使う）のブランチでは、人間の脳が他の人のために何を生み出せるかを取り上げている。

VIRTUAL（バーチャル）のブランチは、電話、IT接続、仮想モデルの描写など、基本的に、人が必要とする目に見えない種類のサービスを説明している。

WAY FWD（前進）のブランチは、このプロジェクトを実現させるという意味だ。このブランチは、この種の巨大なプロジェクトを前進させるときの典型的な方法を表している。種となる構想、概念、アイディア、すなわちシード・アイディアとシード・キャピタルから始める。支出を開始し、一歩ずつ先に進み、各ステップに基づいて事を進めて目標に向かって進む。£¥$€（資金）のブランチは、シード・キャピタルから最後の投資家層、つまり7～13%のリターンで満足する通常は退職金ファンドか保険会社への資金の流れを示している。

SUPPORT（サポートエンジン）のメイン・ブランチはビジョン（先見性）のブランチで、不可欠である。なぜなら、どのようなプロジェクトであっても、設計図がいかにうまく描けても、ビジョンがないと、どの道を自分が進んでいくのかがわからなくなるからだ。ビジョンがないと、プロジェクトの採算性はもちろん、人間らしさが存在しなくなる。

ビジョンを持つためには、構想を練って、それをかき出せば十分だと考えがちだ。しかし、これは手始めにすぎない。たとえて言えば、たくさんの崖を見渡している段階だ。いずれも素晴らしい景色で、青々として見えるかもしれない。だが、一つとして同じものはないし、辿ることのできる道があるとも限らない。また、目的地に到達するには、自分の辿っている道を常に知っておかなければならないが、それには変わることのないビジョンが必要だ。そのビジョンを表したものがマインドマップである。

INFOTAIN（インフォテインメント）のブランチは、いかなるベンチャーも知識媒体と"種"の間に楽しいインターフェースを持つべきだという点を強調している。インフォテインメントは実は、我々のプロジェクトについて知らせること、同時にそのサイトを訪問した人々を楽しませることだ。

　REVENG（収入）のブランチは、収入のけん引役をハードウェアとソフトウェアの2つに分けて概説している。ハードウェアはリグ、タンカーなど、ソフトウェアは銀行、取引所、コンサルタント業務などで構成される。もちろん、収入はプロジェクトの資金を循環させる動脈である。
　REVENGのメイン・ブランチの先から伸びるSUPPLY（サプライ）のブランチは、外部へのサポート提供について説明している。砂漠、ジャングルの奥深く、あるいはシベリアの僻地、北極圏の深海や強風の吹き荒れる場所など、神は地球上の最も困難な場所に石油を創造した。それゆえ、サポート・サービスが不可欠だ。ヘリコプター、飛行機、石油の漏出と災害の管理方法など、必要なものは非常に多い。
　BACK（バックアップ）のサブ・ブランチには、空気、海、医療に加え総合的な環境災害管理と対応ユニットなど、あらゆるサポートを記入してある。ソフトウェアとハードウェアも必要だ。ハードウェアは収入源になり、リグの建設、船の建設、駐車場や橋架の建設、地上と海上の掘削リグの建設などが含まれる。このすべてをバックアップするために、銀行業務、コンサルティングなどのソフトウェアが必要になる。そのそれぞれが、収入の規模を拡大するのに役立つ。

　COSTS（コスト）のブランチは、購入、あるいは賃貸した土地、税金、手数料、政府の課した関連税などで構成される。

　Synergies（シナジー）は知性を最も刺激するブランチの一つだ。オーケストラのメンバーがいい響きを届けるために他のメンバーを必要とするように、すべての拠点は他のハブを必要とする。シナジーに目を向けると、エネルギー産出する都市や地方はいずれも、その地形の長所と短所を持っている。それはイチゴの種を蒔くようなものだ。英国で育てるのとニュージーランドで育てるのとでは味が異なる。この複雑さ、個体差、そして拠点間の関係を強化する可能性を認識する必要がある。

　"ひまわり"のブランチは大きな黄色の花弁が特徴だ。花弁はエネルギー・プロビンスのプロジェクトに関与しているさまざまな国、地域、政治システムを表している。

マインドマップのこの部分で私が描こうとしているのは国によって、そして人によって焦点とスキルが多様であり、それまで仕事をしてきた環境も異なることだ。プロジェクトの花が見事に咲くためには、このプロジェクトのビジョンのために特別に設計されたスキルセットを持つ人やグループを選ぶ必要がある。

　このため、"ひまわり"のブランチでは、とても色鮮やかに、"違うこと"が実は長所であることを説明している。マインドマップのこのブランチ は"調和と強み"のブランチと名付けてもいいだろう。

　要約すると、このマインドマップはエネルギーをお金に換える方法を説明している。これには、天候、人間のエネルギー、お金などあらゆる意味でのエネルギーが関与し、人類全体のために、それを資金にする方法を示している。

　ＳＷＯＴ分析からバリューチェーン分析まで、マインドマップはさまざまな戦略思考ツールとテクニックを支援・拡張する。会社の目標を描いたマインドマップなど、それを見て事業を伸ばしたい方向性を思い出すきっかけがあれば、成功の可能性は高まる。大局を把握しておくと、その目標を達成する過程で取り組む中小の課題に集中できるからだ。

次の章では…

次章では、
マインドマップを
業績向上に生かす方法を紹介する。

第4部

業績向上のためのマインドマップ

マインドマップで売上を伸ばす 11

得意先や見込み客との商談中にマインドマップをかき始めると、相手が強い関心を示し、会話のきっかけになることがよくあります。「私は絵が描けなくて……」、「こうした実用的な思考技術をビジネス研修で教えて欲しい」などと、話は尽きません。しかも、マインドマップでメモすると話し手に目を向ける時間が増え、相手の話をよく聴けます。これは、売上を伸ばすためにとても重要です。

ナイジェル・テンプル　マーケティング・コンサルタント、講師、トレーナー、作家

11章のマインドマップ・サマリー

アイディアや製品を売るときも、顧客や同僚の支持を得たいときにも、「売り方」が大切だ。売り手は、抜群の対人能力はもちろん、計画性、情報や時間の管理力など、多様な能力を求められる。「あなた」から買うように相手を説得するには、大量の情報を集めて頭に入れ、それを総合的に理解し、瞬時に思い出せるようにしておかなければならない。また、定期的にフォローアップして顧客との長期的な関係を築き、売り逃しを防ぐことも重要だ。

マインドマップを使うと営業戦略が明確になり、事前準備、プレゼンテーション、その後のフォローアップという一連の作業をしっかりと管理できる。また、iMindMapなどのPCソフトを使用すると、コンピュータ・スキルやパソコン素材を生かして時間の短縮を図れるし、マインドマップが専門的な仕上がりになる。

マインドマップ営業術

仕事の打ち合わせは、事前の準備が大切だ。商談を成立させて注文を確定し、見込み客の顧客転換率を高めるには、入念な準備が欠かせない。見込み客のニーズとウォンツの把握、購入を決めるまでのプロセスの理解、自社の取扱商品とサービスに関する情報の取りまとめ、競争会社の調査、そして各作業を通じて得たさまざまな知識を組み合わせた効果的な「売り方」の工夫──こうした準備を徹底すれば、説得力のあるセールス・プレゼンテーションができる。

マインドマップは事前調査を支える枠組みになり、必要な情報をすべて入手した後は、論点や意見の優先順位を決めて、効果的な営業計画を立てるのに役立つ。

事前調査では、見込み客の獲得（リード・ジェネレーション）と面談設定（アポイントメント・セッティング）の段階で、販売プロセスを通じて多くの情報を収集できるし、業界レポート、見込み客のホームページ、フォーラムなども情報源になる。一般に、見込み客が大手であるほど、商談前に調べておくべきことが増える。相手が大企業であれば、個人に販売するときよりも入

念な準備が必要だ。いずれの場合にも、マインドマップを使うと柔軟に対応できる。

　また、マインドマップで準備すると、自信も深まる。「十分な情報を持っている」という印象を見込み客に与えるし、商談中に相手がどのような行動に出ても最適に対処できるように考え抜いてあるからだ。

マインドマップを使って商談に備える（iMindMapで作成するときの手順）

　まず、その商談のポイントを表すセントラル・イメージを選択し、タイトル（セントラル・アイディア）を入力する。次に、セントラル・アイディアから放射状にメイン・ブランチを広げ、主要な調査項目をその上に記入する。次の例を参考に調査項目を決め、あらゆる角度から考えて準備しよう。

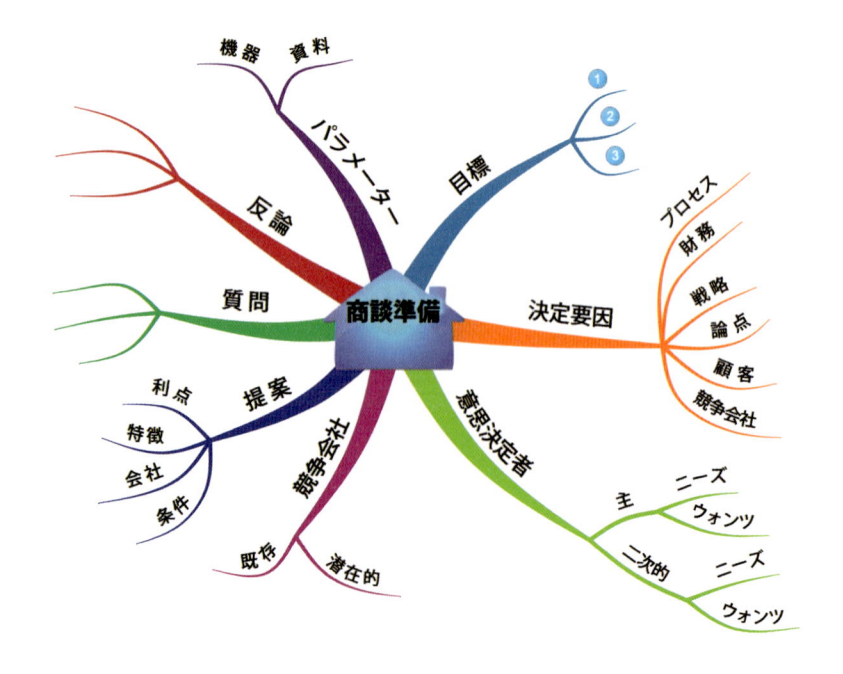

目標

商談で達成したい主な目標と成果を決める。これは、商談相手の規模（大企業か個人か、など）によって大きく異なるかもしれない。大企業が相手の場合には、各担当者とさまざまな目的で、何度も面談する必要が生じることもある。例えば、ニーズの発掘、将来に対する意識の喚起、注文の確保、次の打ち合わせの段取り、反対意見や懸念への対処、他の主要利害関係者との面談設定、関係構築、商談を一歩先に進める同意の確認などが段階別の目標になるだろう。

このブランチで設定する目標によって、セールス・プレゼンテーションの内容が決まる。

決定要因

見込み客の意思決定に影響を与える主な要因（プロセス、財務、戦略、論点、顧客、競争会社など）をマインドマップのサブ・ブランチに記入する。

プロセス 見込み客がたどりそうな意思決定プロセス。
財務 予算や年度末など、金融・財務面の要因。
戦略 見込み客の戦略目標と優先順位。
論点 意思決定に影響する可能性のある論点、問題、あるいは課題。
顧客 見込み客の取引先。これがわかると、相手のニーズと関心事を深く理解できる。
競争会社 見込み客との取引で競合する主なライバル。

商談の前に情報を得られない場合は、見込み客が事業を行っている市場セクターについて、こうした要因の特定を試みる。個人消費者が対象であれば、訪問の約束をした相手のタイプを調査するための顧客プロフィール用マインドマップを作成する。

意思決定者

見込み客個人、あるいは組織の意思決定に直接関わる人と影響力のある人を、できるだけたくさん洗い出す。この作業は、さまざまな人やグループに

対してプレゼンテーションを行うときにはとくに重要だ。相手の一人一人に個人、あるいは組織としての多種多様なニーズがあり、どの利点に反応するかが異なるからだ。意思決定の鍵を握っていそうな人に印をつけるか、マーカーを使って目立たせ、意思決定に直接、あるいは間接的に関わる人のニーズと動機を見極めよう。

　提供する製品やサービスと関連づけて見込み客のニーズを理解すると、相手の基本的な要求を100％満たすための、建設的な営業姿勢を取ることができる。ニーズは、見込み客の合理的購買動機を左右する。通常は、製品特有の機能に対するニーズで、そのときどきの問題から生じ、数量化できるデータに基づいていることが多い。具体的な問題を解決できる、時間や経費を節約する、必須条件に合っているなど、自社の製品やサービスが見込み客の基本的なニーズをどのように満たせるかを評価しよう。

　同様に、見込み客のウォンツの特定も重要だ。なぜなら、これが製品やサービスの購買行動と意思決定を後押しする感情的、そして私的な動機を左右するからだ。たいていの場合、ウォンツは認識や感じ方に基づいているので、見込み客が「あなた」から買うように説得するために、製品やサービスに関連した購入動機を刺激する方法を考えよう。最も一般的な購買動機として挙げられるのは、欲得、失う恐れ、心地よさ、利便性、安全性、予防、所有者であることのプライド、感情的満足感だ。これらの検討項目すべてをマインドマップに記入しておこう。

競争会社

　見込み客との取引で競合している会社と潜在的なライバルを評価する。同種の製品やサービスについて交わされている現行のサプライ契約を探し出し、取引先を奪われる恐れがあると感じたときに相手が取りそうな行動を見極める。また、今後競合する可能性のある企業を特定し、何を提供しているかを考慮に入れる。これがわかると、ライバルに差をつける方法が見えてくる。

提案

　それまでに実施した調査から得た知識に基づいて、提案の主な構成要素を

決める。

　製品やサービスの長所の中で、見込み客に最も関係のありそうなものをマインドマップにかき出して、相手（個人、あるいは組織）にとって最重要、あるいはユニークなメリットに印をつけるかマーカーを塗って目立たせておく。これが、あなたの提案の中心、つまりプレゼンテーションの目玉になる。企業の意思決定者にとっては、経費、利益、あるいは営業効率に結びつくメリットが重要だろう。個人消費者は、購入によって収入が増えることや、時間とお金を節約できる可能性も重視するが、イメージアップ、安心感が増すなど、より私的な恩恵にも反応するかもしれない。

　最新情報を完全に把握しておけるように、提供している商品やサービスの主な特徴をマインドマップに要約する。その中で、実演して見せる必要のある特徴があれば、ざっと説明できるようにしておく。

　また、「あなた」についての情報も準備する。自社と自分自身の信頼性について、提案内容の裏付けになりそうな主要項目をマインドマップに記入しておこう。

　プレゼンテーションに先だって販売価格と契約条件を決め、どこまで交渉に応じるかの心づもりをしておく。また、製品の導入や設置について見込み客に伝えておく必要のある情報があれば、それもマインドマップに記入する。

質問

　マインドマップの「質問」のブランチは、知識不足を補って、商談中に必要な追加情報をすべて揃えるためのチェックリストとして使い、想定質問や追加情報の見出しを記入する。見込み客がその製品やサービスから得る最大の恩恵を、個人と組織の視点で特定、あるいは確認できるような質問を中心にしよう。

　いつ、誰が、どのような手続きを経て意思決定するか、競争会社が圧力をかけていないかなど、個人や組織への販売方法の最適化につながる質問があれば、それもマインドマップに加える。また、目標は何か、問題が生じていないか、（問題があれば）それが長期化するとどのような影響が出るか、現時点でその問題がどの程度の負担になり、事業機会を損なっているかを尋ね

よう。さらに、見込み客が自社のライバル企業とも商談中か、誰がサプライヤーの選択に関与しているかも探り出す。もちろん、相手の予算と価格交渉の余地を確認することも大切だ。

反論

あなたの営業力がいかに高くても、商談中に反対に合うことはある。商談を進める妨げにならないように、反論には建設的に対処することが大切だ。あなたの説得に対して、どのように抵抗する可能性が最も高いか、その理由は何かについて事前に検討しておこう。例えば、疑念がある、資金、知識、財源が不足している、差し迫ったニーズや緊急性がない、最終決定をする権限を持っていない、などが抵抗の理由になるだろう。

このような反論に対する準備をしてプレゼンテーションを行えるように、マインドマップの「反論」のブランチを展開し、抵抗の理由と対応策をサブ・ブランチ上に記入しておこう。

パラメーター（付加的要因）

「パラメーター」のブランチでは、プレゼンテーションや打ち合わせを円滑に進めるために必要な追加要因をサブ・ブランチ上に記入する（例えば、プレゼンテーションに費やす時間、機器などの必需品、サンプル、配布物、パンフレットなど持参する資料）。

商談中

商談は、入念に計画と準備を進めてきたことを実行に移す段階だ。製品やサービスの紹介、あるいは具体的な提案の目的で訪問する約束をしたら、事前にマインドマップのテンプレートを作成しておこう。このテンプレートを使ってスケジュールを立て、商談の一部始終を記録する。商談中は常にマインドマップを使うようにすると、相手の本音を引き出して提案を受け入れてもらうのに最適な、開かれた環境を作りやすくなる。

マインドマップは、あなたの提案を１枚の絵のように簡潔に表し、その有機的な形が目を引いて記憶に残りやすい。また、相手と友好的に意見を交換

するための格好のたたき台にもなる。マインドマップは連想を刺激し、創造的な思考を促すので、相手の本当のニーズとウォンツを解き明かし、あなたの提案を受け入れるように説得する方法を見つけやすくなる。

商談中に使うマインドマップ

以下のテンプレートを参考に、あなたの提案が一目でわかるようなセントラル・イメージを描いたマインドマップを作成しよう。強力なセントラル・イメージを使うと、何を提案したいかが見込み客にしっかりと伝わる。メイン・ブランチで扱うトピックの例として、以下では標準的なセールス・ステップを踏むときのガイドラインを示した。

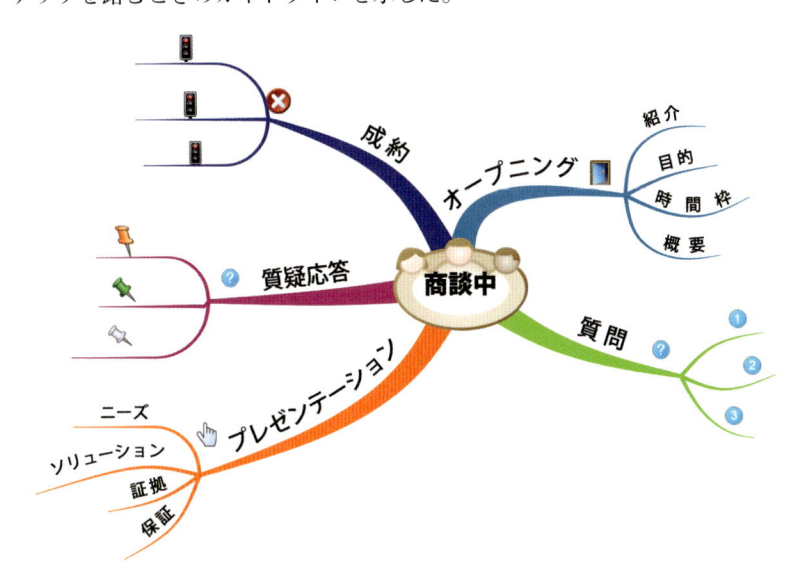

オープニング（冒頭）

自己紹介する。姓名、会社名、役職を伝え、自社の業務内容を簡単に紹介する（見込み客に合わせて調整し、相手に訴求する内容にする）。訪問の目的を相手の立場になって説明する。例えば、特定の分野で相手が置かれている状況と優先課題を理解しているので、その課題に自社がどのように対処できるかを説明したい旨を伝える。次に、共通の基盤がありそうなら、次の段

階に進む方法について合意する。

「学習中の記憶」の原則（129ページ参照）を頭に入れて、相手の記憶に残りやすいような全体の流れを作ろう。まず、何を話すかについて手短に概要を述べ、所要時間も伝えておく。用意したマインドマップをスクリーンに投影するか、印刷して見込み客に見せる（併用するのも効果的だ）。こうすると印象に残るし、マインドマップが座を和ませ、話を先に進めやすくなる。

打ち合わせにどの程度の時間を使えるかを見込み客に尋ね、お互いにとって都合のよい終了時間を予め決めておく。そして、好印象を残せるように、あなた自身、自社、製品やサービスへの信頼が高まるような方法で全体をざっと振り返って打ち合わせを締めくくる。

質問

最近の営業理論では、質問の段階が以前より重視されている。セールスパーソンの情報収集に不可欠なだけでなく、意思決定を促すプロセスとして買い手にとっても重要であることが認識されたからだ。マインドマップを会話の糸口にして、見込み客の本音、意見、考え、ニーズを引き出そう。

「質問」のブランチを使って質問事項を準備してあるので、それを使って見込み客から情報を聞き出そう。共感を生むような適切な質問をすると、信頼関係の構築に役立つ。注意深く話を聴いて、顧客が何を意味し、感じているかを理解していることを示すと同時に、自社の製品やサービスと関係のある戦略的課題をすべて特定するように試みる。こうした課題を解決できるかどうかが、最終的な判断と購入動機の鍵となるからだ。あなたの理解が正しいかどうかを確かめる時間を設け、マインドマップの「質問」のブランチを使って見込み客の重要課題、要求、優先項目を要約し、後から参照できるようにしておこう。

プレゼンテーション

「プレゼンテーション」のブランチでは、自社の製品やサービス、または提案が見込み客のニーズ、優先課題、制約、動機にどのようにマッチするかを簡潔に示す。

ここで、質問の段階で得た情報が重要になる。見込み客の現状や優先課題と絡めて、最も関連性の高いメリットについて重点的に説明しよう。準備してきたプレゼンテーションと新たに得た情報を併用し、相手にとって満足のいくようにニーズと自社製品の長所をぴったり合わせることがポイントだ。

その第一歩として、製品の購入動機になるような問題やニーズを特定し、それをすべての基本にしてプレゼンテーションを展開する。今うまくいっていないことは何か、何らかの解決策を講じているなら、その周辺の課題は何かを把握しよう。

見込み客にとっての最大の問題とニーズが明確になったら、次の目標は、それが解消したときの理想的な状況を提示することだ。あなたが提供する製品、サービス、または知識を紹介し、それがどのように問題を解決するかを論理的、かつ感情に訴えるように説明する。事前調査と質問の段階で確認した購入動機を誘発し、製品の特徴と長所が見込み客の実益にどう結びつくかを示そう（自社の製品やサービスについて「広く認識されている」長所やユニークな特徴を準備中に特定したので、そこに注目してもらう）。また、ここで緊急性を加え、「今行動を起こさないとどうなるか」、つまり製品やサービスを購入しなかった場合の影響を示すと効果的だ。

顧客の推薦状や紹介、事実と数字で示す正確な情報など、成功事例や満足した顧客の声を盛り込むと、提案の裏付けになる。代表例を1つ選んで、あなたの提案した解決策が顧客の問題解決にどのように役立ち、どの程度の数量効果があったかを詳しく説明するための事例研究を用意してもいい。

プレゼンテーションの本論を締めくくるときには、しっかり請け合って見込み客に安心感を与える。説得力のあるプレゼンテーションを終えたこの時点で、価格情報を持ち出すといい。例えば、購入費の回収にかかる期間を示すと、価格について切り出しやすい。

質疑応答（Q&A）の時間：反対を乗り越える

最近は、営業プロセスの最初の段階で顧客を理解することが重視されるようになった。情報収集が早期に行われるようになったため、セールスパーソンが「反対を乗り越える」段階が必要ないこともある。しかし、反対意見が

出ないとは限らない。反対意見にはマインドマップを使って対処し、けんか腰にならずに、建設的な方法で乗り越えよう。

　反対意見の多くは、追加情報の要求に他ならず、素早く処理できる。見込み客の質問に答えるのと同じように反対意見に対応するといいだろう。あなたの提案した解決策の利点が見込み客の質問や反対意見にどのように対処できるかを、矢印を使ってマインドマップ上で示すと非常に効果的だ。

　複雑な反対意見については、その本質、つまり本当の問題を正確に理解して誤解を防ぐために、深く検証することが必要かもしれない。その場合は、マインドマップのブランチを新たに作成して反対意見を1つずつ隔離するテクニックが有効だ。それぞれの反対意見について見込み客と共に連想を自由に広げ、その深層部にある要因を探る。それが完了したら、見込み客との共同作業で、要求を満たせるように提案の形を整える。この生産的な作業は、面と向かった対立を回避する方法として優れ、顧客との関係を築く絶好の機会になる。また、反対意見からヒントを得て、成約に結びつけることもできる。

　すべての質問と反対意見に対処した後のマインドマップは、見込み客が成約に向けて進むための強力な視覚的論拠になる。また、マインドマップに共同作業で追加的な要素を加えたので、その後の段階で誤解が生じる可能性はないに等しいだろう。

成約（クロージング）

　あなたの販売する製品やサービスでニーズを満たしたいと見込み客が思えば、商談は成立する。何を、誰に販売しているかによって成約の方法は異なる。例えば、個人向けに低価格商品を販売している場合は、すぐにでも商談を成立させて注文を確保したいはずだ。そうであれば、マインドマップ上にその旨を記入し、契約の条件と履行方法を併記しておく。

　しかし、大企業向けの営業はプロセスが複雑なこともあり、署名捺印済みの注文書を手にするまでに、他の作業が必要になることもある。その場合には、必要なステップ、関与する人を確認してマインドマップに記入し、期限内に成約する約束を取りつける。見込み客を顧客に転換するには、しっかりとフォローアップすることが大切だ。

意思決定のスタイルは人それぞれだが、マインドマップを使えば相手のやり方に合わせて効率良く対応できる。例えば、地位の高い実務家は瞬時に意思決定し、詳細は後回しにして、すべての重要事項を記入したマインドマップをすぐに欲しがる可能性が高い。一方、慎重な技術畑の人は、時間をかけて詳細な点にも細心の注意を払いたいかもしれない。後者の場合にも、マインドマップのサブ・ブランチを増やすか、「チャイルド・マップ」を作成する（任意のブランチから別のマインドマップを作る iMindMap の機能を使う）ことによって簡単に要求を満たせる。

　この段階で iMindMap を使うと、成約までの時間が大幅に短縮される。また、条件や取り決め事項の確認書作成に時間がかかって成約が遅れることもなくなる。その場でマインドマップを印刷し、署名済みの販売記録、あるいはその後の行動計画書として双方が持ち帰ることができるからだ。

アフターサービスとフォローアップ

　アフターサービスの内容と程度は、販売した製品やサービスの種類によって異なる。ただ、顧客価値と顧客満足を提供するには、そのための重要なプロセスを踏む必要があるという見方が一般的だ。また、成約に至っていない場合にも、効果的なフォローアップの実施によって信頼を構築できるし、あなたの誠実さを示す重要な指標になる。マインドマップを使うと、こうした一連のプロセスを戦略的に管理できる。

販売成立後のチェックリスト

　マインドマップを使うと、アフターサービス関連のプロセスをすべて記録して経過を追う作業が効率化し、顧客管理データの提出を求められたときにも簡単に応じられる。1回限りの購入ではなく、リピート購入で利益を上げることが目標であれば、顧客と長期的な関係を築くために実施するフォローアップは極めて重要だ。

　販売が成立したら、成約の際に合意した要点のそれぞれをメイン・ブランチに記入し、漏れがないかを確かめ、事務所に戻ってから販売の詳細を電子メールか手紙で確認する。取付方法説明書、納入仕様書、取扱説明書などの関連書類については、別途作成して顧客に必ず提供するように手配する。

　必要に応じて顧客と連絡を取り、注文の処理方法に相手が満足しているかを確認しよう。こうすると、注文の取り違えなど、放置しておくとキャンセルが生じるような混乱を回避できる。納入までの間、節目ごとに顧客を定期的に訪問して情報を提供する計画と、納入後の訪問予定をマインドマップにかき入れておこう。また、注文通りのものを納期内に受け取ったかどうかの確認も重要だ。

　企業からの高額な大口注文の場合は、設置の手伝いや、研修を実施するために、販売後もセールスパーソンがかなりの時間を顧客と過ごすことになる。一方、小規模な購入であれば、顧客が製品を使い始めた後の質問に対応するだけで済むこともある。

　販売会社はセールスパーソンに報告書と評価の提出を義務付けて、売上手数料やボーナスと連動させることが多い。報告義務がある場合は、マインドマップをプロジェクト管理ツールとして使い、顧客別に注文金額、製品の種類と数量、それ以外の関連事項の詳細などの情報を追跡すると効率的だ。顧客が指摘した問題点や苦情があれば、それもマインドマップに記録して、解決に向けた進捗状況を記入する。顧客の反応や評価は、良いものも悪いものも記録しておこう。良い評価は、「お客様の声」として販売促進に使い、悪い評価は自社とその代表である「あなた」が成長する機会を提供してくれるからだ。

　良心的で誠意のあるフォローアップをすると、その見返りとして取引先を

紹介してもらえることが少なくない。新規の販売機会を開拓するために、推薦を依頼してみよう。

「連絡」のブランチ：見込み客のフォローアップ（255ページのマインドマップ参照）

　訪問の後、見込み客に覚えていてもらうことは極めて重要だ。忘れられてしまうと、成約の機会を逸しかねない。前述のように、学習後24時間以内に詳細情報の80％を忘れてしまうという調査結果があるが、これは全く復習しない場合である。マインドマップを使って学習後24時間以内に情報を見返せば、ほぼすべてを覚えておける。また、その後も定期的に復習を繰り返せば、保持率を高く維持できる。

　この点を踏まえて、訪問時に収集した重要な情報をまとめたマインドマップをもとに、継続的なフォローアップを実施する計画を立てよう。結果が出るまで、次のタイミングで見込み客に連絡するといいだろう。

- **訪問の直後**　面談の内容と結果を要約し、できるだけ早く送付する。参照用のマインドマップ・サマリーを添付し、見込み客が面談後24時間以内に見直す可能性が高まるように、電子メールかファックスで送付しよう。
- **1週間以内**　電話で連絡する。購入を決めたかどうかを尋ねるだけでなく、一歩先に進めるための正当な理由を提供する。例えば、訪問したときに依頼された調査の結果を報告したり、不明な点があれば説明したりする。

　電話の後、電子メールかファックスでマインドマップ・サマリーを再送し、あなたの提案の主なメリットを再確認してもらう。進捗状況を伝えるために、最新情報を加えてもいい。

- **1カ月以内**　まだ成約できていないなら、1カ月後にもう一度見込み客に連絡し、購入判断に影響を与えそうな最新情報や新たな展開を伝える。あるいは、特売や新しいカタログなどについて知らせる。この連絡を機に商談を一歩先に進めよう。提案をまとめたマインドマップを再び送付して、「あなた」を相手の記憶にしっかりと定着させる。

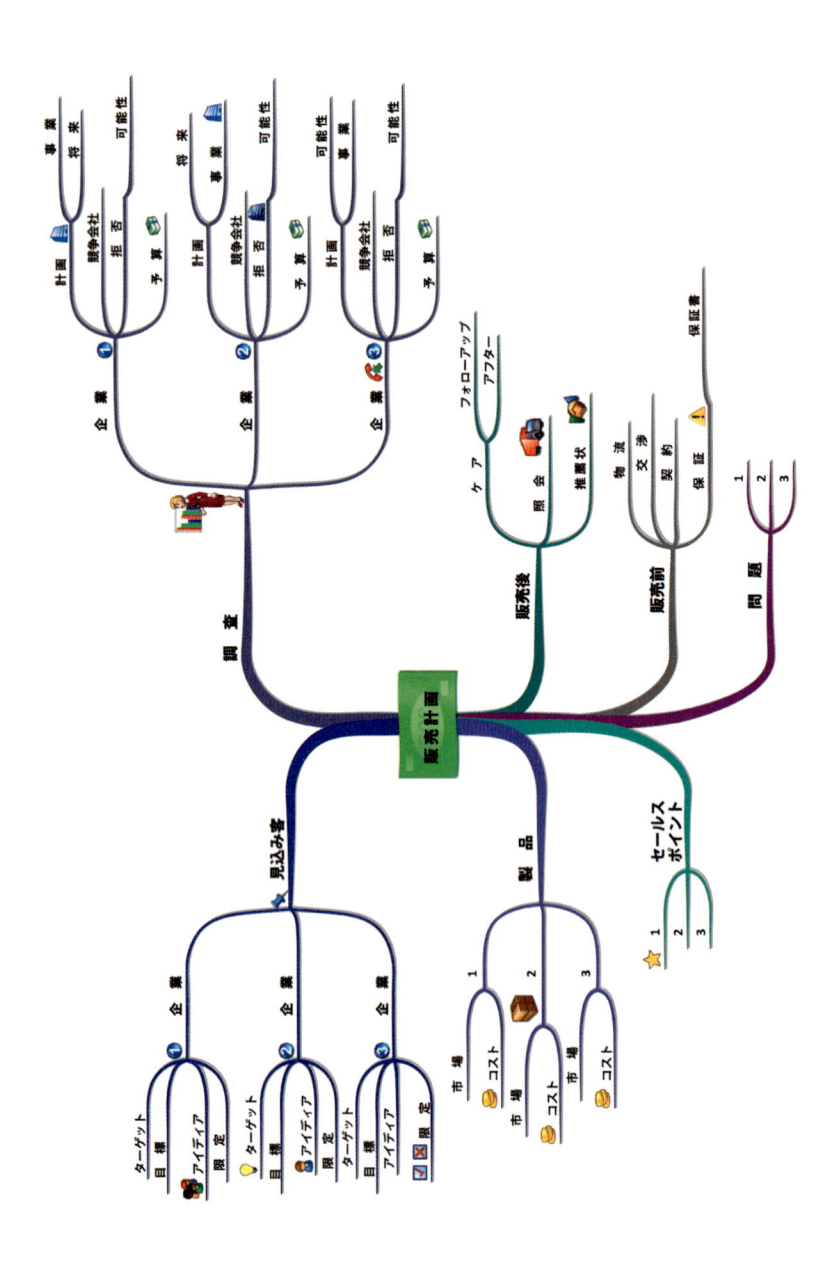

販売計画のマインドマップの例（iMindMapで作成）

- **６カ月以内**　半年も経過すると、購入に向けた進展が全くないように思えるかもしれないが、新しい情報があれば見込み客に伝えるといい。その情報をきっかけに購入を決めるかもしれないからだ。あなたのマインドマップと提案を相手は熟知しているので、状況が変わって購入しやすい状況になれば、真っ先に「あなた」に連絡する可能性が極めて高い。

綿密に計画されたフォローアップは、見込み客と良好な関係を構築したいというあなたの決意の表れである。時間をかけて築いた関係が最後に実を結んで大口の取引が成立することは珍しくない。

最初は関心を示さなくても、人一倍の努力を評価する見込み客は少なくないはずなので、最終的に報われるだろう。長い目で見れば、フォローアップは、ゼロから見込み客を探すより費用対効果がはるかに高い。

次の章では…

本書の締めくくりとなる次章では、
仕事と人生の目標を設定し、
ゴールに向かう過程で
変化に対応する方法を取り上げる。

12 目標設定と変化への対応

マインドマップ導入により、行動計画や目標管理は容易になり、
プランニングの能力も高まった。

財団法人日本サッカー協会　スポーツマネジャーズカレッジ

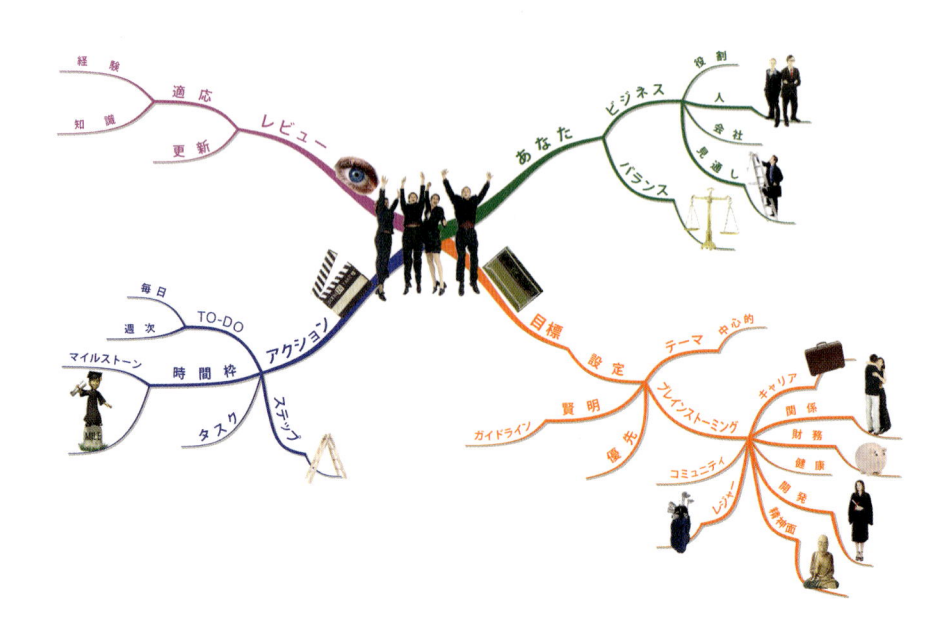

12章のマインドマップ・サマリー

仕事と私生活を調和させてこそ、知性を発揮して仕事に取り組むことができる。夢を抱き、目標を達成し、家族や友人との時間を満喫できるようなバランスの良い生活——その実現に向けた第一歩は、何を優先するかを明確にして目標を立てることだ。自分の人生の主導権を握るために、マインドマップを使って目標を設定しよう。

　仕事、私生活、そして社会生活のバランスを何とか維持しようとして苦心する人が増えている。その背景となっているのは、最近の社会経済情勢の変化である。技術が進歩し、グローバル化が進み、家族の役割が変わり、生産性向上への期待が高まるなど、環境の変化に伴って仕事とプライベートの境界があいまいになってきた。このことが原因でバランスを崩し、ストレスや不安が高じて、人生を楽しむことを諦める人も少なくない。仕事、趣味、家族の間で板挟みになっていると、人生すべてが中途半端なように思えてくる。

　しかし、自分が握っている主導権は想像以上に大きい。このことを心にとめておけば、仕事の波に飲まれることなく、確実に状況を変えることができる。何を変えたいか、何が変化しているかにかかわらず、「前向きに考える」という選択肢は常にある。かなり酷い状況の中でも、何割かの良い部分に注目しつつ、変える必要のある残りの部分について現実的に考えることは可能だ。

　まず、仕事に直接、あるいは間接的に影響する要因について考えてみよう。間接的に影響する外部要因としては、グローバル企業、今後のトレンド、国内の政治経済的変化、国内外における政治的影響、環境変化（自然環境の変化と人為的変化）、企業の業績と利益水準、投資動向と消費動向に表れる財務要因などが挙げられる。一方、社内で直接影響を及ぼす要因には、組織のリーダー、部長、チーム行動、同僚との関係などがある。また、あなたの個人的ビジョンも内部要因に含まれ、社内での地位や経歴に関係なく、あなた自身が組織のあらゆる階層に影響を与え、変化をもたらすことができる。

仕事に影響を与える要因

仕事について考えるためのマインドマップ

　変えたいことや、直面している変化が何であれ、キャリアや仕事における「現在地」と向かっている方向を知ることが大切だ。まず、今の仕事、あるいは望ましい状況に目を向け、目標を思い描いてセントラル・イメージを決める。次に、以下の質問について考え、ブランチを展開しよう。

- 仕事をする上で重要なことは何か？
- 実際の仕事は何か？
- 職業上の目標は何か？
- 仕事で満足していることは何か？
- 仕事で不満なことは何か？
- 仕事仲間と友人は誰か？
- 手本となる「変化の達人」は誰か？
- どのような環境か？
- 収入は満足のいく水準で、昇給のスピードは十分か？
- 仕事仲間は一緒に働くのが楽しい人たちか？
- 会社のビジョンは個人的ビジョンと一致しているか？

- 上司は師と仰いで尊敬できる人で、あなたの力になり、あなたを育てようとしているか？
- あなたの長所と短所は何か？　どのような昇進の機会があるか？
- あなたが選択した職業にとっての脅威は何か？
- 昇進したいか、したくないか？
- 会社が買収される可能性はあるか？　人員余剰が生じるリスクがあるか？
- 新しい仕事を探している場合、その新しい仕事に何を求めるか？

　このマインドマップをかくときには、健康そのもので、仕事に全力を尽くすだけでなく、友人や家族と過ごす時間、娯楽や趣味のための時間も大切にする「あなた」を描こう。人生の目標と仕事のそれがせめぎ合うことのないように、目標を一体化することが大切だ。

ワークライフバランスのマインドマップ──目標設定

　マインドマップを使って目標設定すると、人生の方向性を明確に見出すことができ、進む道を選べる。また、マインドマップに目標を描くと、内に秘めた感情を読み取って、内面の葛藤があればそれを一掃し、人生のすべての領域で優先順位を決定できる。人生で達成したいことがはっきりわかれば、時間、努力、資源をそのために集中し、意欲的に取り組める。

　ゴールが一目でわかるマインドマップがあると、気が散ってコースから外れるような要因をすぐに見つけて排除できる。また、目標を達成し始めると、人生を操る能力に対する自信が一気に深まるはずだ。

マインドマップで目標設定

　マインドマップは柔軟に使えるので、あらゆるレベルで目標を設定することができる。手がきで作成するときは、欲求や希望に加え、責任と制約もざっとマインドマップにかき出すことから始める。それを見直して検討し、完成度の高い、カラフルなマインドマップに仕上げていく。マインドマップの作成にPCソフトを使えば、視覚化した目標を確認しながら、マウスを数回クリックするだけで、調整や再編成が簡単にできる。また、さらに掘り下げて、

詳細な計画を立てることも可能だ。

　希望や夢を紙に描くときには、まず、スケールの大きな長期目標の全体像をつかもう。次に、それを分解して、大きな目標を達成する過程にある小さなゴールや行動に落とし込む。これとは逆に、小さなゴールそれぞれのマインドマップをかき、それを合わせると人生の全領域を管理するための「ライフ・ダッシュボード」になるようにしてもいい。

　次の手順を参考にして、目標設定と、目標を達成するための行動計画のマインドマップを作成してみよう。

1　「目標」を表すセントラル・イメージを描く

　まず、目標を表すセントラル・イメージを描く。人生の目標、10年後、5年後、来年、あるいは来月の目標など、その規模に応じたセントラル・イメージを選ぼう。

　長期目標を立てると大局的な観点から検討し、より的確な意思決定をすることができる。また、長期のビジョンを描くと、一日一日をより効率的、かつ勤勉に生きる動機にもなる。

2　主な目標を洗い出す

　次に、必要なだけ時間を使って、主な目標（人生の各領域における大きな目標）についてアイディアを広げる。まず、セントラル・イメージから広がるメイン・ブランチのそれぞれに、人生の主な領域を割り当てる。マインドマップのフォーマットを使うと、人生全般に目を向けながら領域別の目標を設定して可視化できるので、バランスを取りやすい。目標はイメージで表したほうが心に強く訴えかけるので、随所に絵を加えると効果的だ。目標をカテゴリー別に分類するために、次のような人生の領域、あるいは人生における役割について考えてみよう。

- **職業と仕事**　現職でどのレベルまで到達したいか、あるいは仕事を替えた

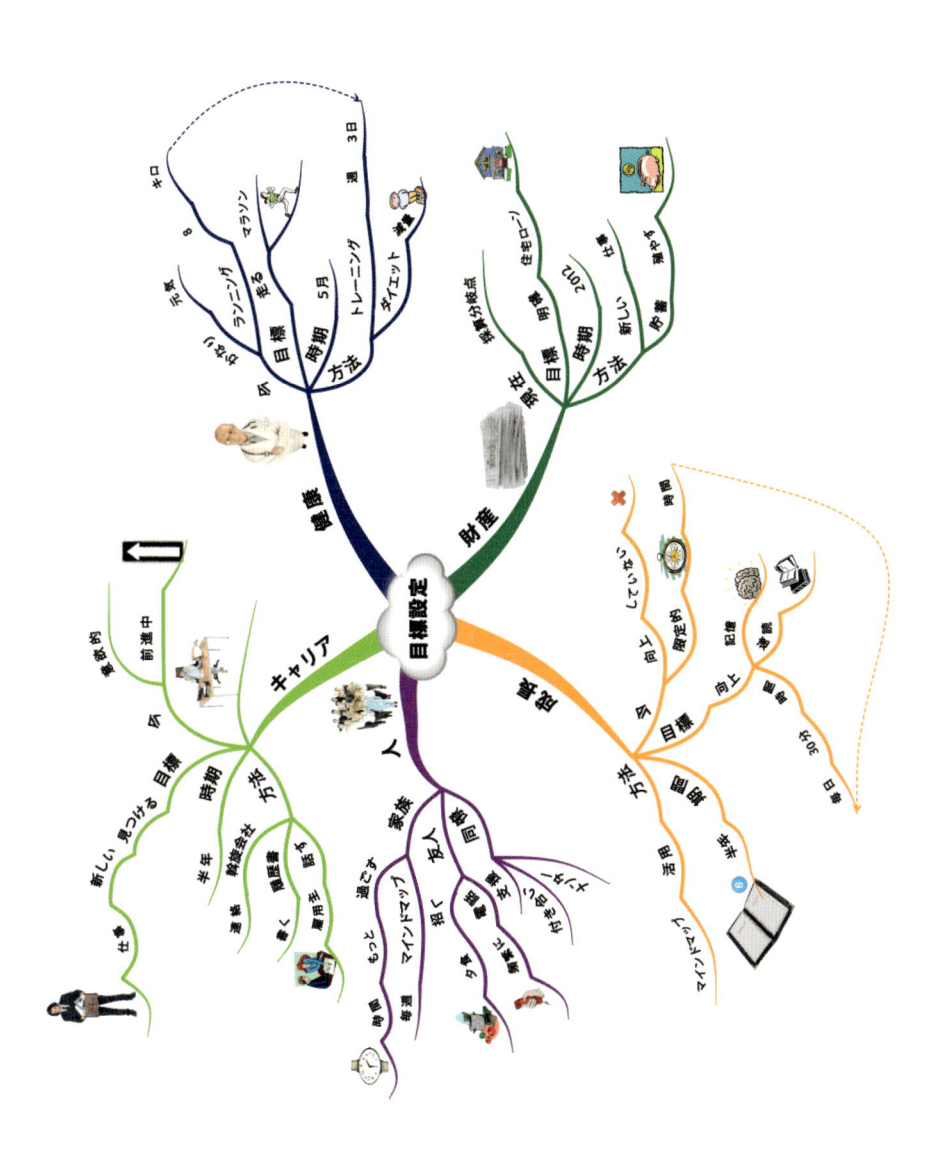

12章●目標設定と変化への対応　265

大局的な視点で目標を設定できるように、マインドマップのメイン・ブランチに人生の主な領域を割り当てる。

いか？　自営業者の場合、長期的に見て望ましい市場占有率、利益、サービス、品質の水準を検討する。

- **家族と人間関係**　パートナーとの関係をどのように発展させたいか、親としての目標があるか、育児能力を高めたいか、親戚や友人とどのような関係を望むか？
- **財産と財務**　パーソナル・ファイナンスについてどのような目標があるか？　いつまでに、いくら稼ぎたいか？　不労所得を得たいか？
- **からだと健康**　減量したい、あるいは身体トレーニングを具体的に計画したいなど、運動や健康面の目標があるか？
- **成長と自己開発**　研修や教育で身に付けたい特定分野の知識があるか、外国語やスピーチなど、他の目標を達成するために、どのようなスキルや情報が必要か？
- **精神性**　精神性をどこまで高めたいか？　瞑想を学ぶ、特定のスピリチュアル・コミュニティや宗教団体に加入したいなど、精神性向上のための具体的な目標があるか？
- **娯楽**　趣味にしたいこと、行ってみたい旅行先など、どのように楽しみたいか？
- **地域社会への貢献と社会奉仕**　どのような方法で世の中を良くしたいか？　参加したい社会奉仕サービスがあるか？

長期的な視点に立って目標を設定しているときに、最終目標をサブ・ゴールに分けて中間目標を置き、計画の精度を高める必要を感じるかもしれない。そのときは、5年後の目標であれば、それを達成する過程で到達しなければならない年間目標を設定するなど、サブ・ゴールに分けて対応しよう。

3　目標の優先順位を決め、目標間の関連性を示す

目標をすべて挙げたら、それぞれの領域内で目標の優先順位を考えて、「必須」「重要」「望ましい」「（あればいいが）なくても支障がない」のランキングをつける。

この作業に加えるか、代替策として、マインドマップ全体の主な目標の中

から、人生を通じて達成したいことを最もよく反映しているものを選択し、記号、数字、図形（例えば、雲のような形）を使って重要度を明確に示す。目標は1分野につき5つ以内にするつもりで数を絞り、特に重要な少数の目標に本気で集中できるようにする（iMindMapでマインドマップを作成すると、除外する目標を簡単に削除できるのでこの作業がしやすい）。最後まで残った目標は、あなた自身が本当に達成したいものだろうか？「あなたに達成してほしい」と人生に関わる他の人が望んでいる目標ではないことを確かめよう。

このやり方で優先順位を決めると、目標が多すぎて圧倒されることなく、最も重要なものに注力できる。また、すべての目標を結ぶ共通の糸が見えてくることもあるので、線や矢印を使って、関連を示しておこう。

マインドマップでグローバル金融危機を乗り切る
C.C.サムの体験談

　経済環境をめぐる不安が募る中、シンガポール在住のC.C.サムは迫りくる危機に備えて行動計画を早める必要性を感じていた。その矢先に見舞われた、失業という大きな変化に、彼はマインドマップを使って対処した。

「グローバル金融危機は、ついに私にも直接的な影響を及ぼしました。余剰人員削減の対象になり、それを言い渡された当日に解雇されるという信じがたいことが起きたのです。
　マインドマップは以前から使っていたので、今自分に何が起きているか、変化にどのように対処できるかをかいてみることにしました。そのとき、2006年に作成した人生の目標についてのマインドマップをふと思い出し、参考にしました。それは、マインドマップのセミナーに参加した後に作成したもので、当時は、「定年まで働くこと」、そして望ましい結果を出すために何をすべきかを思い描くことができました。また、マインドマップをかくのが楽しくてたまりませんでした。あの頃は仕事を常に優先していたのでマインドマップをかく時間が限られていましたが、夢と情熱は持ち続けていました。

金融業界が人員過剰に陥り、雇用機会が不足していたので、私は発想を転換し、マインドマップのインストラクターになって使い方を教えることを目標にしました。以下のマインドマップに、突然の解雇を乗り切った秘訣が描かれています。重要なアイディアは絵で表しました。今思うと、マインドマップのおかげで、将来に常に不安を感じたり、解雇された理由を問い続けたりせずにすみました」

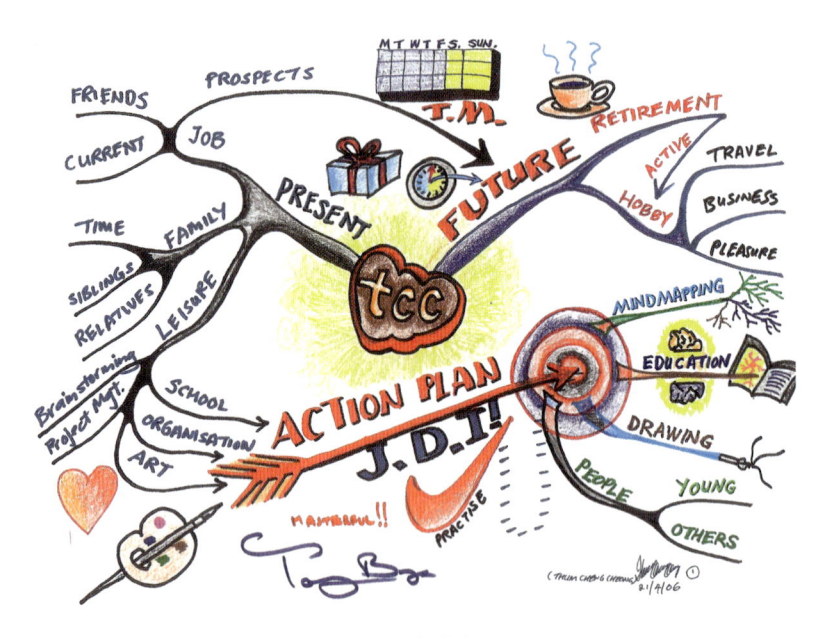

C.C.サムのマインドマップ：失業後に目標を再検討

4. 目標をスマート（SMART）にする

SMART は、Specific（具体的）、Measurable（測定可能）、Achievable（達成可能）、Realistic（現実的）、Time-based（期限がある）の頭文字を取った略語で、目標をできる限り強力なものにするためのガイドラインである。目標は明確にし、達成率を測定するための日時、指標、数量を盛り込むことが重要だ。また、実現可能で、しっかり管理できるものにしよう。この点を考慮して、マインドマップにかいたそれぞれの目標の達成に必要な詳細（「誰

が」「何を」「いつ」「どこで」「なぜ」の要素）を加える。
- **誰が**　あなた、あなたのパートナー、家族、上司など、誰が関与するかを特定する。
- **何を**　指標や数量などを具体化し、やり遂げたいことを明確にする。
- **いつ**　期限をつける。
- **どこで**　自宅、仕事場、ジムなど、場所を特定する。
- **なぜ**　その目標を追求したい具体的な理由、あるいは目標を達成することによって得る利益について要約する。

行動計画

　次に、人生の領域別に設定した目標を達成するための行動計画を立てる。目標設定のマインドマップが雑然としていたら、補助的なマインドマップを新たに作成して各領域について詳細に計画するのも一案だ。

　1つに収める場合には、それぞれの目標を記入したブランチを枝分かれさせて、行動計画をかき入れる。目標の達成に必要な作業をさらに詳しく記入したければ、作業の進捗確認のための期限や節目を設定するといい。例えば、年間目標を設定する場合、その達成の過程でやり遂げなければならないことを細分化し、6カ月計画、月間計画、週間計画と徐々に小さなゴールにわけて整理できる。

　また、行動計画に通し番号をつけると、各作業を終える順番が一目でわかる。

　マインドマップを使うと個々の目標を掘り下げることができるので、時間を有効に使って、大きな目標の達成につながる基本的なステップに取り組める。

　また、各目標に割り当てられた作業すべてを一覧し、どこかで無理が生じていないか、期限を守れるかを確認しながら計画できるので、目標設定の質が高まる。

　行動計画の策定と進捗確認に、iMindMapなどのPCソフトを使う手もある。マインドマップ用に開発されたプログラムの多くは日付や期限をブラン

チに添付でき、行動計画の各項目について達成率を確認できるソフトも少なくない。

「やること」のマインドマップ

計画をさらに細分化して、最終目標に向けて邁進するための「やること」マインドマップを、毎週、あるいは毎日作成する方法もある（4章を参照）。こうすると、優先順位の変化や経験したことをすぐに反映できるので、より現実的な目標を設定しやすい。また、最終目標を描いたマインドマップにも変更点を反映して調整を加えよう。その作業をきっかけに次々にアイディアが生まれ、連想が広がって、目標を達成するための画期的な方法が見つかるかもしれない。

目標の見直し

時間の経過と共に目標は変化するので、「目標」のマインドマップを見直すことが大切だ。例えば、経験を積み、知識が増えたら、それを考慮に入れてマインドマップを修正する。また、継続的な作業として、行動計画や「やること」のマインドマップを定期的に更新し、生活のバランスを保てるようにしよう。

目標を1つ達成したら、新たな視点に立ってマインドマップを見直し、調整を加える。例えば、あっけないほど簡単に目標を達成したら、その分野で次に設定する目標の難易度を上げる。これとは逆に、嫌気がさすほどの時間と努力を費やして目標に達したのであれば、次は少し難易度を下げる。

目標を達成できないことがあっても決して落ち込まず、その経験から学んだ教訓をマインドマップに記入する。また、特定の目標に全く魅力を感じなくなったら、それをマインドマップから削除し、熱心に取り組みたい目標に集中しよう。

目標を定期的に見直して微調整
財団法人日本サッカー協会スポーツマネジャーズカレッジ（SMC）におけるマインドマップ導入の成果

　財団法人日本サッカー協会（JFA）が実施する「JFAスポーツマネジャーズカレッジ」（SMC）では、スポーツ組織のマネジメントの学びの場を提供し、これからのスポーツ界の発展、スポーツ文化の創造を担う人材の育成に取り組んでいる。SMCは、2004年度から始まった約33日間の集合学習を行う「SMC本講座」と2007年度から本格的に始動した8セッション（各セッション3時間）計24時間の集合学習を行う「SMCサテライト講座」があり、両講座でマインドマップを導入している。

＊　　　＊　　　＊

　このSMCの講座運営にあたって私たちが大切にしていることは主体性を育むということである。サッカーの競技もそうだが、いざ試合となってピッチに立てば、45分間、何が起こるかわからない中で、常に自分自身で状況判断をし、その中で一人ひとり自らが為すべきことを見出し、動かなくてはならない。つまり、誰かからマネジメントされるプレーヤーではなく、自身で場を読みマネジメントしていくプレーヤーにならなくてはいけないということである。組織マネジメントの現場も同じと考える。大切なのは、やはりその場に応じた最善の答えを自分自身で選択する主体的な力である。こうしたSMCのコンセプトに合致することから、「マインドマップ」を導入する運びとなった。以下に、マインドマップ導入の主な成果をまとめる。

主体的にビジョンを描く

　マネジメントにおけるビジョンの重要性はよく言われる。もちろん、SMCでも、今の正確な現状認識から始まり、描いた将来のビジョンに至るプロセスこそがマネジメントであるという認識のもと、ビジョンの重要性を説いてきた。けれども、例えば他から借りてきた言葉を用い、美辞麗句を並べたようなありきたりなミッションステートメントやビジョンでは、それらは本当に自らをその具現に向けて動かすようなパワーを持たないと、私たちは感じていた。日本の戦後教育のあり方がそうであったように、私たち多くの日本人にとって、自分自身が主体的に将来のビジョンを設定するという、答えのない世界は不安なものである。私たちは、ビジョン設定における主体性を引き出す方法を検討していた。

マインドマップを導入することで、導入前よりも、ビジョン設定に主体性を持たせることができたと認識している。その理由の一つは、一枚の紙にマインドマップを描くというプロセス自体が、言葉／アイコン／色／太さ／大きさ／濃さ／配置など、常に自由で主体的な「選択」に溢れているからであると認識している。こうした自由で主体的な選択の習慣は、自分自身を見つめ、自分の信念や夢にはじまり、さらには地域社会の実情や歴史など、様々なことを関連付けて発想させてもらうための良いツールとなった。また、ビジョンを主体的に描いてもらうことにより、それを具現させようというモチベーションの高揚に繋がったと認識している。

ソリューションを考える

　SMCのテーマが、スポーツを通じて人々を幸せにするスポーツライフの提供である。これを考える上では、自分自身が将来こうありたいという独りよがりなビジョンでは充分でなく、「外」の世界、つまり、他の人々を幸せにするということを考えなくてはならない。つまり、ソリューションである。そのためには、先ずは外における課題の発見に始まり、そして、その課題の解決策を考える必要がある。

　簡単に言えば、相手の立場になって考えるということである。そこで重要になるのが、実は自身の頭の中での自由な仮説の立案と検証にあると認識している（決して相手そのものになれることはない）。自身の主体性を失っては、自身を取り巻く外における課題の発見は積極的になされない。故に、その外に対する前向きなソリューションは出てこないかもしれない。ある意味、余計なお節介に近いような、外に対する積極的なサービス精神こそが、前向きなソリューションを生み出す源泉であると考える。マインドマップを描くという自身の自由な創作活動の継続は、ソリューションを生み出す前提となる外に対する積極性を育む可能性を持っていると認識している。そして、マインドマップは、自身の頭の中で、そうした外の情報に関する自由な仮説立て、検証するというプロセスを円滑にする潤滑油の役割を担っていると考えられる。

プランニングを行う

　現状の認識とともに、目指すべき将来のビジョンを見出したら、これからの行動をプランニングする。目指すべきビジョンの全体像が明確であるから、これからの行動のプランニングもできる。特に、現状の認識や将来のビジョンは実に様々な事柄が絡み合っている。

そうした中で、効率的に全体像を捉え、創作活動に取り組んでいかなくてはならないのであるが、マインドマップを通じて、全体像を一瞬のうちにイメージとして描けているから、優先順位をつけて、それらをビジネスプランという一つのストーリーにまとめ上げることができる。マインドマップ導入により、行動計画や目標管理は容易になり、プランニングの能力も高まったと考える。

共創の場を作る

　これはマインドマップ導入の副次的な効果であるかもしれないが、マインドマップで自由な個性に焦点を当て、それを受講生一人ひとりに表現してもらうことで、SMCという学びの場が、立場や役職、年齢や性別を超えて、より自由で平等な心地よい雰囲気になったということである。いわゆるチームビルディングの機能を果たした。

　マインドマップという自由な個性の表現をすることで、先ずは、当たり前に皆が違うということを互いに認めることができる。更にその上で、例えばSMCという場では、そうした異質な者同士が、共にスポーツマネジメントを学び向上するという共通の目的を持っているということを自然に認識することができる。これは、SMCが目指すクラブ文化の形成に必要な「個の自立」と「相互扶助」を育むものと言える。職場や教育現場など、日本の社会における全体主義的な傾向に潜在的に窮屈さを感じているかもしれない受講生たちは、きっと、こうした自由で平等な雰囲気に心地よさを感じているかもしれない。

創造の担い手になる

　サッカーと同様に、スポーツ組織におけるマネジメントというもの、更には、そうした組織にとってのあらゆる仕事は、そこで働く大人たちにとっての創造的なアートとも言える。カラフルな色に溢れ、アイコンやイラストを交え、曲線で表現されたマインドマップは、自身の内にある自由な世界から溢れ出るその人の個性そのもので、アートである。もともとサッカーという自由なスポーツを愛してきた人たちの集まりである。もっと自由でアーティスティックな仕事をしたいものである。

　JFAは、組織としてのミッションステートメントである「JFA2005年宣言」において、次のような将来のビジョンを掲げている。それは「サッカーの普及に努め、スポーツをより身近にすることで、人々が幸せになれる社会を作り上げる」ということである。JFAは、こうした社会の実現の原動力となるのは、サッカーを愛し、各地

で様々なかたちでサッカーに関わる方々（JFA ではこうした方々を「サッカーファミリー」と呼んでいる）の草の根のエネルギーだと信じている。だからこそ JFA は、これまでは閉ざされがちな個性に光を当てて、サッカーファミリーの一人ひとりのより独創的なアーティスティックな仕事を引き出すことで、私たちサッカー界、そして、スポーツ界、更にはこの国を元気にするエネルギーとして頂くことを期待している。マインドマップは、こうした彼らの個性や主体性を引き出す、効果的なツールとなっている。

SMC 本講座におけるマインドマップの導入（★マークの講座でマインドマップを実施）

ビジョン ★
マインドマップ基礎講座 ★
環境分析 ★
プロダクト開発 ★
仮説立案と仮説検証
マーケットリサーチ
ビジネスモデル
ブランディング
プロダクト収支
ビジネスコンセプト ★
マーケットリサーチ（定性調査）
スポンサーシップ
事業収支計画
施設計画
リスクマネジメント
ヒューマンリソースマネジメント
モチベーションマネジメント
ホスピタリティマネジメント
プロモーション戦略
アクションプランを実行予算
ケーススタディ
プレゼンテーション

SMC サテライト講座におけるマインドマップの導入（★マークの講座でマインドマップを実施）

- ビジョン ★
- マインドマップ基礎講座 ★
- 環境分析
- SWOT ★
- 行動計画 ★
- 目標管理

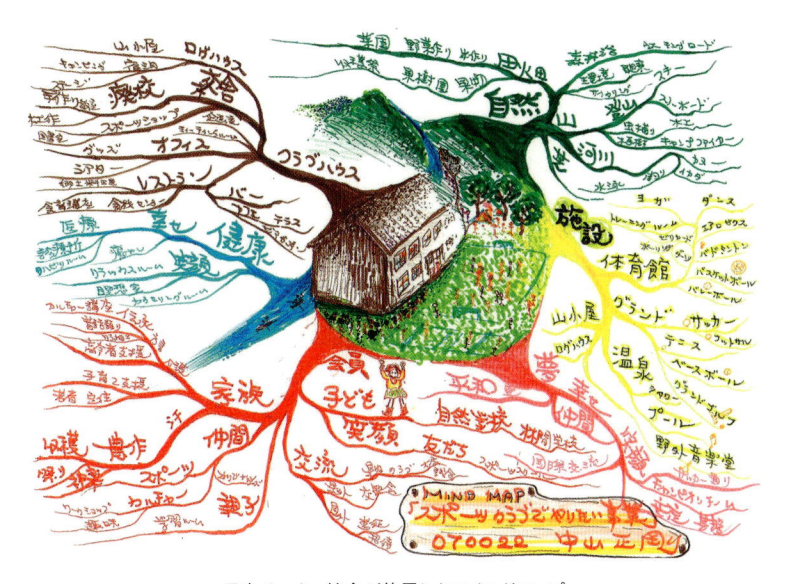

日本サッカー協会が使用したマインドマップ

　本書ではマインドマップを仕事に生かすための活用事例を紹介し、具体的な作成方法についても段階を追って説明した。仕事にマインドマップを使うメリットを実証できたことを願い、次の体験談で本書を締めくくる。本書が、仕事、私生活、そしてマインドマップを楽しんで、あなたの人生を謳歌する参考になれば幸いだ。

ワークライフバランス

近田美季子は、米系投資銀行に勤務後、株式会社ティズムを設立しコンサルティング業務に携わると共に、Think Buzan公認シニアインストラクターとして活動している。

＊　　　　　＊　　　　　＊

私は、理想のワークライフバランスをマインドマップにかいて手帳にファイルし、持ち歩いています。こうしておくと、時間に追われているときや、仕事に忙殺されて人生の目標についてじっくりと考える余裕がないときでも、マインドマップを見直して理想像を再確認できます。マインドマップとは25年以上前に出会い、米国のビジネス・スクールの授業に何とかついていくために使い始めました。長年使い続けてみて、勉強や仕事はもちろん、ぶれない軸を持って人生を切り開くための道具としてマインドマップを使うメリットは、想像以上に大きいと実感しています。

理想のワークライフバランスを描いたマインドマップ（近田美季子）

あなたにとって、人生で何を達成することが大切なのか——それを見極めるには、マインドマップを使って目標をしっかりと設定するといい。あてもなく何もかもしようとせずに、目標をマインドマップにかくと、大局を見て、高い視点に立って人生のあらゆる領域を調整できる。また、このマインドマップをもとに行動計画を立てれば、時間と資源を配分し、邪魔が入らないようにして、人生の重要な目標すべてを達成できるように工夫できる。マインドマップに目標をかくことを習慣にすると、何をするときにも、それにかかる時間とそうすることのメリットを考慮して、適切なバランスを取れるようになる。

終わりに

　過去10年間のビジネスの成功事例を見ると、その多くが、ＭＢＡ、コンピュータ・プログラマー、会計士、法律家、ＩＴ労働者など、情報作業に携わる人の功績に依存している。しかし、状況は変わりつつある。「ホールブレイン（全脳）思考をする人」、すなわち脳の両半球の使い手たちの時代が幕を開けたからだ。このような人達は、あらゆる組織において最も影響力が大きく、最も重要な存在になるだろう。創造的思考を働かせて問題を解決し、ソリューションを見出し、付加価値を生み、革新の担い手となる人材が次の10年の流れをつくる。情報コストの低下によって、欲しい情報をいつでも入手できるようになった今、情報の管理者はもはや必要ない。新しい時代に求められるのは、知識を管理する「人間の脳」をうまく使う方法を身に付けることだ。その手本となるのは天才たちである。

　アリストテレスは、隠喩は最高の思考形態であり、「天才の証」だと考えた。このことを今に生かす方法の一つ――それは、マインドマップを使うことだ。1つの絵が1000の言葉に、1つの隠喩が数千もの絵に値するなら、マインドマップは直線的ではなく、有機的に広がる人間の思考を再現し、目に見える形で隠喩的に表したものといえる。

　ビジネスは事業システムを中心に構築されるが、社員が最も効果の高い方法で思考できるようにするためのシステムを備えている企業はどのくらいあるだろうか？　企業の最高経営責任者に自社の成功の理由を尋ねると、一様

に「人」であると答える。企業にとって社員が何より大切であるなら、その一人一人について最も重要な要素は、言うまでもなく思考力である。「我思う故に我あり」で、思考力が高まれば、効率、創造性、生産性は向上する。勤務先にそのためのシステムがないなら、マインドマップを使うように同僚にも働きかけて、仕事仲間と共に思考力を高めよう。そうしないことの代償はあまりにも大きい。

　本書の各章で、マインドマップを使って成果を上げる方法を取り上げ、あなた自身と同僚の可能性を十分に引き出すためのマインドマップ活用法を具体的に説明した。意思決定、自他の思考整理、創造的思考、高度なブレインストーミング、記憶と想像力の向上などにマインドマップを使う意味に気づいていただけただろうか？　あなたは既に、「道具」を手にしている。それを使えば、効率よく徹底したやり方で、仕事で遭遇するさまざまな状況や要求に自信を持って対処できる。あなたがマインドマップのテクニックに習熟し、それを使うメリットを経験すれば、チーム全体で使ったときに会社がどれほど激変するかがわかるだろう。

　ビジネスにおけるテクノロジーの役割は一段と重要になっている。この流れに乗って、iMindMap（マインドマップの公認ソフト）を開発した。主にパソコンで作業する人にとって、iMindMap はなくてはならないツールである。ただ、同僚や顧客と簡単明瞭な形式で情報を共有できるメリットは、PC ソフトで作成しても手がきでも変わらない。手がきでも作成して、紙にかいてからパソコンに取り込んで、スクリーンに投影したり電子メールで送付する、あるいはセントラルサーバーに置くことができる。具体的な活用法と効果については、随所で紹介した事例が参考になるはずだ。

　世界中の多くの企業が、マインドマップと iMindMap を採用し、計画、開発、問題解決、プレゼンテーションなど、多種多様な用途に役立てている。以下で、ユーザーのごく一部を紹介する：エルメス、アクセンチュア、BBC、ブリティッシュ・ペトロリアム（BP）、英陸軍、ブリティッシュ・テレコム、B スカイ B、セントリカ、ダイムラー、デビアス、ディープシー・

アジア、フレンズ・オブ・ジ・アース、ハーパーコリンズ、ヘス・リミテッド、ホンコン・インスティテュート・フォー・デザイン、ヒューレット・パッカード、HSBC、IBM、インテル、インターナショナル・ラグビー・ボード、ITG、ITV、ジョンソンコントロールズ、ラドブロークス、メリルリンチ、マイクロソフト、NASA、NHS、日産、オックスフォード大学出版局、ピアソン、フィリップス・イノベーション、ピザハット、プロクター・アンド・ギャンブル、ロイターズ、RNIB、サガ、ロールス・ロイス、セーブザチルドレン、スコラスティック、シンガポール・インスティテュート・オブ・マネジメント、スミス・アンド・ネフュー、ターゲット、テック、テスコ、トヨタ、ユニケム、米空軍、ボーダフォン、ウォルト・ディズニー、ザ・リグレー・カンパニー、ヤム。

　あなたは、「ホールブレイン（全脳）」を使いこなすために必要な情報を手にした。今、そして将来にわたって仕事がうまくいくように、マインドマップを使って創造性を存分に発揮できる。近代のビジネスにおいては、テクノロジーが重要な位置を占めてきたが、「情報の時代」が終わり、「知性の時代」に入るとき、人間の脳ほど有効なものはない。脳を有効に使って、大きな成果を上げよう。

謝辞

著者の謝辞

　世界各地からビジネスに特化したマインドマップ活用事例とエピソードを集めて盛り込んだ本書は、正に世界的な取り組みによって完成した。皆さんの貢献に心から感謝している。

　ニッキー・オッペンハイマー、リヒテンシュタイン王国のフィリップ王子、神田昌典、近田美季子、内山雅人、内藤誠治、日本サッカー協会（JFA スポーツマネジャーズカレッジ）、アブダル・フセイン・アリ・ミルザ（バーレーン石油相）、シェイク・ハマド・ビン・エブラヒム・アル・カイファ、ホルヘ・カスタニエダ（ブザン・ラテンアメリカ社長）、ヒルダ・ジェスパート（ブザン・ヨーロッパ）、ラム・ガングラーニとゴータム・ガングラーニ（ドバイのライトセレクション LLC グループのそれぞれ会長と取締役）、ヘンリー・トイとエリック・チョン（ブザン・アジア）、サム・チェン・チョンとリム・チョーン・ブー（シンガポール）、クオン・ボン・ヤンとパク・サンホン（韓国）、タニヤ・フォナナン（タイ）、ポー・チャン（香港）、ビル・ジェラードとジェニファー・ゴダード（ブザン・センター・オーストラリア/ニュージーランド）、ジェイミー・バード、アル・ホミック、デービッド・ヒル、リサ・フリガンド（コン・エディソン）、マイク・スタンレー博士（ボーイング）、ジョン・J・ラール（アイルランドのラール・ディヴェロップメント・トレーニング・リミテッドのマネジング・ディレクター）。

ブルース・ジョンストーン（フィデリティ・インベストメンツ）、スティーヴン・ランディン博士、アンソニー・J・メントとレイモンド・M・ジョーンズ（ロヨラ・カレッジ）、パトリック・マティネリ（ジョンズ・ホプキンス大学）、キャサリーン・ケリー、チャック・フレイ（マインドマップをテーマにした著名なブロガー）。

　英国では共著者のクリス・グリフィス（現 ThinkBuzan 最高経営責任者）、同社のエミリー・ヴァン・コーとメリナ・コスティ、同じくカーディフの本社に勤務するオーウェン・ハーディをはじめとするチーム。

　レーモンド・キーン（チェスのグランドマスター）、ブライアン・リー、フィル・チェンバース（1995年からブザン公認シニア・インストラクターでマインドマップなどのセミナーやコースを開催している）。

　ジェームス・ハリソン、ポーリーン・アレスキ、アン・レイノルズ、スージー・ロケット、ジェニー・レドマン、ティム・フォード。

　出版社のピアソンではリチャード・スタッグ（取締役）、サマンサ・ジャクソン（コミッショニング・エディター）、キャロライン・ジョーダン、バーバラ・マッサム、エマ・デブリン。

　そして、マインドマップを使っているすべてのビジネスパーソンと教育者に感謝する。『ザ・マインドマップ』の初版と、その新版のビジネス編となる本書にマインドマップの事例とエピソードを熱心に提供してくれた。スペースの関係で割愛し、名前を挙げられなかった方々にも心からお礼を言いたい。

　マイケル・ポーター・オーガナイゼーション、ボストン・コンサルティング・グループ、マッキンゼー＆カンパニー。

　最後に、読者の皆さん、仕事でマインドマップを使う実践者のグローバル・コミュニティへの参加に感謝する。おかげで、このコミュニティは拡大している。仕事関連のマインドマップと事例をぜひ共有していただきたい。

トニー・ブザン

この本は多くの人の努力が結実した作品である。まず、共著者のトニー・ブザンに感謝したい。トニーは並はずれたビジョン、叡智、そして友情によって私の人生を好転させた。人の生き方に大きな違いをもたらす人は滅多にいないが、トニーはその一人だ。

長年の仕事仲間であるエミリーとメリナには特に感謝している。熱心に仕事に打ち込む二人がいなければ本書は完成しなかっただろう。また、すべての原稿を一つにまとめるという一見不可能な仕事を見事にやり遂げた編集者のジェームス、とてもうまく舵取りをするブライアン、芸術性の高いマインドマップを作成してくれたフィルに心からお礼を述べたい。そして、多くの人の夢を実現するために辛抱強くiMindMapの開発に取り組んだブザン・オンライン（現ThinkBuzan）の天才チーム全員に深く感謝している。最後に私の家族、特に妻のゲイルと驚くほど素晴らしい子供たち——息子のアレックスと娘のアビー——の愛情と支えは何より大切で本当に有難く思っている。最後に、共鳴板のように反響してくれた友人のロン、赤ワインを酌み交わしながら夜遅くまで話し合ったことがなつかしい。

クリス・グリフィス

出版社の謝辞

著作物の複製を承諾してくれた方々に感謝する。著作権者の確認に全力を尽くしたが、万一誤りや抜けがあった場合にはお詫びする。

マインドマップの提供

フィル・チェンバース（本書と各章のマインドマップ・サマリー）、ラム・ガングラーニとゴータム・ガングラーニ、リヒテンシュタイン王国フィリップ王子、パク・サンホン、内藤誠治、ジェイミー・バード、リム・チョーン・ブー、マイケル・スタンレー博士／ボーイング、ヘンリー・トイ、ヒルダ・ジェスパート、アル・ホミック、デービッド・ヒル、リサ・フリガンド／コン・エディソン、デビアス、ジェニファ・ゴダード、ジム・メサシュミット、トニー・メシナ／EDS、神田昌典、スティーヴン・ランディン、デジタ

ル・イクイップメント・コーポレーション、シェイク・ハマド、サム・チェン・チョン、宮城県登米市、日本サッカー協会、近田美季子

写真
内藤誠治、神田昌典、登米市

また、筆者は最高傑作のマインドマップの前に立つ写真の転載を承諾してくれたボーイングのスタンレー博士にも心から感謝する。

訳者あとがき

　マインドマップ®が世に出たのは1970年代前半のこと——それから40年近くが経過した2010年に、『ザ・マインドマップ』(神田昌典訳、ダイヤモンド社)をはじめとするトニー・ブザンの「マインドマップ・シリーズ」(英BBC出版)が一斉に改定された。

　マインドマップは当初、効果的な学習法の三本柱（記憶法、速読法、ノート法）の一つとして開発され、勉強が楽しくなる斬新なノート法として欧米を中心に急速に広まった。その後、企業でも採用され、マインドマップを使って学んだ学生達が社会人になるにつれ、仕事のさまざまなシーンでも活用されるようになった。

　また、公認ソフトウェアのiMindMapが発売されてからは、ビジネス・ツールとしてマインドマップを使うユーザー層が急拡大している。そこで、2010年の『ザ・マインドマップ』改訂を機に、世界各国から事例を集めて、まず「ビジネス」に特化した本書が、イギリスで刊行された。

　本書『ザ・マインドマップ［ビジネス編］』はトニー・ブザンと公認ソフト（iMindMap）開発者クリス・グリフィスの初の共著である。

　本書は、各種ビジネス・ツールと比べたマインドマップの特徴を生かして「なぜ、どこで、どう使うと有効か？」を具体例を挙げて詳しく説明し、手がきとiMindMapを使い分ける、あるいは併用するためのヒントを開発者が自ら提供している。

マインドマップは一度基本を理解しておけば、用途と目的に応じて柔軟に使えるツールだ。紙切れにさっとメモしたマインドマップ、事業の構想に使われた芸術的な作品、iMindMapで作成したビジネス向けフォーマットなど、本書に掲載の活用事例を参考に、「自分流の活用法」で結果を出すのが何よりだろう（原著の発売と同時に読者向け英語版ウェブサイトが開設され、テンプレートのダウンロードや、共著者２名による各トピックについてのミニ・レクチャーの視聴ができる（mindmapsforbusiness.com）。
　企業のビジネス・ツール導入事例については、勉強・学習での成功例と異なり、そのままの形で公開できないことも少なくない。このため、本書で紹介されているケース・スタディはエピソードのみのものもあるし、掲載のマインドマップには関係者（インストラクターなど）の実体験が描かれた事例も含まれる。
　しかし、本書では紹介されていないが、バージョンアップを重ねたiMindMapの性能が大幅に向上してからは特に、マインドマップを「普通の」ビジネス・ツールとして取り入れる組織が増えている。最近では、国際的なビジネス・カンファレンスにおけるプレゼンテーション、会議の「公式な」議事録、iMindMapの共有・閲覧による「遠隔」グループ・ブレインストーミング、プロジェクト管理、ナレッジ・マネジメントなど、活用の幅が広がっているのは間違いない。社内で誰かが使いはじめ、当初は好機の目で見られたり、「落書き」と揶揄されたりしても、「会議で結果が出る」、「絵に描いた餅に終わらず、行動に移せる」、「今まで思いつかなかった創造的なソリューションが生まれる」など、結果が出るから結局は採用されるのだという。

　本書に序文を寄せているニッキー・オッペンハイマー氏の言葉は象徴的である。絵に対する苦手意識から一度はかくのを諦めた同氏は、iMindMapをきっかけにマインドマップのよさを再認識し、今では不可欠なツールとして活用しているという。
　「絵が下手」、あるいは「落書きのようで子供じみている」という理由でマインドマップを使わなかった人が手軽にソフトウェアを試し、効果を感じたら絵を描いてみたくなることもある。それとは逆に、「手がき派」を自負し

ていたマインドマッパーが、会議中にiMindMapで作成した議事録を終了直後に仲間と共有するなど、ソフトを多用するようになった例もある。実は、マインドマップ歴約30年の訳者もその一人である。

「知性の時代の幕開け」とほぼ時を同じくしてマインドマップも進化を遂げ、新しい局面に入った。情報過多への対処や仕事の効率改善だけでなく、答えのない時代に創造的なソリューションを生み出すための道具として、マインドマップを使う価値は大いにあるはずだ。ぜひ、ビジネスのさまざまな場面で活用していただきたい。

2012年5月
近田美季子

［著者］
トニー・ブザン（Tony Buzan）
マインドマップ®の発明者であり、脳と学習の世界的権威。BP（ブリティッシュ・ペトロリアム）、BA（ブリティッシュ・エアウェイズ）、マイクロソフト、ウォルト・ディズニー、ボーイングなどの国際的大企業でアドバイザーを務め、世界各国の政府機関・教育機関で講演を行っている。2008年には、アメリカ創造性協会から生涯にわたる創造性開発への貢献を称える賞を授与された。著書は100冊以上、33の言語に翻訳され、150カ国以上で出版されている。主な著書に『ザ・マインドマップ』『仕事に役立つマインドマップ』『勉強が楽しくなるノート術』（いずれもダイヤモンド社）など。

クリス・グリフィス（Chris Griffiths）
ブザン・オンライン（現ThinkBuzan）の共同創設者でCEOを務める。16歳で起業し25歳でその会社を売却、その後も注目を浴びる急成長企業の創設に関わってきた。2006年、トニー・ブザンとともに開発した公認マインドマップ・ソフトウェア、iMindMapを発売、本物のマインドマップの使用感を得られるとして、日本はじめ世界各地でベストセラーとなった。起業家精神、脳と学習、テクノロジーが人間の思考に及ぼす影響などをテーマに、世界中で講演を行っている。

［訳者］
近田美季子（ちかだ・みきこ）
株式会社ティズム代表取締役。マインドマップをはじめとするビジュアル・シンキング手法を用いた問題分析と解決志向のコンサルティング、会議のファシリテーションなどを提供。また、英ThinkBuzan公認シニア・インストラクターとして、『仕事に役立つマインドマップ』（ダイヤモンド社）、『マインドマップ超入門』『マインドマップ読書術』『マインドマップ記憶術』（いずれもディスカヴァー・トゥエンティワン）など、トニー・ブザンの著作の翻訳・監訳・監修を担当。個人向けセミナーや法人研修も手掛けている。米コーネル大学経営大学院卒（MBA）。

ザ・マインドマップ®［ビジネス編］
――仕事のスキルと成果が上がる実践的活用法

2012年6月7日　第1刷発行

著　者―――トニー・ブザン／クリス・グリフィス
訳　者―――近田美季子
発行所―――ダイヤモンド社
　　　　　　〒150-8409　東京都渋谷区神宮前6-12-17
　　　　　　http://www.diamond.co.jp／
　　　　　　電話／03・5778・7232（編集）　03・5778・7240（販売）
装丁―――――布施育哉
本文フォーマット―廣田清子（office sun ra）
DTP―――――伏田光宏（F's factory）
製作進行―――ダイヤモンド・グラフィック社
印刷―――――加藤文明社
製本―――――本間製本
編集担当―――佐藤和子

Ⓒ近田美季子
ISBN 978-4-478-00903-1

落丁・乱丁本はお手数ですが小社営業局宛にお送りください。送料小社負担にてお取替えいたします。但し、古書店で購入されたものについてはお取替えできません。
無断転載・複製を禁ず
Printed in Japan